Kgr.
Schweden
Kaiserrei
nd
gr. Preußen
Hzm.
Warschau
Kaisertum
Österreich
Schwarzes Meer
Osmanisches
Reich
Kgr.
Neapel
Kgr.
Sizilien
Kreta
Zypern
Mittelmeer
Cyrenaika
Ägypten
Tripolitanien

Waldtraut Lewin

Die letzte Rose des Sommers

Waldtraut Lewin

Die letzte Rose des Sommers

Napoleon und Joséphine – eine historische Liebe

Loewe

Diese Reihe wird herausgegeben von
Burkhard Heiland.

Bibliografische Informationen Der Deutschen Bibliothek
Die Deutsche Bibliothek verzeichnet diese Publikation
in der Deutschen Nationalbibliografie;
detaillierte bibliografische Daten sind im Internet
über http://dnb.ddb.de abrufbar

*Der Umwelt zuliebe ist dieses Buch
auf chlorfrei gebleichtem Papier gedruckt.*

ISBN 3-7855-5580-6 – 1. Auflage 2005

Umschlagfoto: akg-images / Laurent Lecat (Gemälde von Kaiserin
Joséphine, François Gérard, um 1801 / Musée Nat. du Château)
Innenillustrationen: Daniel Sohr
Umschlaggestaltung: Andreas Henze
Gesamtherstellung: GGP Media GmbH, Pößneck
Printed in Germany

www.loewe-verlag.de

Inhalt

Vorspruch

Hier soll die bittersüße Liebesgeschichte erzählt werden von einem Mann aus den korsischen Bergen und einer Frau aus der Karibik, die zu einem der berühmtesten Paare der Weltgeschichte wurden – als Kaiser Napoleon von Frankreich und Kaiserin Joséphine.

Die Lebenswege der beiden sind untrennbar verknüpft mit einer der wechselvollsten und bedeutungsschwersten Epochen Europas – der Zeit der Französischen Revolution bis hin zu dem Kaiserreich, das ebendieser Napoleon schuf und dem er sein Siegel aufdrückte. Und über kaum einen Zeitabschnitt der europäischen Geschichte wissen wir so gut Bescheid wie über diesen – glauben wir. Doch: Was wissen wir tatsächlich?

Aufstieg und Fall Napoleons, Glanz und Elend Joséphines sind hundertfach dargestellt worden – in immer wieder anderen Deutungen und unter anderen Aspekten. Ein Labyrinth von Fakten und Vermutungen, von Briefen, Erinnerungen, Geschichtsbüchern, Memoiren gilt es zu sichten, gutzuheißen oder zu verwerfen. Für jemanden, der dies unternimmt, eine schweißtreibende, oft mühselige Arbeit.

Ich möchte mit diesem Buch einen Pfad anlegen in diesem Labyrinth, gleichsam einen roten Faden demjenigen in die Hand geben, der bereit ist, mir zu folgen. Sicher wird es noch andere Wege geben, zu diesem faszinierenden Paar vorzustoßen.

Dies hier ist mein Weg.

Eine glänzende Abendgesellschaft

Am Abend des 21. Januar 1796 in Paris, im Palais du Luxembourg, fühlt sich ein junges Mädchen ausgesprochen unwohl. Sie ist zwölf Jahre alt und Internatsschülerin, aber nun sind Ferien, und ihre Mutter nimmt sie mit zu einem Empfang. Glanzvoll wird es hergehen, das hat sie ihrer Tochter prophezeit. Aber schon, als sie hört, wo dieser Empfang stattfinden soll, hat sie ihre Mutter entsetzt angesehen.

Das Palais du Luxembourg, wohin sie unterwegs sind, war früher der Wohnsitz der Königin Marie Antoinette – aber die ist während der Revolution vor ein paar Jahren hingerichtet worden! Und danach diente das Schloss als Gefängnis! Der eigene Vater des jungen Mädchens – Hortense ist ihr Name – war dort eingekerkert, weil er sich bei den Revolutionären missliebig gemacht hatte. Und auch er wurde ermordet – wie tausende andere!

Aber was das Schlimmste ist für Hortense: Die Männer, die sich jetzt in diesem Palais breit gemacht haben, die jetzt an der Macht sind, die haben diesen Morden zugestimmt.

Hortense versteht ihre Mutter nicht. Wie kann sie mit diesen Leuten verkehren? Schließlich war sie selbst einmal im Gefängnis, ist nur mit knapper Not dem Gang aufs Schafott entgangen – und diese Männer, denen sie, Hortense, heute Abend begegnen soll, hätten bestimmt kaltblütig ihre Hinrichtung angeordnet!

Aber Hortenses Mutter, die schöne Rose de Beauharnais, lächelt ihre Tochter nur an und streicht ihr zärtlich übers Haar. „Das musst du auch gar nicht verstehen, Kleines“, sagt sie mit ihrer warmen dunklen Stimme. „Das ist einfach der Lauf der Welt. Wir wollen doch nicht an ungedeckten Tischen bei Wasser und Brot in kalten Räumen sitzen und Trübsal blasen, oder?"

Sicher nicht, denkt Hortense, aber muss man deswegen gleich zu solchen Empfängen? Sie fühlt sich hilflos gegenüber der merkwürdigen Logik ihrer Mutter – aber besonders logisch war die ja wohl nie.

Also, das Palais du Luxembourg. Hortense musste für diesen Anlass ihre Schuluniform gegen ein mit Rüschen besetztes Kleid eintauschen, sich die blonden Haare zu Locken legen lassen und sogar Rouge auf die Wangen tun.

Und nun fährt die Kutsche, die man ihnen geschickt hat, in großem Bogen um den künstlichen See vor dem Palais herum und hält vor der imponierenden Fassade aus grauem Stein. Die Fenster sind hell erleuchtet.

Livrierte Diener öffnen den Wagenschlag und helfen Mutter und Tochter beim Aussteigen. Hortense kommt aus dem Staunen nicht heraus. Solche Lakaien hat sie bisher für „verderbliche Überreste der Königsherrschaft" gehalten – ein Wort, das jeder in Frankreich kennt, und nun schmücken sich die neuen Herrschenden mit diesem Pomp! Der Gastgeber des Abends heißt Paul Nicolas Barras und ist ein guter Freund ihrer Mutter, das weiß Hortense. Natürlich weiß sie nicht, dass er deren Liebhaber ist – Hortense lebt ja die meiste Zeit im Internat, am Rande der Riesenstadt Paris. Barras ist einer der mächtigsten Männer des Landes, er gehört zu den fünf Direktoren, die jetzt Frankreich regieren, und ist bekannt für seine üppigen Gesellschaften.

Schüchtern und gehemmt betritt das junge Mädchen an der Seite ihrer Mutter den Saal. Sie kennt von der ganzen Gesellschaft hier keine Menschenseele, außer ihr und deren Freundin, der schönen Theresia Tallien, die gleich auf die beiden zueilt und sie mit Kuss und Umarmung begrüßt. Ihr üppiger Busen ist fast nackt.

In allen Kaminen brennen prasselnde Feuer und wärmen den großen Salon – und Wärme ist auch nötig, denn die Damen haben alle fast nichts an.

Unter ihren fließenden, durchsichtigen, den griechischen Statuen nachempfundenen Gewändern tragen sie so gut wie keine Unterwäsche, und nackte Füße in Sandalen. Hortense weiß gar nicht, wo sie hingucken soll. Als sie ihre Mutter zu Haus zum ersten Mal in so einer Robe gesehen hat, dachte sie, das wäre nur ein Negligee, eine Art Morgenkleid oder Nachthemd. Aber hier rennen sie alle so herum!

Im Gegensatz zu den halb nackten Damen sind die Männer in gewaltige Überröcke mit ausgepolsterten Schultern und mächtigen Kragen gekleidet, und die riesigen Halsbinden aus Seide oder Musselin, die sie mehrfach umgeschlungen und unterm Kinn zur Schleife gebunden haben, lassen sie aussehen wie Reptilien, bei denen es zwischen Kopf und Schultern keinen Übergang gibt.

Man sieht den Räumen kaum mehr an, dass sie noch vor kurzem ein heruntergekommenes Ersatzgefängnis waren. Die Wände sind mit neuer Seidentapete bespannt, und nur wenn man genau hinguckt, entdeckt man, dass die Stühle zusammengewürfelt sind und die Tischdecken offenbar aus Bettlaken zusammengestellt. Die neue Regierung hatte noch keine Zeit gefunden, um solche Äußerlichkeiten zu verbessern.

Steif steht Hortense in der Nähe eines Kaminfeuers und beobachtet. Sieht, wie der elegante Barras ihrer Mutter nicht nur die Hand küsst, sondern auch den Arm und die Schulter, und die lässt es geschehen! Sie fühlt, dass sie rot wird.

Neben ihr, genauso allein inmitten der lärmenden Gesellschaft, steht ein kleiner Mann in einer abgeschabten Uniform, große Stiefel an den dürren Beinen. Er hat die Hände auf dem Rücken verschränkt und starrt – und zwar in die gleiche Richtung wie Hortense. Auf ihre Mutter. Richtig unverschämt.

Aber dann wird zu Tisch gebeten, und Hortense gehen fast die Augen über, als sie sieht, was da aufgetragen wird. Gemästete Hühner und Kalbsragout, Obst mitten im Winter, und dann trinken sie alle diesen Champagner, von dem Hortense so schnell schwindlig wird. Hier gibt es alles, während in ihrem Internat kaum noch die Mäuse satt werden können; in den Vorratskammern herrscht gähnende Leere, schließlich gibt es in diesen Zeiten kaum Lebensmittel zu kaufen.

Hortense dachte, dass sie und ihre Mutter neben Barras sitzen müssen, und ist nicht böse, dass das nicht der Fall ist. Dieser Barras gefällt ihr nämlich überhaupt nicht. Er ist zwar groß und gut gewachsen, aber seine grünlichen Augen blicken kalt und die Winkel seines üppigen, sinnlichen Munds sind stets nach unten verzogen, als würde er alle Welt verachten.

Aber was dann kommt, gefällt ihr noch weniger. Bei Tisch wird sie zwischen ihrer Mutter und ebenjenem kleinen jungen Offizier platziert (Er ist schon General!), der mit ihr am Kamin gestanden hat vorhin. Und der ist ihr von Anfang an unsympathisch. Nun ist sie gezwungen, ihn sich aus der Nähe anzugucken. Er ist klapperdürr, hager und hat eine ungesund olivfarbene Haut. Sein nachlässig gehaltenes langes Haar hängt zu beiden Seiten seines Gesichts wie die Ohren eines Spaniels. Dass er schöne Augen hat, bemerkt sie nur flüchtig – denn dieser junge Mann sieht sie nicht an, er nimmt sie praktisch überhaupt nicht zur Kenntnis. Sie ist für ihn Luft. Er hat nur Augen für ihre Mutter und redet auf sie ein, mit leiser Stimme, aber doch irgendwie auch wild, findet Hortense. Unschicklich beugt er sich neben ihr so weit vor, dass sie kaum an ihren Teller herankommt. Dazu hat sie dann auch gar keine Lust mehr, als dieser Mensch bei dem Versuch, ihrer Mutter das Salz zu reichen, die Hälfte in ihre Suppe verschüttet. Er entschuldigt sich nicht einmal. Ständig fuchtelt sein Arm mit der abgeschabten Manschette vor ihren Augen herum.

Irgendwann gibt sie es auf zu essen, zieht ihren Stuhl zurück und sieht dem Ganzen zu.

Es ist unverkennbar, der aufdringliche junge Militär macht ihrer Mutter den Hof – und die scheint nicht einmal abgeneigt, mit ihm zu flirten! Sie wirft den Kopf in den Nacken, lacht ihr gurrendes Lachen, fährt sich mit den Händen durchs Haar, um ihre schönen Arme zur Geltung zu bringen, erhebt das Champagnerglas gegen den jungen Mann, und der greift zu ungestüm nach dem seinen, dass er mal wieder was umkippt. Er springt auf, sein Stuhl fällt auch noch um. So ein Tölpel! Und wie lächerlich seine dünnen Beine aussehen in den riesigen Reitstiefeln! Die Mutter wird sich doch nicht etwa mit diesem „gestiefelten Kater" einlassen?! Hortense ist zutiefst beunruhigt

Zu alledem hat sie mitbekommen, dass der Kerl, trotz seiner Jugend schon so ein hohes Tier bei den Truppen, auch noch aus Korsika stammt. Er spricht ein gottverlassen schlechtes Französisch. Die Korsen gelten als Halbwilde, ungezügelte Bergtölpel, die der Blutrache anhängen, unbeleckt von der Kultur – und so führt er sich auch auf, dieser Offizier mit dem unaussprechlichen italienischen Namen ...

Hätte ihr an diesem 21. Januar jemand gesagt, dass sie zwischen dem künftigen Kaiser der Franzosen und seiner Gemahlin gesessen hat – sie hätte es ebenso wenig geglaubt, wie die Tatsache, dass sie, Hortense Beauharnais, einmal Königin von Holland und eine reiche, einflussreiche Frau sein sollte. –

Was ist das für eine Gesellschaft, in der sich die junge Hortense so unglücklich gefühlt hat?

Bevor wir einige der Damen und Herren, besonders den dürren jungen General und die schöne Mutter der Kleinen, näher unter die Lupe nehmen, hilft es alles nichts – wir müssen eine kleine Exkursion in die Geschichte machen, sozusagen in einem Chrashkurs auffrischen, was wir in der Schule gelernt haben. Wir schreiben, wie gesagt, 1796, und hinter Europa liegt eine der blutigsten Epochen der Neuzeit: Die Französische Revolution mit ihrer Schreckensherrschaft.

In aller Kürze: Im Jahr 1789 endet mit der legendären Erstürmung der Bastille, des Gefängnisses von Paris, die feudale Herrschaft in Frankreich.

Die Privilegien der oberen Gesellschaftsschicht, des Adels, lasteten schwer auf dem Leib des Volkes. Adel und Klerus waren von Steuerzahlung befreit und lebten wie Schmarotzer auf Kosten der Arbeitenden. Das Bürgertum, das inzwischen zu einer wirtschaftlichen Größe herangewachsen war (und längst zum Gläubiger der Aristokraten, die sich unermessliche Summen von Banken und Privatpersonen liehen) – dieses Bürgertum besaß weder Stimmrecht noch Mitspracherecht im Staat und forderte immer lauter Einfluss und Macht.

Die Ärmsten in den Elendsvierteln von Paris lebten in erschreckenden Verhältnissen. Es gab keine Kanalisation, die Straßen waren ungepflastert, die Menschen lebten zwischen Unrat und Ungeziefer, Seuchen breiteten sich ungehemmt aus. Der „gute König" Henri IV. hatte einst im 16. Jahrhundert angestrebt, dass jeder Bürger von Paris sonntags ein Huhn im Topf haben sollte. Davon war man zweihundert Jahre später sternenweit entfernt – die meisten waren froh, wenn sie einmal in der Woche einen Laib Brot zu sehen bekamen.

Wie weit sich die herrschende Schicht inzwischen vom Volk entfernt hatte, in welchem „Wolkenkuckucksheim" die Aristokraten wohnten, bezeugt folgender berühmt-berüchtigter Ausspruch: Der eisige Winter von 1789 bringt eine Hungersnot über die Menschen. Als es in Paris Zusammenrottungen gibt, als es laut wird auf den Straßen, fragt die Königin Marie Antoinette nach den Gründen für den Tumult.

Man erklärt ihr, das Volk habe kein Brot. Darauf Ihre Majestät erstaunt: „Ja, warum isst es dann keinen Kuchen?"

An sich schon schlimm genug, doch das Schlimmste an diesem Satz ist für mich, dass er überhaupt nicht menschenverachtend oder zynisch gemeint ist. Die Königin hatte einfach keine Ahnung von den Umständen, mit denen die Menschen zurechtkommen mussten, sie hielt sich in ihrem Palast, den Tuilerien, auf, abgeschirmt vom Volk, oder in der Königsstadt Versailles, weit vor den Toren von Paris.

Im Februar 1789 veröffentlicht ein gewisser Emmanuel Joseph Sieyès, ein ehemaliger Priester, ein Flugblatt, das durchs ganze Land geht. Es gipfelt in der Aussage: „Was ist der Dritte Stand? (Gemeint ist die bürgerliche Schicht.) Alles. – Was ist er in der politischen Ordnung bis jetzt gewesen? Nichts. – Was will er? Etwas werden."

Sieyès' Pamphlet ist in seiner Bedeutung nicht hoch genug einzuschätzen, es war einer der Auslöser der Revolution. Der Mann selbst verschwand danach für lange Zeit von der Bühne all der kommenden Ereignisse. Wir werden sehen, wie klug das von ihm war – zehn Jahre später erleben wir ihn noch einmal und in einer Schlüsselposition. –

Also, die Revolution marschiert. Die Herrschaft des Königtums wird radikal eingeschränkt, einer unerträglichen gesellschaftlichen Stagnation wird ein Ende gesetzt; die Französische Nationalversammlung hebt die Leibeigenschaft und alle Adelsprivilegien auf, unter der Losung „Freiheit, Gleichheit, Brüderlichkeit" werden die Menschenrechte verkündet, und der Staat gibt sich eine Verfassung, auf den der König den Treueid leisten muss. Alles gesellschaftliche Veränderungen, die mehr als überfällig waren. Sansculotten nennen sich die neuen Männer der Macht, des Umsturzes. Die „Culotte" war die von den adeligen Herren bevorzugte Kniehose, die zu weißen Strümpfen und Schnallenschuhen getragen wurde, im Gegensatz zu den langen Pantalons der

Arbeitenden in ihren Holzschuhen. Die neuen Mächtigen gingen „sans culottes", also ohne die Adelsbeinkleider.

Die Culottenträger selbst werden enteignet – wie auch der Klerus im Übrigen –, und sie fliehen scharenweise aus dem Land und versuchen ihre mobilen Besitztümer, wie Schmuck, Gold, Staatspapiere, in Sicherheit zu bringen; auch die Königsfamilie versucht heimlich zu entkommen – vergebens, sie wird an der Grenze zu den Niederlanden abgefangen und nach Paris gebracht, in strengste Gefängnishaft.

Natürlich ist das neue Frankreich eine Herausforderung für die feudalen Mächte Europas, eine Herausforderung – und, mit seinen Gleichheitsideen, eine eminente Bedrohung. So was kann überschwappen ...

Europa rüstet auf gegen Paris, die junge französische Republik wird sich an zwei Fronten verteidigen müssen: nach innen und nach außen, denn im Land ist die revolutionäre Begeisterung bei weitem nicht immer so heftig wie in der Hauptstadt. Vor allem im Norden, in der Bretagne und der Normandie, ist die bäuerliche Bevölkerung stark von der Kirche beeinflusst und reagiert verstört und empört auf die Enteignung des Klerus. Und auch im äußersten Süden gibt es Widerstände, angefacht von den Aristokraten – in einigen Landesteilen bricht ein Bürgerkrieg aus.

Druck erzeugt Gegendruck: Der berühmte – später berüchtigte – Jakobinerklub ist gleichsam die Speerspitze der Revolution, er ist Treffpunkt ihrer radikalsten Anhänger, ihrer Philosophen – und ihrer Macher. Die großen Männer jener Jahre, von St. Just über Fouché, Danton, Hébert, Marat bis hin zu Robespierre, finden sich hier, und es wird zunächst einmal unerbittlich vorgegangen gegen die Aristokraten und ihre Sympathisanten. Tausende werden verhaftet, als Feinde der Revolution in die Gefängnisse geworfen ... Bald ist es so, dass die Kerker überquellen, man muss einen Aderlass herbeiführen! Einen? Tausende.

„Aus humanitären Gründen“ – sowohl um dem Henker die Arbeit zu erleichtern als auch um den Verurteilten unnötige Qualen zu ersparen – erfindet ein gewisser Doktor Guillotin eine Vorrichtung zum Kopf-Abschlagen; das nach ihm genannte Fallbeil „Guillotine“ macht das Massenmorden möglich, und von nun an ergötzt sich der Pöbel in Paris auf dem Platz der Revolution täglich an Hinrichtungen – statt des ersehnten Brotes gibt es Blut. Auch König Louis XVI. und Königin Marie Antoinette müssen schließlich das Schafott besteigen. Der revolutionäre Terror rast in Paris und den Provinzen, Angst und Schrecken halten das Land im Würgegriff.

Dazu tut die neue Regierung Frankreichs alles, den Lebensformen und Alltagsäußerlichkeiten der alten Adelsherrschaft den Garaus zu machen.

Ein paar Beispiele: Man redet sich nicht mehr mit Monsieur und Madame an, sondern nennt sich Bürger und Bürgerin. Adelstitel werden abgeschafft. Die Kirchen werden geplündert, statt Gottesdiensten gibt es Kulte des „Höchsten Wesens“; anstelle der bisherigen, stabilen Goldwährung tritt Papiergeld: Die Geldscheine, die so genannten „Assignaten“ der Revolutionäre, werden in viel zu hohen Stückzahlen ausgegeben, was bewirkt, dass sie rasch an Wert verlieren, eine horrende Inflation ist die Folge. Bald kann man für die wertlosen Scheine nichts mehr kaufen. Und Händler wie Fabrikanten halten ihre Waren zurück – was sollen sie mit den Papierfetzen anfangen ...?

Die alten Monatsnamen und Wochentage werden außer Kraft gesetzt, der Kalender radikal reformiert, die neuen Monate haben jeweils drei Dekaden statt vier Wochen – was die Zahl der Sonntage reduziert: eine sehr unbeliebte Maßnahme im Volk. Und man zählt die Zeit generell neu: Das Jahr 1793 ist das Jahr 1 nach Gründung der Republik ... All dies verdeckt bald die Reformen im Gefolge des Sturms auf die Bastille. Das Volk kann sich für die Losung von der Gleichheit „nichts kaufen"; Hunger geht um, Kritik an den Machern der Revolution wird laut auf den Straßen, die Basis des Umsturzes beginnt zu bröckeln. Im Klub der Jakobiner-Akteure herrscht nunmehr Nervosität – was neuen Terror zur Folge hat: Niemand von ihnen will verantwortlich sein dafür, die falschen Entscheidungen getroffen zu haben, neue Überlegungen werden mit Argwohn betrachtet – und die Jakobiner bezichtigen sich über kurz oder lang gegenseitig des Verrats an der Revolution. Sie massakrieren sich unbarmherzig – bis nur noch Maximilien de Robespierre übrig bleibt. Und er wird nun zum „Vollstrecker": Alles, was sich ihm entgegenstellt, wird „im Namen der Revolution" aufs Schafott, die Guillotine, geschickt ... Irgendwann ist es dann genug, das Jahr 1794 bezeichnet das Ende der Schreckensherrschaft Robespierres: Seine eigenen Leute, die Verschwörer Tallien, Fouché und Barras (von ihm haben wir schon gehört, auf dem großen Fest im Palais de Luxembourg), holen am 9. Thermidor (27. Juli) zum Gegenschlag aus. Auch sie haben blutige Hände, und aus ihrer Angst wird Aggression: Robespierre wird entmachtet und bereits am nächsten Tag unter dem Jubel der Massen hingerichtet.

Wie heißt es doch: Die Revolution verschlingt ihre Kinder. Einer nach dem anderen sind sie auf die Guillotine gewandert, immer war irgendein Bluthund nicht grausam genug gegenüber den Andersdenkenden, und Robespierre stellte sie alle in den Schatten. Nun trifft ihn das gleiche Los.

Im Übrigen geht das nun so: Alle Gewalttaten der Revolution, ganz gleich, wer an ihnen beteiligt war, können bequem dem verhassten Robespierre in die Schuhe geschoben werden, er wird der Sündenbock der Geschichte ...

Im Oktober des gleichen Jahres wird ein neues Parlament gewählt, im November übernehmen fünf so genannte „Direktoren" die Regierung. Einer davon ist Barras ...

Und wieder ändern sich die Verhältnisse. Nach und nach

leeren sich die Gefängnisse, in denen die letzten „Anhänger der alten Ordnung" auf die Guillotine gewartet haben, allmählich erbitten Freunde der geflohenen Adligen, der „Ducs" und „Vicomtes", die Erlaubnis für deren Rückkehr, und Wunder über Wunder: Es dauert gar nicht lange, und das Geld ist wieder da! Ja, wo war es denn gewesen, als die papiernen Assignaten von Tag zu Tag „in den Keller" sanken und man Katzen als Festtagsbraten für den Schmuck der Dame des Hauses eintauschte?

Nun, es war nie fort gewesen. Immer gibt es Leute, die in den Zeiten des Chaos skrupellos und clever genug sind, ihr Schäfchen ins Trockene zu bringen; die nach außen in abgerissenen Kleidern herumrennen und klagen, alles verloren zu haben, während sich ihre Truhen füllen. Da wurde das Vermögen der Geflohenen konfisziert und das der Hingerichteten eingezogen, da wurde das Kircheneigentum beschlagnahmt, da wurden Güter verkauft – und irgendjemand verdiente immer daran. Es gibt viele neue Reiche, und anstelle des revolutionären Fanatismus kehren Lebensfreude und Lebenslust zurück – jedenfalls für sie.

Und so stehen wir nun in diesem Jahr 1796, als wir gemeinsam mit der kleinen Hortense zu Gast sind im einstigen Palais der Königin, wieder in einem Paris, in dem Juweliere und Parfümeure, Schneider und Putzmacherinnen gefragt sind wie in den früheren Zeiten, wo Cafés, Tanzböden und Spielhöllen wie Pilze aus dem Boden schießen, wo Makler blendende Geschäfte mit Stadtvillen und Landhäusern machen ... Leben und leben lassen, ist die Devise.

Leben und leben lassen. Für den Geschmack unseres jungen Mädchens geht es dabei – zumindest an diesem heutigen Abend – ein wenig zu heftig zu. Von der Tafel ist man direkt an die Spieltische gegangen – der junge General, neben dem sie gesessen hat, immer noch im Schlepptau ihrer

Mutter Rose, obwohl er gar nicht spielen will. Und da hört sie auf einmal das laute, aufreizende Lachen von Theresia Tallien, der schönen, bewunderten Freundin ihrer Mutter. „Wetten wir, dass meine Kleidung nicht mehr wiegt als zwei Livre-Stücke?"

Gelächter, und dann Barras' Stimme: „Die Wette gilt! Einsätze auf den Tisch, meine Herren! Und man bringe eine Waage!"

„*Maman*!" Hortense fasst angstvoll Roses Hand. Zieht sich Theresia jetzt wirklich aus?

Ihre Mutter schüttelt den Kopf. „Komm, meine Kleine, wir fahren nach Haus!" Dies Kopfschütteln bedeutet keine Verneinung, es soll entrüstet wirken, aber Hortense sieht, dass ihre Augen amüsiert glänzen.

Und dieser Korse? – Er tappt ihnen in seinen schweren Stiefeln hinterher bis zur Kutsche. Ihn scheint die Wette der Theresia Tallien weniger zu interessieren als die Erscheinung der Bürgerin Beauharnais. „Sehen wir uns wieder, Madame?"

Roses gurrendes Lachen. „Das liegt ganz bei Ihnen, mein Lieber!"

Die Pferde ziehen an. Hortense sagt gar nichts mehr. –

Ja, leben und leben lassen, das ist auch die Devise von Hortenses Mutter, die wir hier und jetzt mit ihrem vollen Namen einführen wollen: Marie-Josèphe Rose Tascher de la Pagerie, Witwe des Adligen Beauharnais. Später einmal wird sie Joséphine heißen, so benannt vom Kaiser der Franzosen, und sie wird ein ungeahntes Leben führen.

Doch auch, was sie bisher erlebt hat, ist nicht wenig.

Kreolin aus Martinique

Rose wird 1763 geboren auf der Karibikinsel Martinique, die damals französische Besitzung ist, als die Tochter eines Hafenkapitäns, Joseph Gaspard Tascher; die Familie hat einige Kaffee- und Zuckerrohrplantagen aufgekauft, welche selbstverständlich von Sklaven bewirtschaftet werden ...

Rose geht ein paar Jahre auf eine Klosterschule, ansonsten tut sie nicht allzu viel – ein bisschen Gitarre spielen vielleicht, Bücher sind ihr zu anstrengend. In der üppigen tropischen Insellandschaft erwächst nicht unbedingt ein wilder Tatendrang, wenn es nicht sein muss. Man kann den lieben langen Tag im Garten in der Hängematte liegen, Bananen und Mangos wachsen einem praktisch in den Mund, man braucht nur in die Hände zu klatschen, und schon kommt eine schwarze Sklavin gelaufen, um einen nach den Wünschen zu fragen. Kirchgang und Kaffeeklatsch der Damen sind die einzigen „gesellschaftlichen Ereignisse“. Im Übrigen vertreibt sie sich die Zeit mit ihrer jüngeren Schwester Catherine und den Sklavenkindern.

„Kreolen“ nennt man die Kinder europäischer Eltern in den Kolonien des französischen Mutterlandes, also in der Karibik und in Lateinamerika, und diese Bezeichnung hat einen eigenen Beigeschmack: Exotisches Temperament, eine gewisse Lässigkeit, Lebensfreude, Heiterkeit. In diesem Sinn ist das junge Mädchen eine Kreolin durch und durch.

Mit sechzehn wird sie verheiratet. Man hat, ohne sie groß zu fragen, eine Ehe mit einem jungen Mann arrangiert, den sie nur ein paar Mal flüchtig gesehen hat – aber das gilt als normal. Und warum auch nicht? Alexandre, Graf de Beauharnais, ist adlig, er hat Geld, er kann gut tanzen und sieht blendend aus. Was Rose Tascher an der Verbindung besonders gefällt: Sie darf für diese Ehe ins „Mutterland", also nach Frankreich! Weg aus der Provinz! Denn trotz aller bunten Exotik – ein bisschen langweilig ist es ihr schon.

Die Sache lässt sich gut an, und aus der Verbindung entstehen zwei Kinder: Der Sohn Eugène und, mit zwei Jahren Abstand, das blonde Mädchen Hortense.

Leider hat der von Rose so geliebte hübsche Alexandre keinen guten Charakter. Er ist egoistisch, arrogant und – neigt zur Eifersucht. Das leichtlebige, fröhliche Temperament seiner Frau erregt seinen Argwohn. So versteigt er sich zu der Bemerkung, Roses Kinder seien nicht von ihm – was absolut nicht stimmt. Er seinerseits schert sich den Teufel um die Gefühle seiner jungen Frau und geht fleißig und ungeniert fremd. Irgendwann hält Rose es nicht mehr mit ihm aus und erwirkt die gesetzliche Scheidung – eine Aufsehen erregende Angelegenheit im alten Frankreich. Freilich muss sie sich danach in ein (hoch elegantes) Kloster zurückziehen, wo sie zusammen mit Damen der Gesellschaft lebt, die ein ähnliches Schicksal haben – eine Art Frauenhaus de luxe.

Als in Frankreich die Revolution ausbricht, befindet sich Rose gerade wieder in Martinique, ans Sterbebett ihres Vaters gerufen, und als sie 1790 ins Mutterland zurückkehrt, sieht sie sich mit der Tatsache konfrontiert, dass sie – geschieden oder nicht – auf einmal Trägerin eines berühmten Namens ist. Ihr Alexandre de Beauharnais gehört zu einer ganzen Reihe von Adligen, die sich den Prinzipien der Revolution verbunden fühlen, auch so etwas war keine Einzelerscheinung. Er kämpft für die neue Sache, hat die Gunst der Stunde ergriffen und ist nun ein führendes Mitglied der Jakobiner. Und er bekommt die Chance seines Lebens – er wird zum General der Revolutionsarmee befördert.

So hat diese Ehe denn doch etwas Gutes für Rose gebracht. Die junge Frau ist eine angesehene Person im revolutionären Paris – was sie im Übrigen nicht davon abhält, weiter mit den adligen Damen zu verkehren wie in den Jahren der alten Königsherrschaft. Doch trotz ihrer gesellschaftlichen Stellung – die Zeiten vor und während der Jakobiner-Ära sind ein Albtraum auch für sie.

Und wie entgeht man realen Albträumen? Man sucht Zerstreuung. – Viele Biografen, die ihrem Leben nachgeforscht haben, meinen, die junge Rose muss in dieser Zeit eine Reihe von Affären gehabt haben, aber sie ist so diskret und findig, dass die Historiker bis heute im Dunkeln tappen: Hat sie oder hat sie nicht? Es wird dies und das über sie gemunkelt, aber es ist ihr gelungen, ihren guten Ruf nicht zu verlieren; die Republik gibt viel auf Tugend.

Auf alle Fälle lebt sie weit über ihre Verhältnisse, gibt Geld für Kleider aus, macht Schulden, pumpt sogar die Gouvernante ihrer Kinder an. Was soll sie machen? All ihre Freundinnen, diese Damen von vornehmer Herkunft oder Geliebte vermögender Männer, sind reicher als sie, und man kann in diesen Kreisen nur bestehen, wenn man genauso elegant, genauso luxuriös auftritt wie die anderen. Und Rose will bewundert werden, sie will sich in der Öffentlichkeit zeigen, will ins Theater gehen, im Bois de Boulogne in der Kutsche spazieren fahren, am Kartentisch sitzen und spielen ...

Die vielen Bekanntschaften, die sie während dieser Zeit schließt, werden in den Wirren der jakobinischen Schreckensherrschaft zu „Beziehungen“, und die junge Frau weiß sie geschickt und konsequent einzusetzen – zu ihrem eigenen Vorteil, aber auch, um anderen zu helfen, denn bei allem Leichtsinn ist sie hilfsbereit und gütig und versucht unerschrocken, ihre adligen Freundinnen oder deren Männer vor Inhaftierung oder Schafott zu retten.

Ein Zeitgenosse schreibt über sie: „Die Leichtlebigkeit von Madame de Beauharnais, ihre galante Lebensart und ihre Herzensgüte wirkten anziehend und ermöglichten es ihr sogar, kraft der Beziehungen, die sie zu einflussreichen Männern ihrer Zeit unterhielt, vielfältige Dienste zu erweisen." Hier haben wir beides – ihre helfende, vielleicht sogar mitfühlende Natur und die „Beziehungen" zu einflussreichen Männern, ein Indiz (vielleicht) für ihre Liebschaften ...

Die Gräfin Rose de Beauharnais heult mit den Wölfen, bezeichnet sich in ihren Briefen als „Sansculotte", also als eine aus dem Volk, eine Jakobinerin, um etwas zu erreichen. In dieser Heuchelei ist sie nicht allein, viele machen es so. Es geht ums Überleben – für sich, für ihre Kinder, für andere. Rose wagt sich in dieser Zeit weit vor. Immer wieder versucht sie, Freunde oder Verwandte aus dem Gefängnis zu holen oder deren Streichung von der Liste der verfemten Adligen im Exil zu erwirken, was deren Rückkehr nach Frankreich möglich machte. Sie ist gutherzig und geschickt.

Weniger Geschick legt indes ihr geschiedener Gatte, General Alexandre Beauharnais, an den Tag. Statt seinen militärischen Auftrag auszuführen, „machte er sich in Straßburg zum Narren, indem er den ganzen Tag den Huren nachstieg und abends Bälle für sie gab" – so im Bericht eines Polizeikommissars. Dergleichen lässt sich die Republik nicht bieten. Alexandre wird verhaftet und als ein „Schädling" der Revolution noch im gleichen Jahr 1794 hingerichtet.

Und dann ist Rose an der Reihe. Nun wird für sie der Name Beauharnais zum Verhängnis. Sie wird anonym denunziert, dass sie mit einigen den Jakobinern missliebigen Ministern Kontakt hat, und kommt ins Pariser Karmeliterkloster in der Rue de Rennes, das man aus Mangel an Gefängnissen zur Haftanstalt umfunktioniert hat – es reicht, dass sie die frühere Frau des Generals ist.

In dem Schlafsaal mit achtzehn Betten ist sie in bester Gesellschaft, sie wohnt zusammen mit Herzoginnen und Gräfinnen und trifft Bekannte wieder, die aus den gleichen Gründen hier sitzen wie sie – nämlich aus gar keinen.

Eugène und Hortense, ihre tapferen Kinder, die in dieser Zeit allein mit ihrer Gouvernante sind, besuchen sie, und, als das verboten wird, schreiben sie ihr. Aber auch das wird untersagt, und so verfallen die Kinder auf die Idee, die wöchentliche Liste der hereingereichten frischen Wäsche für die Mutter eigenhändig zu schreiben, sodass sie denn an der Handschrift erkennen kann, dass sie wohlauf sind ...

„Les Carmes", das Karmelitergefängnis, ist ein „gemischtes". Männer und Frauen können tagsüber zusammenkommen, nur nachts werden sie in getrennte Verliese eingesperrt.

Über allen Insassen schwebt die Todesdrohung. Jeden Tag werden die Namen jener aufgerufen, die vor dem Revolutionstribunal zu erscheinen haben – der Weg von dort führt direkt auf den Henkerskarren. Die Atmosphäre der ständigen Furcht bringt bei den Inhaftierten eine hektische Lebensgier hervor: Nur nichts verpassen! Noch einmal lieben, noch einmal leben, wenn jeder Tag den Tod bringen kann! Gleichsam ein amouröser Wahn hat die Unglücklichen erfasst. Ein ehemaliger Gefangener berichtet später: „Überall klangen Küsse und Liebesseufzer in den Tiefen der düsteren Korridore, und wo nur ein wenig Dunkelheit Vorschub leistete, fand die Liebe innigste Erfüllung ..."

Rose Beauharnais wählt sich Lazare Hoche, einen fünf Jahre jüngeren General, einst Waffengefährte ihres Mannes, einen schönen, munteren Kerl. Auch ihm wird Tätigkeit gegen die Republik vorgeworfen, ob es stimmt oder nicht. Die Liebe zu ihm gibt ihr das Gefühl, lebendig zu sein; sie genießt jede Stunde, die ihr noch bleibt. Für sie steht es fest: Früher oder später kommt hier jede und jeder auf die Guillotine.

Bald erfährt sie von der Hinrichtung ihres Ehemanns und glaubt, nun wird auch seine – von ihm geschiedene – Frau bald an der Reihe sein. Sie wartet nur noch auf den Tod. Wie viele andere Frauen schneidet sie sich die langen Haare ab,

„um dem Henker an der Guillotine die Arbeit zu erleichtern“ – eine Todgeweihte.

Doch es soll anders kommen.

Zwei Tage nach Alexandres Tod schmuggelt eine Mitgefangene, die wunderschöne Theresia Cabarrus, ebenfalls die Frau eines Adligen, ein Briefchen an ihren Geliebten Jean Lambert Tallien aus dem Gefängnis, an jenen Tallien, der Mitglied des Jakobinerklubs ist. (Er legt – zaghaft und kleinmütig, wie er ist – dennoch kein Wort für sie ein bei seinen Gesinnungsgenossen, traut sich nicht, irgendetwas für sie zu tun ...) In dem Brief berichtet sie von ihrem Traum: Sie träumte, Robespierre existiere nicht mehr und die Gefängnisse stehen offen. Und sie schließt mit den bitteren Worten: „Dank Ihrer unsäglichen Feigheit wird es in Frankreich bald keinen mehr geben, der meinen Traum verwirklichen kann.“

Aber als sie das schreibt, ist die Verschwörung gegen den Bluthund der Revolution bereits beschlossene Sache. Tallien, Barras und Fouché (von Letzterem werden wir noch viel hören) ermannen sich und stürzen am 27. Juli 1794 (nach Revolutionszeitrechnung der 9. Thermidor) Robespierre tatsächlich, und die Gefangenen kommen nach und nach frei. Madame Theresia Cabarrus, die nun bald Madame Tallien sein wird, gehört zu den ersten Entlassenen. „Notre Dame de Thermidor“, Unsre liebe Frau vom Thermidor, nennt sie das Volk, das Ursache und Wirkung verwechselt. Für die Leute hat Theresias Brief Tallien zu der Tat motiviert, sie ist für sie die Befreiungsheldin.

Die Verliese leeren sich. Und endlich, am 6. August, verkündet der Schließer der Bürgerin Witwe Beauharnais die Freiheit. Rose fällt vor Freude in Ohnmacht.

Eine lustige Witwe

Leben, Leben, Leben! In vollen Zügen genießen! Dem Tode entronnen, ist dies alles, was Rose jetzt will! Aber wovon?

Zudem: Das Jahr 1795 ist noch gebeutelt von den Auswirkungen der Schreckensherrschaft. Noch immer gibt es keinen wirtschaftlichen Aufschwung, noch immer hat sich das Geld, dies scheue Reh, nicht aus dem Versteck der geheimen Schatztruhen herausgewagt, die Zeiten sind noch zu unsicher. Noch immer verteuert sich alles in rasendem Tempo, wer etwas zu bieten hat, kann Wucherpreise verlangen und tut es auch. Wie soll Rose ihre Kleider bezahlen? Sie ist zwar für ihre Haft entschädigt worden, hat ihre Möbel, das Tafelgeschirr und Silber zurückerhalten und sogar eine Kutsche bekommen – aber das ist doch ein Tropfen auf den heißen Stein!

Der Bankier Emery, der das Geld der Tascher-Familie, in Frankreich angelegt, verwaltet, schießt ihr etwas vor – im Hinblick auf ihre spätere Erbschaft in Martinique –, und sie stellt selbst ohne jede Gewissensbisse Wechsel auf das Vermögen ihrer Mutter in der Karibik aus.

Die wunderschöne Theresia Cabarrus, inzwischen ja nun Madame Tallien, ist ihre Busenfreundin, und die beiden Frauen versuchen auf ihre Weise, die Schrecken der Monate im Schatten der Guillotine wettzumachen, betäuben sich mit Zerstreuungen: Sie tanzen durch die Nächte, jeden Abend ein anderer Ball – und jeden Abend ein anderes Kleid.

Theresia und Rose sind Trendsetterinnen, sie diktieren die Mode. Da beide Frauen mit abgeschnittenem Haar aus dem Gefängnis gekommen sind, machen sie aus der Not eine Tugend: Sie tragen eine lockige Kurzhaarfrisur, die sie auf griechische Art mit einem Diadem oder einem geschlungenen Kopftuch verzieren. Die Sache macht Schule. Bald schneiden sich die Damen der Gesellschaft die Haare ab oder stecken sie zumindest aus dem Nacken hoch, um ebenfalls eine Frisur „à la victime“ – nach Art der Opfer – vorzuzeigen.

Ermutigt von diesem modischen Erfolg, gehen die beiden noch weiter, treiben mit Entsetzen Scherz, Rose trägt um den nackten Hals eine rote Schnur oder ein rotes Samtband als Zeichen für die Guillotine. Ansonsten gilt in der griechisch-antik inspirierten Mode jener Tage „weniger ist mehr“ – man läuft buchstäblich halb nackt herum und hüllt sich gegen die Kälte nur in malerische Schals. Kein Wunder: Die Lungenentzündungen nehmen sprunghaft zu.

Rose und ihre Theresia haben nichts als die prachtvollen Garderoben im Kopf. In Vorbereitung eines Balles schreibt die Freundin an Theresia: „Da es mir wichtig erscheint, dass wir beide absolut die gleiche Toilette tragen, möchte ich Sie bitten, das Pfirsichfarbene anzuziehen, ich habe vor, das gleiche auszuwählen. Ich will ihnen auch verraten, dass ich ein rotes Tuch, auf kreolische Art gebunden, überm Haar tragen werde, und an den Schläfen lasse ich drei Locken herabhängen. Ich habe die Absicht, die Modegecken zur Verzweiflung zu bringen. Sie werden verstehen, wie wichtig unsere Verschwörung ist: Die Wirkung wird ungeheuer sein.“

Was für Probleme haben diese Frauen!, möchte man ausrufen. Aber hinter dieser ganzen exzentrischen Fixierung auf Äußerlichkeiten verbirgt sich die ebenso exzentrische Gier, im Rausch, Luxus, im Vergnügen zu vergessen, was ihnen angetan wurde.

Die kleine Hortense hat bei der Abendgesellschaft des Bürgers Barras ja schon festgestellt, auf wie bizarre Weise sich junge Männer und junge Frauen anzogen. Das Volk hat für diese Modenarren Namen gefunden: Die Männer mit den kinnhohen Halsbinden, den weißen eng anliegenden Nankinghosen (Nanking ist ein derber Baumwollstoff) und den Überröcken in Oversize nennt es „Incroyables“ – Unglaubliche; die halb nackten Damen, die ihre Roben unterm Busen gürten, „Merveilleuses“ – Wunderbare.

Die Kutsche mit der „Wunderbaren“ Rose Beauharnais und ihrer Tochter Hortense rollt durch die winterlichen Straßen von Paris. Es ist ein eisiger Winter, sogar die Seine ist zugefroren. Die Fahrt führt in die Rue de Chantereine. Dort hat Rose seit August des Jahres ein bezauberndes Häuschen, ein zweistöckiger kleiner Rokokopalast mit einem Garten. Unten sind Küche und Anrichteräume, unterm Dach die Dienstbotenkammern. Die fünf Zimmer in der mittleren Ebene, der so genannten Beletage, sind sparsam, aber geschmackvoll möbliert. Sie hat für das Haus eine Anzahlung geleistet – geholfen dabei hat ihr Freund Barras.

Denn sehr bald nach ihrer Entlassung aus dem „Kloster“ war Rose klar geworden, dass sie einen mächtigen Beschützer brauchte, einen, der sie beschenkte und ihr auch hin und wieder eine Möglichkeit zum Geldverdienen zuschanzte ... Ihre Wahl war zunächst auf den Marquis de Caulaincourt gefallen, einen rehabilitierten Aristokraten, dessen Geldbörse die hübsche Witwe so lange schröpft, bis er erschöpft aufgibt. Zwei, drei junge Liebhaber bringen zwar Freude ins Haus, aber keinen Livre, und so geht das nicht weiter. Roses nächster Kandidat ist nun Barras, der neben Tallien einer der mächtigsten Männer im Direktorium der Fünf war. Barras war in Sachen Liebe kein Kostverächter (es heißt, eigentlich war er mehr an Knaben als an Frauen interessiert ...). Er ließ sich nicht zweimal bitten – er reihte die hübsche Kreolin in seinen Harem ein. Bei ihm hört sich das in seinen Memoiren so an: „Madame de Beauharnais gehörte dem Kreis von Damen an, die Tallien und mir Gesellschaft leisteten.“

Die Verbindung bringt jede Menge Vorteile für Rose – von

den Lebensmittelzuteilungen in Zeiten der Knappheit bis zu der Möglichkeit, in undurchsichtige Geschäfte einzusteigen. Dazu gehört in steigendem Maß die Beteiligung an Lieferungen für das Heer der Republik, das vor allem in Italien gegen die drohende Invasion der europäischen Adelsmächte vorging. (Von diesen Geschäften werden wir noch mehr hören.) Nun hat sie endlich Geld, um einen Salon zu führen, das heißt, Leute zu sich einzuladen, Champagner zu trinken und den runden Tisch mit den ausziehbaren Seitenteilen im Empfangszimmer zum Spieltisch umzufunktionieren. Rose ist eine leidenschaftliche und geschickte Kartenspielerin und zockt ihre Gäste ab bis zum Weißbluten.

Im Übrigen beherbergt das Haus sehr viele nette Dinge, wie Vorhänge und antike Büsten, allerlei gerahmte Stiche, auch eine Harfe, auf der indes niemand spielt, und künstliche Blumenarrangements. Wie man sieht, hübsches, unnützes Zeug – aber am Notwendigsten fehlt es. Töpfe und Pfannen für die Küche muss man vom Nachbarn ausborgen.

Wir wissen, diese hübsche Rose de Beauharnais ist eine leichtlebige Person. Sie hat zwar ein unstillbares Verlangen nach Luxus – bleibt ihrem Schneider ungeheure Summen schuldig –, ist aber bei allem auch bereit, einer Bettlerin ein Goldstück in den Schoß zu werfen. Sie ist großzügig nach allen Seiten hin, eine Eigenschaft, die wir immer wieder bei ihr erleben können (und verhängnisvoll für die Männer, die sie aushalten). –

Bei ihrer Heimkehr werden Mutter und Tochter stürmisch begrüßt von Fortuné, dem geliebten Mops der Hausherrin. Hortense schließt den kleinen Hund in die Arme und küsst ihn zärtlich auf die Schnauze. Fortuné hat für sie eine ganz besondere Bedeutung. Als ihre Mutter Rose im Gefängnis war, hat sich das kluge Tierchen einmal den Zugang ins Karmeliterkloster erschlichen – mit einem Briefchen der Kinder an die Eingesperrte, und sie hatten so voneinander erfahren können. Aber es hatte nur einmal funktioniert, weil die Wachen, misstrauisch geworden, alsbald auch keinen Hundeschwanz mehr passieren ließen.

Rose klingelt nach der Zofe Louise, die sie und ihre Tochter für die Nacht zurechtmachen soll – auszuziehen gibt es bei ihr nicht viel, wie gesagt, aber genügend Schminke zu entfernen und Wässerchen und Cremes aufzutragen. Der erste Stock ist das Herzstück des Hauses. In ihm befinden sich das Boudoir der Hausherrin, die Schränke mit den Kleidern und Hüten und Spiegel über Spiegel: Standspiegel, Frisierspiegel, Kommodenspiegel. Hingerissen betrachtet Hortense – nicht etwa sich selbst, sie ist nicht eitel – ihre hübsche Mutter, die sie bewundert und die sie auf diese Weise, in all den Spiegeln, von allen Seiten zugleich sehen kann: eine vielfältige Rose, ein schillerndes Persönchen. Bürgerin Beauharnais ist klein und zierlich, ihre Bewegungen sind von gleitender Grazie und ihre Figur untadelig. Das lockige Haar mit dem kastanienbraunen Schimmer umrahmt ein Gesicht, das zwar nicht von der klassischen Schönheit ihrer Freundin Theresia ist, aber hübsch und anmutig, und es ist beherrscht von den durch Schminke wunderbar hervorgehobenen Augen, deren Farbe etwas Undefinierbares zwischen Grau und Braun ist – mit den richtigen Lidschatten und Wimperntuschen kann sie sogar das Kunststück fertig bringen, dass man diese Augen für blau hält – jedenfalls behaupten das die Leute, die sie näher kennen ...

Hortense findet ihre Mutter schön wie immer, obwohl sie nun schon über dreißig ist. „Wie wunderbar du aussiehst, *Maman!*“, sagt sie zärtlich, und Rose schließt die Tochter in die Arme und lächelt ihr berühmtes Lächeln mit geschlossenem Mund. (Das Lächeln hat sie extra einstudiert – denn dies ist ihr einziger Makel: Ihre Zähne sind eine Katastrophe, und das kommt vom ständigen Zuckerrohrkauen auf der Plantage der Eltern in Martinique; als Kind hat sie sich die „Mundwerkzeuge" völlig ruiniert!) Indes wählt Louise mit kundiger Hand aus den zahllosen Schminktöpfen und Tiegeln, den Flakons und Fläschchen mit Lotionen und Parfüm das, was für die Nacht gebraucht wird.

Louise bürstet das kurze lockige Haar von Rose, behandelt es mit Klettenwurzelöl und Lorbeerextrakt, um es glänzend und geschmeidig zu machen, und Rose genießt die Pflege mit hingebungsvoll geschlossenen Augen wie eine schnurrende Katze.

„*Maman*?", fragt Hortense schüchtern. „Sag mal, hat sich Theresia wirklich – ausgezogen?"

„Ach Schätzchen!", erwidert Rose, ohne die Augen zu öffnen, „du musst nicht alles so ernst nehmen!"

Eine Aussage, mit der das Mädchen sehr wenig anfangen kann.

„War es amüsant für dich auf dem Ball?", fragt die Mutter. „Soll ich dich öfter einmal mitnehmen?"

Bloß nicht!, möchte das Mädchen ausrufen. Ich fand es grauenhaft! Aber sie sagt folgsam: „Ich würde mich sehr freuen, *Maman*."

Und dann darf Hortense mit ins Allerheiligste, ins Schlafzimmer mit dem breiten Bett aus bronziertem Holz, das ihre Mutter mit dem Mops Fortuné teilt – mit wem sonst noch, das weiß Hortense natürlich nicht. Heute Nacht kann sie bei ihrer Mutter schlafen – weder für Hortense noch für ihren Bruder Eugène sind nämlich in diesem Schlösschen eigene Zimmer vorgesehen. Beide besuchen ja ein Internat (Eugène das einer Militärakademie), und beide müssen nicht unbedingt mitbekommen, was hier geschieht ...

Louise löscht das Licht, knickst, wünscht Gute Nacht. Hortense schmiegt sich in die duftenden Arme ihrer Mutter und flüstert: „*Maman*, warum können wir nicht öfter bei dir sein, Eugène und ich? Es ist so schön hier bei dir!"

Rose seufzt, aber es klingt eher genüsslich als betrübt.

„Ach, Kind, du weißt doch, ich habe so viele gesellschaftliche Verpflichtungen! Als allein stehende Frau muss man irgendwie durchkommen." Sie kichert. „Alle meine Freundinnen raten mir, bald wieder zu heiraten. Wie fandest du eigentlich diesen jungen Offizier?"

Hortense kriegt einen Schreck. „Der, der immerzu mit dir geredet hat ... wie hieß er doch gleich?"

„Er hat einen völlig unaussprechlichen Namen. Buona Parté, glaube ich. Und noch einen Vornamen, den habe ich vergessen. Warum fragst du?"

„Er hat es auf dich abgesehen, *Maman!*"

„So? Meinst du?"

„Und du?" Hortense richtet sich noch einmal auf. „Ich finde ihn grässlich! Bitte, versprich mir, dass du den nicht heiraten wirst!"

„Natürlich nicht, meine Kleine." So ein Versprechen ist leicht gegeben. Wenn es das Kind glücklich macht ...

Eine Karriere mit Knicken

Es ist an der Zeit, sich endlich jenem Mann zuzuwenden, der aus Rose eine Joséphine machen wird – der kleine olivfarbene Korse mit den schlechten Umgangsformen, der fadenscheinigen Uniform und dem großen Säbel, der mit dem unaussprechlichen Namen.

Als Napoleone Buonaparte 1769 in der Stadt Ajaccio auf Korsika geboren wird, ist die Insel gerade erst ein Jahr französisch. Das rabiate Inselvölkchen hatte sich in einem Guerillakrieg gegen ihre Okkupation durch die Franzosen gewehrt, so lange es nur anging. Die Muttersprache des Jungen war eine dem Italienischen ähnelnde Mundart – schließlich liegt die Insel direkt vor dem italienischen Stiefel.

Napoleone ist der zweite Sohn eines Anwalts. Seine Mutter ist die schöne und energische Letizia, eine Frau mit Haaren auf den Zähnen, und sie wird uns – bei der Karriere ihres Sohnes – noch häufig beschäftigen. Insgesamt brachte sie fünfzehn Kinder zur Welt, von denen neun am Leben blieben. Diese Familie, die „Sippe", ist bei allem, was noch geschehen wird, ein unabdingbarer Faktor. Sie wird an Napoleon geradezu kleben wie die Kletten im Fell eines Hundes, sie wird sich in alles einmischen – und sie wird Rose-Joséphine, die Frau des „großen Korsen", abgrundtief hassen.

Die Familie gilt zwar als adlig, aber sie ist bettelarm; die Aussichten für Napoleone sind schlecht. Doch – wie so oft in den Biografien bedeutender Leute – gibt es einen Punkt, der über alles entscheidet, was der oder die in ihrem Leben erreichen wird; ein glücklicher Umstand, der die Weichen stellt. Bei Bonaparte gibt es mehrere solcher „Punkte", dies ist einer davon, und es ist ein entscheidender. Der Junge, der (das ist rasch auszumachen) über besondere Geistesgaben verfügt, wird aus der provinziellen Enge der Insel fortgeschickt. Er erhält eine bessere Ausbildung auf dem Festland, und (was für ein folgenschwerer Zufall!) er erhält sie an einer Militärakademie, in Paris. Durch Protektion, durch Beziehungen, gelingt es seinem Onkel, einem Geistlichen, den begabten kleinen Korsen mit seinen neun Jahren in der Pariser Kadettenanstalt unterzubringen. Und das Leben des Napoleone erhält die Richtung, die ihn in die Weltgeschichte katapultieren wird. –

Allerdings muss er zuerst einmal die französische Sprache erlernen. Zeit seines Lebens wird er einen leichten Akzent beibehalten. Das Wort „tu" (du) wird er immer ohne den für das Französische typischen Umlaut ü aussprechen und bei Worten wie „classe" das „e" mitklingen lassen, und sein eigener Vorname hört sich zumindest in den ersten Jahren noch an wie „Nabulione" – und er ist weit entfernt von dem Nimbus, der ihn dereinst umgeben wird.

Große Probleme bereitet ihm das Schreiben des Französischen. Nicht nur, dass seine Schrift ein entsetzliches, kaum entzifferbares Gekrakel ist – auch seine Orthografie ist mehr als eigenwillig, und so ist es verständlich, dass er seine Ordres später – als Befehlshaber jeglichen Ranges – lieber diktiert.

In Arithmetik und Geografie allerdings glänzt der junge Kadett – dafür stellt er sich in Deutsch und Tanzen (ein Pflichtfach für einen Offiziersanwärter!) nicht besonders geschickt an. Er besucht die schwierige Artillerieklasse, sozusagen die Meisterklasse für einen künftigen Militär, und absolviert sie in einem einzigen Jahr, schneidet bei den Prüfungen hervorragend ab und erhält bereits mit sechzehn Jahren sein Patent (andere brauchen dafür drei Jahre oder mehr). Stolz promeniert der frisch gebackene Offiziersanwärter mit dem langen Degen am Gürtel und in den großen Stiefeln, die um seine dünnen Beine schlottern – der „gestiefelte Kater"! –, durch die Straßen von Paris, und er tritt schließlich, im Jahr 1785, seinen Dienst als Unterleutnant in Valence an der Rhône an und beginnt sogleich, von seinem mageren Sold die Familie auf Korsika zu unterstützen.

Während dieser Zeit, es sind die Jahre vor der großen Revolution, liest er viel, vor allem auch, weil er – man kann es kaum glauben bei jemandem, der solche Mühe mit dem geschriebenen Wort hat! – damals plant, Schriftsteller zu werden. Es existiert das Fragment eines sentimentalen Romans aus seiner Feder. (Dergleichen muss uns nicht allzu sehr verwundern. Fast alle späteren Größen der Revolution hatten zuvor den Ehrgeiz, sich als Autoren hervorzutun. Der Bluthund Robespierre schrieb zarte lyrische Gedichte.) Aber auch Essays und Abhandlungen über Freiheit und Patriotismus hat er verfasst. Er studiert mit Eifer die Schriften jener Männer, die man als die geistigen Väter der Französischen Revolution ansehen kann, vor allem haben es ihm die Ideen von Jean-Jacques Rousseau angetan, der das Verhältnis von Menschen in einem Staatswesen als einen „contrat social", einen Vertrag auf Gegenseitigkeit und Gesetzlichkeit ansieht. Als Korse fühlt der junge Mann sich, zweifellos zu Recht, als ein Kolonisierter, als Bürger zweiter Klasse in Frankreich, und wünscht seiner Insel leidenschaftlich mehr Gerechtigkeit. Da sind ihm diese Ideen gerade recht. –

Dann kommt das Jahr 1789 und mit der Revolution die Abschaffung der Adelsprivilegien. Im Gegensatz zu den meisten seiner Offizierskameraden, die plötzlich ihrer Vorrechte beraubt sind und beschließen, in die Emigration zu gehen, begrüßt der junge Korse die Forderungen nach Freiheit, Gleichheit und Brüderlichkeit – zunächst hauptsächlich in der Hoffnung, dass die Verkündung der Menschenrechte seiner Heimatinsel den Status der Kolonie nehmen, dass das französische Volk mit den unterdrückten Korsen sympathisieren würde. Und was ihn persönlich betrifft: Obwohl seine Familie, wie gesagt, von Adel ist, pochte man im patriarchalischen Korsika wohl nicht so auf seine Geburtsrechte wie anderswo. Und so lässt ihn die Abschaffung der Adelsprivilegien ziemlich kalt.

Seine Hoffnungen für Korsika allerdings werden sich nicht erfüllen, aber das ist auch bald nicht mehr wichtig für den jungen Offizier, denn er wird Gelegenheit erhalten, seine besonderen Fähigkeiten als Militär unter Beweis zu stellen, und das gibt ihm ausreichend Genugtuung.

In Frankreich herrscht mittlerweile der Bürgerkrieg: 1793 ist das Land in Aufruhr, die Maßnahmen der radikalen Revolutionäre sind in weiten Teilen des Landes alles andere als beliebt und geben den Royalisten, den Königstreuen, viel „Munition“ in die Hand. Hier verdient sich Napoleon seine ersten Sporen, indem er für die Regierung an Kämpfen in Avignon und Marseille teilnimmt – leider immer von engstirnigen Vorgesetzten ausgebremst. Man ernennt ihn schließlich zum Major der Artillerie, d i e Waffengattung der Zeit, vergleichbar heute etwa mit der Luftwaffe. Wer damals die Artillerie befehligt, hat das Sagen. –

Und dann wird die junge Republik in Kriege mit den europäischen Mächten verwickelt. England, Österreich und Italien haben sich verbündet gegen dieses revolutionäre Frankreich und können Siege für sich verbuchen. Toulon, die Stadt an der Mittelmeerküste, ist in der Hand der verbündeten Armeen, und hier sieht sich Napoleon zum ersten Mal einer wirklichen großen Herausforderung gegenüber. Er hat den Befehl über die Kanonen, und dank seiner Taktik und Kaltblütigkeit gelingt es dem jungen Korsen, die Eindringlinge wieder von französischem Boden zu vertreiben.

So wird man im Kriegsministerium auf ihn aufmerksam, und man befördert den kleinen Mann aus den korsischen Bergen zum Brigadegeneral. Er ist gerade mal vierundzwanzig Jahre alt und bezieht ein Gehalt von 15 000 Livres jährlich. (Mit dem Geld unterstützt er weiterhin großzügig seine Familie. Die eingestellten Dienstmägde konnten allerdings Mutter Letizia nicht davon abhalten, die Wäsche weiterhin eigenhändig im Bach hinterm Haus zu waschen ...)

Aber dann geht einiges schief. In Toulon hat sich Napoleone mit einem netten jungen Mann angefreundet, der den Namen Augustin Robespierre trägt – er ist der Bruder des gefürchteten Revolutionärs, und der empfiehlt dem Machthaber in Paris den begabten Artillerieoffizier, was sogar eine geheime Mission in Italien zur Folge hat ... Alles wunderbar, aber als dann Robespierres Kopf fällt, sind seine Protegés, seine „Zöglinge", natürlich verdächtig. Man suspendiert Napoleon vom Dienst, setzt ihn vor die Tür – und auf Halbsold ... Und das ist wenig. Bei der wachsenden Teuerung hat der junge Mann bald nichts mehr zu beißen. Er isst nur noch einmal am Tag, schnorrt sich durch, wo er nur kann, versetzt seine silberne Uhr – und sein Uniformmantel ist inzwischen genauso fadenscheinig wie seine Hosen.

Er trägt sich mit dem Gedanken, in die Türkei, der nicht europäischen Großmacht am Bosporus, auszuwandern. Die türkische Artillerie ist schwach, man braucht dort einen fähigen Mann. In der Tat hat er schon den Pass in der Tasche, als sich das Blättchen wieder wendet. In diesen stürmischen Tagen geht eben alles drunter und drüber.

Nach dem Ende der Schreckensherrschaft des Robespierre hat sich Frankreich eine andere Regierungsform gegeben: neben dem Parlament, der Nationalversammlung, zwei Ratsversammlungen als gesetzgebende Organe und, wie erwähnt, ein Direktorium von fünf Männern als Exekutive. Wie viele andere Franzosen hat auch Napoleon dieser Neuerung seine Zustimmung gegeben. Sie scheint ihm vernünftig und demokratisch, bewahrt die Errungenschaften der Revolution und hat mit ihren Auswüchsen gebrochen.

Aber das Direktorium der Fünf ist schwach, die geltungssüchtigen Männer liegen sich nur gegenseitig in den Haaren, statt zu regieren. Und schon wittern die Royalisten, die Verfechter des Königtums, wieder Morgenluft: Sie versuchen einen Putsch.

Der Thronanwärter Louis XVIII. landet, unterstützt von den Engländern, im Norden des Landes, und die ohnehin königstreuen Landstriche Bretagne und Normandie schließen sich ihm an. Man bewegt sich auf Paris zu. Ziel ist der Sturz der Regierung.

Die Pariser sind in Aufruhr – aber die Direktoren so hilflos wie Hühner, deren Küken ins Wasser gehen. Was soll man tun? Da sind angeblich 30 000 Mann im Anmarsch!

Buonaparte kommt gerade aus dem Theater, wo er ein nettes Rührstück gesehen hat, und macht einen kleinen Umweg, um zu sondieren, wie die Lage ist – wie er es an jedem Tag tut, seit die Königstreuen ernsthaft mobilmachen. Er geht auf die Besuchertribüne der Nationalversammlung, die so spät am Abend noch tagt, angesichts der Bedrohung der Demokratie.

Die verschreckten republikanischen Abgeordneten haben gerade Barras, in Ermangelung eines Besseren, zum General ernannt, und was an Truppen vorhanden war, ging in eine hohle Hand. In dieser Situation sieht einer der Abgeordneten den kleinen Korsen in seinem abgeschabten Mantel und ohne Handschuhe ... War das nicht der Mann, der in Toulon durchgegriffen und die Feinde dort verjagt hat? Er macht Barras auf den jungen General aufmerksam, und der bestellt Napoleon umgehend zu sich.

Ob der berühmt gewordene Dialog in der Nacht vom 4. zum 5. Oktober wirklich in dieser militärischen Knappheit stattgefunden hat, ist sicher zweifelhaft. Aber er klingt nichtsdestoweniger hervorragend. Denn er zeigt, dass Napoleon sofort ein strategisches Konzept entwickelt, das ganz und gar sein eigenes ist.

Barras: Wollen Sie unter mir dienen? Sie haben drei Minuten Zeit, sich zu entscheiden.

Napoleon: Ja.

Barras: Sehr gut.

Napoleon: Wo sind die Kanonen?

Barras: Sechs Meilen vor Paris, auf der Ebene von Sablons. Aber es ist zu spät, sie zu holen.

Napoleon (zu einem Kavallerie-Offizier): Nehmen Sie zweihundert Reiter, galoppieren Sie nach Sablons und bringen Sie mir die Kanonen, die Sie dort finden, samt der Munition. Gebrauchen Sie Säbel, wenn es sein muss, aber bringen Sie mir die Kanonen ...

Um sechs Uhr morgens hat er seine Kanonen. Er postiert sie an strategisch wichtigen Punkten in der Stadt und wartet ab. Gegen drei Uhr dann der Ansturm der Königstreuen – 30 000 Mann! –, aber gegen den Kartätschenhagel der Kanonen im Straßenkampf ist Masse eher von Übel. Die Nachrückenden lassen denen in den vorderen Reihen keine Chance zu entkommen. Eine halbe Stunde später ist alles vorbei, die besagte Hand voll Regierungstruppen sind Sieger. Kaltblütig hat Napoleon Buonaparte seine militärische Überlegenheit eingesetzt und die nur mit Gewehren bewaffneten Aufständischen niedergemäht. Man spricht von über zweihundert Toten.

Die Revolution ist gerettet, und Napoleon hat nun bei Barras einen Stein im Brett. –

Sicher hat Rose Beauharnais in ihrem verspiegelten Boudoir den Kanonendonner gehört und sich gefragt, was in aller Welt nun schon wieder los ist in Paris. Und sicher wird ihr Freund Barras ihr beim nächsten Tête-à-tête erzählt haben, dass der Staat in Gefahr war, man jetzt aber wieder ruhig schlafen könne. Vielleicht hat er auch den Namen des jungen Artilleristen genannt, der da am Werk war. Aber bei Rose wird dieser Name zwischen zwei Gläsern Champagner bestimmt zum einen Ohr hinein- und zum anderen wieder hinausgegangen sein. Unwahrscheinlich, dass sie den komischen kleinen Korsen mit dem ungepflegten Haar beim denkwürdigen Souper im Luxembourg gleichgesetzt hat mit jenem martialischen „Täter" vom 5. Oktober, dem 13. Vendémiaire.

Auf Freiersfüßen

„Kaffee von meiner eigenen Plantage auf Martinique!"

Rose schenkt die Porzellantässchen mit dem vergoldeten Rand voll und balanciert die eine auf ausgestreckter Hand, reicht sie mit graziöser Geste ihrem Gast. „Bitte, für Sie, *mon général*!" Sie lächelt ihr berühmtes Lächeln mit geschlossenen Lippen und lässt sich ihm gegenüber auf der so genannten Causeuse nieder, einem Diwan, auf dem man halb sitzt und halb liegt. Ihr kleiner Fuß im samtenen Pantöffelchen wippt vor den Augen des jungen Mannes auf und ab, und er starrt darauf wie hypnotisiert. Er nippt an dem Kaffee, aber Rose kommt es so vor, dass sie ihm auch Seifenlauge hätte vorsetzen können statt ihres berühmten Gebräus. Er weiß gar nicht, was er da schluckt, so hin und weg ist er von ihr.

Sie bewegt ihren Fächer. Unter halb geschlossenen Lidern mustert sie den merkwürdigen kleinen Südländer. Abgesehen davon, dass er spindeldürr ist, auch heute ungepflegt und schlecht angezogen, sieht er ja gar nicht so übel aus. In dem hageren Gesicht gibt es eine klassisch gerade Nase und einen schön geschwungenen sensiblen Mund, und wirklich beeindruckend sind die großen hellgrauen Augen, mit denen er sie ernsthaft mustert – nach dem Fuß und dem Bein ist nun endlich auch einmal der Rest dran. Rose dreht und wendet sich auf ihrem Liegesofa wie eine große träge Katze, sie hebt ihre Kaffeetasse mit abgespreiztem kleinen Finger zum Mund und wirft ihrem Gegenüber einen halb schalkhaften, halb aufreizenden Blick zu.

Der ist leicht um den Finger zu wickeln.

„Gefällt Ihnen mein Kaffee?"

Er antwortet nicht. Hört nicht auf, sie anzustarren. Sagt dann: „Sie sind die schönste Frau, die ich kenne."

Mon Dieu!, fällt ihm nichts anderes ein? Ja, wenn er das zu Theresia sagen würde, die ist eine wirkliche Schönheit .... Sie lacht, stützt den Kopf auf den nackten Arm, damit der Schwung ihres Halses recht zur Geltung kommt, greift dann auf die vergoldete Kaminkonsole neben sich. „Wollen wir Karten spielen, Bürger Buonaparte? Das Orakel befragen über unsere Zukunft?"

„Unsere Zukunft? Die steht nicht in den Karten. Die machen wir selbst – mit Hilfe der Glücksgöttin."

Sie geht nicht darauf ein. „Mir hat einmal jemand aus den Karten geweissagt: Du wirst unglücklich verheiratet sein. Du wirst Witwe werden und später die Frau eines Kaisers. (Es stimmt tatsächlich, dass ihr so etwas vorausgesagt wurde – noch auf Martinique!) Nun, zwei der Prophezeiungen sind schon eingetreten, leider ..."

„Vielleicht wird auch die dritte sich erfüllen – bei einer solchen Frau, wie Sie es sind, Bürgerin!", sagt er, ohne eine Miene zu verziehen. Was für ein merkwürdiger Kerl!

„Sie sind komisch, General!", sagt Rose und blättert das Kartenspiel auf. „Sie bringen mich zum Lachen. Sehen Sie einmal hier: Großes Glück über den kurzen Weg. Für Sie oder für mich?"

„Für uns beide."

Er erhebt sich, sein langer Säbel rasselt. „Man hat mir das Kommando über die Italienarmee übertragen."

„Gratulation! Also gilt das Glück diesmal Ihnen."

„Wir werden sehen. Wie ist Ihr vollständiger Vorname, Bürgerin?"

Es klingt, als sollte sie examiniert werden. Es amüsiert sie. „Marie-Josèphe Rose, General. Warum fragen Sie?"

„Dann werde ich Sie also Joséphine nennen."

„Aber ich heiße Rose."

„Sie irren sich. Von jetzt an heißen Sie Joséphine." Er steht dicht vor ihr. Plötzlich beugt er sich vor und fragt in leidenschaftlichem Flüsterton: „Ich verbrenne für Sie! Darf ich Sie küssen?"

Sie hält ihm lächelnd die Wange hin, aber er bemächtigt sich ohne Umschweife ihres Mundes. Sein Kuss ist stürmisch und ungeschickt zugleich, erst zaghaft, dann sehr zudringlich.

Sie macht sich los. „General Buonaparte! Was tun Sie da?"

Er sieht sie starr an. Dann sagt er entschlossen: „Ich werde Sie heiraten."

Wir sind nun wieder im Jahre 1796, ein Jahr nach der Zerschlagung der königstreuen Truppen und drei Monate nach dem denkwürdigen Fest im Palais de Luxembourg. Die Heldentat mit den Kanonen hat Napoleone Ruhm und Ehre eingebracht, jenes Italien-Kommando, aber nicht viel mehr; sein Salär ist knapp. So hat der Dialog zwischen ihm und Rose durchaus etwas mit der Schwärmerei des jungen Mannes für seine Angebetete zu tun – doch der etwas rigorose Heiratsantrag des armen jungen Offiziers hat einen praktischen Hintergrund. Er will sich und seine Familie durch eine reiche Heirat sanieren, und die Idee ist so neu nicht. Schon einmal war er verlobt, mit der Tochter eines vermögenden Tuchhändlers aus Marseille – übrigens gab er auch dieser jungen Frau einen anderen Namen: aus Eugénie wurde Désirée. (Sie ist die spätere Gattin des Marschalls Bernadotte, lange Zeit ein Vertrauter Napoleons, als der schon erster Mann im Staate ist; Désirée wird Königin von Schweden – in dieser Zeit überschlugen sich die Schicksale, sowohl Fallhöhe als auch Aufstiegschance waren gleichermaßen von kosmischer Dimension.) Es lag in der Luft damals – wo sich alles änderte, wo Monate und Tage und Jahre anders hießen als vorher im Ancien Régime, der Zeit der „alten Regierung" –, nun also auch genauso willkürlich mit eigenen und fremden Taufnamen umzugehen. Napoleons drei Schwestern zum Beispiel legten sich alle neue Namen zu, die ihnen besser gefielen. –

Der junge Mann kommt aus einer Welt, in der die Männer das Sagen haben. Er ist ein korsischer Macho, sagen wir es einmal geradeheraus. Die Frauen haben eigentlich nur sanft und schön zu sein, dem Mann gegenüber unterwürfig und bereit, Kinder in die Welt zu setzen. Die emanzipierten Damen der Revolutions-Ära mit ihren offenherzigen Gewändern und freizügigen Manieren müssen ihn ganz schön irritiert haben. Er will das Sagen haben bei einer fügsamen und schönen Frau – und er braucht Geld.

Im Paris der Jahre 1795/96 ist er schon berüchtigt dafür, mit welcher Skrupellosigkeit er sich bereit erklärt, irgendjemanden zu heiraten, wenn nur die Kohle stimmt. Er liebäugelt sogar damit, um die Hand einer ausrangierten Schauspielerin von über sechzig anzuhalten, von der man weiß, dass sie ihre Matratze mit Goldstücken gefüttert hat – nach der Revolution, erklärt er etwas unlogisch, würden Altersunterschiede keine Rolle mehr spielen. Aber nun, bei der Bürgerin Rose Beauharnais, ist alles anders.

Napoleon ist verzaubert. Zum ersten Mal verdreht ihm eine Frau vollständig den Kopf.

Es soll nicht verschwiegen werden, dass Barras den Kuppler gespielt hat. Seine hübsche Geliebte war auf die Dauer eine zu hohe finanzielle Belastung für ihn geworden. Heute würden wir etwas anzüglich sagen, das Preis-Leistungs-Verhältnis stimmte nicht mehr. Geschenke wurden von Rose nur allzu gern angenommen oder sogar unverblümt gefordert, und immer wieder gab es mit verschleiertem Blick Hinweise auf größere Verpflichtungen, die sie noch abzulösen hat, Summen, die bezahlt werden müssen ...

Roses Lebenswandel ist für ihren Liebhaber wie ein Fass

ohne Boden. Also sinnt er darauf, sie mit Anstand loszuwerden. Deshalb hat er die beiden beim Souper im Luxembourg nebeneinander gesetzt. Und das Kommando über die Italien-Armee ist gleichsam die Mitgift, die er Rose Beauharnais für ihren neuen Ehemann mit auf den Weg gibt. (Dieses Kommando ist zwar viel Ehre und viel Verantwortung, aber bisher hat sich um dies Kommando noch kein vernünftiger Militär gerissen. Die Truppen der Revolution – bereits zu Robespierres Zeiten nach Norditalien gesendet, um die von dort drohende österreichische Invasion gegen Frankreich zu stoppen – halten da unten nur mit Mühe die Stellung, und ihr Zustand ist desolat.)

Als Napoleon der reizenden Witwe in ihrem Salon den Heiratsantrag macht, hat er keine Ahnung, dass all der Luxus, den er da zu sehen vermeint, nur Schein ist. Dass die bezaubernde Witwe mit den vollendeten Umgangsformen und dem verwirrenden Charme weder ihre Dienstboten noch ihre Lieferanten, Schneider und Putzmacherinnen entlohnt, dass sie mehr Schulden hat als Haare auf dem Kopf und selbst schon gar nicht mehr durchblickt, bei wem sie wie hoch in der Kreide steht. Er hält sie für eine reiche Frau.

Natürlich widerspricht Barras den Fantasien des Verliebten nicht. Er sagt diplomatisch: „Sie ist dem alten wie dem neuen Regime verbunden, Sie wird Ihnen Rückhalt geben. Ihr Haus ist das beste in ganz Paris." (Auch das leicht übertrieben.)

Napoleon glaubt sich auf dem Gipfel des Glücks. Die Frau, die er heiraten wird, erfüllt alle seine Wunschträume. Sie hat Geld, sie ist eine Frau von Welt, sie ist schön, verführerisch, erfahren ...

Irgendwann in diesem Januar gibt sie sich ihm hin.

Napoleon hat bislang kaum Erlebnisse mit Frauen gehabt, höchstens mit irgendwelchen Soldatendirnen. Für ihn, den 25 Jahre jungen Mann, ist das Zusammensein mit dieser Dreiunddreißigjährigen überwältigend. Dass der Mops Fortuné ihn während der ersten Liebesnacht aus Eifersucht in die Wade beißt (die Narbe wird zeitlebens bleiben), nimmt er so heroisch hin, als sei es eine Kriegsverletzung.

Napoleon ist Joséphine verfallen.

Was mag es für sie bedeutet haben, einen Brief wie den folgenden zu empfangen (und das Gekrakel höchst mühsam zu entziffern)?

„7 Uhr morgens. Erfüllt von dir, erwache ich. Dein Bild und die berauschende Erinnerung von gestern ließen meinen Sinnen keine Ruhe. (...) Wird mir denn jemals Frieden gegönnt sein, da ich, hingegeben an das tiefe Gefühl, das mich in Bann hält, von deinen Lippen, deinem Herzen eine Flamme trinke, die mich verbrennt? (...) Du gehst zu Mittag aus dem Haus, in drei Stunden werde ich dich sehen. Bis dahin, *dolce mi amor*, empfange tausend Küsse; doch erwidere sie nicht, denn sie verbrennen mein Blut."

Und da sitzt sie nun in ihrem Boudoir mit den vielen Spiegeln, überlegt, ob sie zu dem goldgelben Musselinkleid Silberschminke auf die Augenlider tut oder doch lieber tiefe Bronzetöne wählt, und wirft zwischendurch immer mal wieder einen Blick auf diesen merkwürdigen Brief. Was ist das denn nur für ein überspanntes Geschreibsel? Immerzu hat er es mit Verbrennen, der kleine Korse, der in der Nacht zwar sehr ungestüm zu Werke geht, aber nicht besonders geschickt, und der, was erotische Künste betrifft, noch viel lernen muss! Sie lächelt. Nun gut, eine bessere Lehrmeisterin in diesem Fach könnte er kaum finden, das schmeichelt sie sich. Aber warum denn gleich diese himmelsstürmende Ekstase?

Er amüsiert sie – und er beunruhigt sie auch ein bisschen; obwohl – diese wilde Leidenschaft hat auch etwas Rührendes.

Barras hat mit Engelszungen auf sie eingeredet: „Dieser Artilleriegeneral hat eine große Zukunft vor sich! Ich rate dir zu dieser Verbindung, Rose!"

Schon möglich, das mit der großen Zukunft. Was er aber mit Sicherheit nicht hat, ist Geld. Sie seufzt, streichelt nachdenklich ihren Fortuné, muss lächeln bei der Erinnerung daran, wie dieser unerschrockene kleine Verteidiger ihres Bettes zugeschnappt hat. Es blutete mächtig, aber Bonaparte verzog keine Miene und ließ sie nur deshalb ein Blut stillendes Pflaster holen, weil er ihr Bettzeug aus Damast nicht beschmutzen wollte. Im Übrigen war seine Leidenschaft durchaus nicht abgekühlt ...

Heiraten? Heiraten ist dringend angesagt. Irgendwann muss man sich von der lustigen Witwe wieder in eine ehrbare verheiratete Frau verwandeln. Ihren Ruf in Paris kennt sie sehr wohl. Sie weiß, dass sie zwar an jedem Finger einen Verehrer haben kann, aber die meisten sind nicht bereit, in sie zu „investieren". Warum auch? Sie wissen, dass die gutmütige und sinnliche Frau letztlich auch bereit ist, ihnen ihre Liebe und Zuneigung „gratis" zu geben. Also, die Auswahl an Heiratskandidaten ist begrenzt. Dieser Korse ist vielleicht schon die letzte Möglichkeit! Immerhin geht sie auf Mitte dreißig zu, und nur sie kennt die kleinen Fältchen um ihre Augen, bevor sie die dicke Schminke auflegt.

Und so übel ist er ja gar nicht ... Und überhaupt, vor allem wird er ja die ganze Zeit im Felde sein!

Ein ungleiches Paar

Hortense ist zunächst außer sich über das so leichtfertig gebrochene Versprechen ihrer Mutter, diesen Mann nicht zu heiraten. Der Sohn, der vierzehnjährige Eugène, sieht die Sache anders. Schließlich ist dieser Bräutigam ein General, und den Jungen fesselt alles Militärische – für den Kadetten einer Militärakademie nur zu verständlich. Der hübsche geradlinige Junge, fröhlich, ehrlich, temperamentvoll, wird von dem korsischen Bräutigam von Anfang an „für voll genommen“. Eugène gehört auch später zu den loyalsten und aufrichtigsten Helfern Napoleons.

Immerhin, wenn Hortense nun mit Buonaparte zusammentrifft, im Haus der Mutter zumeist, übersieht er sie nicht mehr. Er begreift, dass man die Gunst der Frau am besten sichern kann, wenn man sich mit den Kindern gut stellt. Allerdings – seine „Zuwendung“ ist auch nicht unbedingt nach dem Geschmack des Mädchens. Ständig wird sie von ihm geneckt, er macht sich über sie lustig, kitzelt sie, zieht sie am Ohr. Alles nicht sehr einfühlsam. Schließlich erzählt er ihr einen ganzen Abend lang Gespenstergeschichten, die sie so sehr beeindrucken, dass sie nicht einschlafen kann und den Mops Fortuné zu sich ins Dienstbotenzimmer holt, wo sie die Nacht verbringt. Sicher sehr zur Erleichterung des Verliebten. (Später, wenn aus ihr eine erwachsene junge Frau geworden ist, wird sie ihn durch ihre Grazie und ihre musische Begabung beeindrucken. Sie tanzt bezaubernd, sie komponiert sogar einen Marsch für Napoleons Truppen – so etwas imponiert ihm.)

Die Hochzeit ist für Mitte März angesagt. Die Abreise Napoleons nach Italien steht kurz bevor, schließlich muss er dort seinen „Beruf“ ausüben. Um ihre „Personenstandsakten“ zu ordnen und einen Ehevertrag aufzusetzen, besucht Joséphine mit ihrem zukünftigen Mann den Notar Raguideau, der sich um die rechtlichen Belange der Familie kümmert. Der Anwalt ist ein winziges Männchen, das händereibend auf und ab trippelt und ständig zu frieren scheint. Er küsst der Bürgerin Beauharnais die Hand, wirft einen scheelen Seitenblick auf den Mann an ihrer Seite und zieht die Dame am Ärmel in sein Kontor. Dabei vergisst er, die Tür zum Vorsaal zu schließen – ob aus Versehen oder mit Absicht, bleibt dahingestellt. Jedenfalls hört Buonaparte ihn sagen: „Das ist ein ganz großer Fehler, Madame, und Sie werden das noch bereuen! So etwas Verrücktes – einen Mann zu heiraten, der nichts besitzt außer seinem Soldatenmantel und seinem Degen!“

Napoleon schäumt vor Wut! Da er das Gedächtnis eines Elefanten hat, wird er diese Kränkung nie vergessen und sie dem Notar später unter die Nase reiben, zumal der ihn mit Zähigkeit und List zu einem für ihn äußerst ungünstigen Ehevertrag zwingt: Der Vertrag sieht zwar keine Gütergemeinschaft vor (also keine gemeinsame Nutzung der eingebrachten und erworbenen Vermögen), beinhaltet aber, dass der Ehemann seiner Frau auf Lebenszeit jährlich 1 500 Livres zahlen muss – das heißt, sie bekommt einen Zuschuss zum „Wirtschaftsgeld“ ganz für sich allein. Außer sich vor Ärger und Ungeduld über das lange Palaver, unterschreibt Napoleon schließlich. Er will nicht mehr warten. Er will heiraten.

Dann gibt es da noch eine Schwierigkeit: Beide zukünftigen Ehepartner haben keine Geburtsurkunde. Die von Napoleon ist in Korsika, die von Joséphine auf Martinique.

Buonaparte fackelt nicht lange. Er nimmt einfach die Geburtsurkunde eines seiner zahlreichen Brüder (es ist die von Giuseppe) und überzeugt Joséphine, dass sie die ihrer Schwester Catherine hervorkramt, die sie zufällig bei sich im Haus aufbewahrt. Die Sache hat noch einen Vorteil: Der Bräutigam erscheint zwei Jahre älter und die Braut gleich um vier Jahre jünger! Ein nahezu gleichaltriges Paar!

Die Trauung findet am 9. März statt, im Palais eines geflüchteten Aristokraten, das nun als Standesamt und Rathaus des 2. Arrondissements dient, des 2. Stadtbezirks von Paris. Der Standesbeamte ist ein Armeeveteran mit Stelzfuß, der äußerst verlegen ist ob der Anwesenheit von zwei der höchsten Beamten der Republik: Barras und Tallien lassen es sich beide nicht nehmen, die viel geliebte Rose, nun Joséphine, als Trauzeugen zu begleiten. Alles ist perfekt – nur der Bräutigam lässt auf sich warten. Rose in ihrem weißen Musselinkleid mit hoher Taille, das mit rot-weiß-blauen Blumen (die Farben der französischen Fahne, der Trikolore!) verziert ist, bekommt es langsam mit der Angst zu tun. Ist der Bräutigam etwa im letzten Moment abgesprungen? Hat ihm jemand etwas über ihre Schulden gesteckt? Sie tigert im Raum auf und ab. Ihr Exliebhaber und der ebenfalls recht gute Freund Tallien sitzen zusammen, plaudern mit gedämpfter Stimme und lachen verstohlen – reißen sie Witze, machen sie sich über sie lustig? Sie wird immer nervöser.

Der Standesbeamte ist am Kamin eingenickt. Endlich, nach mindestens einer Stunde: Sporenklirren. Raschen Schritts kommt Buonaparte in seinem alten abgewetzten Uniformrock hereingestürmt.

„*Mon Dieu, chéri,* wo bleiben Sie denn!“ Joséphine fliegt ihm an den Hals.

„Ich hatte zu tun!“, erklärt er und grüßt die Trauzeugen mit einem kurzen Schwenken der Hand – zwei junge Offiziere, die dies Trauzeugen-Amt ebenfalls ausüben sollen, kommen ihm außer Atem hinterher.

Napoleon rüttelt den schlafenden Standesbeamten an der Schulter. „Kommen Sie, werden Sie wach, Bürger! Trauen Sie uns rasch!“

Der verschlafene Mann stolpert über sein Stelzbein, reibt sich die Augen. Die Bürger Barras und Tallien verschlucken sich fast vor Lachen, und der General der Italien-Armee wirft ihnen einen zornigen Blick zu.

Es geht alles ganz schnell. Der Standesbeamte fragt beide Brautleute, ob sie gewillt sind, einander zu gesetzlichen Ehegatten zu nehmen und einander die Treue zu halten, und beide antworten mit Ja.

„General Buonaparte und Bürgerin Beauharnais, das Gesetz vereinigt Sie." Sie tragen sich ins Register des Standesamts ein – das war's.

Das war's. Da sind zwei Leute aus den Kolonien ins „Mutterland" gekommen, eine kleine lebenslustige, heitere und gutmütige Kreolin und ein junger Mensch vom finsteren Korsika, wo man noch die Vendetta, die Blutrache, ausübt und wo ein Mann ohne Schießgewehr an der Seite nicht als korrekt angezogen gilt. Beide sind sie von etwas besessen. Sie will leben, und zwar in Luxus.

Dies ist vielleicht ein sehr oberflächliches Ziel, aber durchaus nicht einfach zu erreichen – und wir sollten nicht den Kopf darüber schütteln. Wenn man bedenkt, wie viele Menschen heutzutage keinen anderen Lebenszweck haben als den Konsum, sollte man sich vor allzu voreiligen Urteilen hüten. Sie jedenfalls wollte nie besitzen um des Besitzes willen – sie wollte genießen, und wenn sie mal Geld hat (wann schon?) gibt sie es freudig und hemmungslos aus.

Und er? Leidenschaftlich, ungehobelt, besessen vom Ehrgeiz und sich durchaus bewusst, dass es ein paar Dinge gibt auf dieser Welt, die er besser kann als andere. Er versteht sich auf Kanonen. (Das haben wir gesehen.) Und er versteht sich darauf, einfache Menschen zu führen. (Das werden wir noch erleben.) Und er ist (aber das wird sich erst später herausstellen) ein Verwaltungs- und Administrationsgenie von hohen Graden. Er will nach oben. Sie auch.

Die „Zweitrangigen“, zwei Leute aus den Kolonien, schicken sich an, Frankreich zu dominieren. Und natürlich ist auch das ein Ergebnis dieser Revolution, die, ungeachtet aller Blutorgien und Schreckensherrschaften, das Land umgekrempelt hat. Im Ancien Régime hätten wohl beide kaum die Möglichkeit gehabt, den Gipfel von Einfluss und Macht zu erklimmen. Aber nun sind die Karten neu gemischt. *Allons, enfants de la patrie* ... Vorwärts, Kinder des Vaterlands. Die feurigste, die unfeierlichste, die aggressivste Nationalhymne aller Zeiten wird damals in Marseille geboren. Ein Lied, das Frankreich erobert, und bald auch ganz Europa.

Allons, enfants de la patrie, rufen wir diesem ungleichen Paar zu. Es wird die Aufforderung nutzen. Und es geht weiter in der Hymne: *Le jour de gloire est arrivé.* Der Tag des Ruhms ist da. Ganz bestimmt. Ganz bestimmt kommt er auch für sie.

Vorerst jedoch blcibt es weiter sehr prosaisch.

Die Hochzeitsnacht verbringt Napoleon wieder in Gesellschaft des unvermeidlichen Fortuné – er ist es nun schon gewohnt, angeknurrt zu werden.

Und die „Flitterwochen“ dauern genau achtundvierzig Stunden, denn bereits am 11. März tritt der General sein Kommando an. Tagsüber sitzt er und vertieft sich in Bücher und Landkarten, vor allem solche, die sich mit der Topografie der Alpen, Piemonts und Savoyens beschäftigen – das sind die italienischen Landstriche, in denen er nun Krieg führen wird.

Wie langweilig!, findet Joséphine. Sie versucht, ihn mit Liebkosungen abzulenken, aber er schiebt sie beiseite. „Geduld, meine Teure! Für die Liebe werden wir Zeit haben, wenn der Krieg gewonnen ist.“ Sie zuckt die Achseln, kann diesen Mann nicht verstehen. Er, der im Schlafzimmer so ausgehungert nach ihren Zärtlichkeiten ist wie ein Wolf im

Winterwald, hat auf einmal kaum einen Blick für sie, beschäftigt sich nur mit seiner Arbeit.

Als Hochzeitsgeschenk hat sie von ihm eine dünne Goldkette mit einer Plakette bekommen, nichts Kostbares, dafür hat er kein Geld. Auf der Plakette eingraviert stehen die Worte: *Au destin.* Auf das Schicksal. Das Schicksal, das Glück. Sie weiß nicht, welche schwer wiegende Bedeutung diese Worte für ihn haben, legt das Schmuckstück achtlos beiseite, genau wie das kleine Medaillon mit seinem Porträt.

Sie haben sich gegenseitig ihre Konterfeis geschenkt – heute würde man sich Passfotos geben. Im Gegensatz zu ihr trägt Napoleon ihr Bild stets griffbereit in der Brusttasche, um es zu betrachten und zu küssen.

Noch ist die Liebe sehr einseitig.

Am Abend des 11. März macht sich Napoleon mit seinen Adjutanten per Postkutsche auf gen Süden. Noch einmal umarmt und küsst er seine Frau und ringt ihr das Versprechen ab, ihm so bald wie möglich ins Feld zu folgen.

„Gewiss doch!", sagt Joséphine und lächelt ihn schmachtend an. In Wirklichkeit liegt ihr nichts ferner, als Paris zu verlassen. Was in aller Welt soll sie denn in einem Feldlager, zwischen ungewaschenen Soldaten, im Dreck vielleicht, Entbehrungen statt Luxus und schlafen auf einem harten Klappbett im Zelt ... Während sie vor der Tür ihres Schlösschens in der Rue de Chantereine steht und dem Wagen mit einem Seidentuch nachwinkt, geht ihr das durch den Kopf. Vielleicht war es doch ein Fehler, diesen merkwürdigen Korsen zu heiraten?! Sie seufzt tief, bevor sie ins Haus geht.

Der Weg zum Ruhm

Nun also eilt der kleine Korse seiner wahren Bestimmung entgegen.

Napoleon soll Krieg führen mit 41 000 ausgehungerten, müden, ausgebrannten Soldaten. Die meisten haben nicht einmal Stiefel, sondern laufen in Strohschuhen oder Holzpantinen, die Kleidung ist uneinheitlich, die Bewaffnung unzureichend, und die Kavallerie besteht aus 3 000 müden, abgemagerten Kleppern. Sein Stab ist ein buntes Gemisch; neben fähigen Offizieren, die sich hochgedient haben in den Jahren der Revolution, gibt es auch Abenteurer ohne Sachkenntnis, ein Schmuggler, ein Uhrenverkäufer, ein Tanzlehrer ... Wie gesagt: Man lauert hier in Nord- und Mittelitalien schon seit den Zeiten Robespierres, um Frankreich vor dem Angriff der alten Feudalstaaten Europas zu schützen, ein Angriff, der von hier ausgehen soll. Und inzwischen sind die Helden Frankreichs hier nicht nur müde geworden – sie haben keine Ressourcen mehr. Sie sind fertig.

Und mit diesem Material soll er nun antreten gegen die vereinten Truppen Österreichs und des Königreichs Piemont. (Italien war damals noch keine einheitliche Nation, sondern aufgeteilt in verschiedene Königreiche und Fürstentümer; Österreich ist in dieser Zeit die führende Macht auf dem europäischen Kontinent, durch Heiraten und Kriege beherrscht es über das Kernland in den Alpen hinaus weite Räume – so auch Italien bis hinunter in die Toscana.) Die gegnerischen Führer haben neben dem Wunsch, die alte Ordnung in Frankreich wiederherzustellen und dies „Gerede" von Freiheit und Gleichheit endlich zu beenden, auch sehr persönliche Gründe für diesen Krieg: Kaiser Franz II. von Österreich ist ein Neffe der enthaupteten Königin Marie Antoinette, und Viktor Amadeus III. von Piemont ist – etwas komplizierter – der Schwiegervater des in den Startlöchern hockenden Louis XVIII., dem Anwärter auf die französische Krone ... wenn das Rollback, die Rückführung des Neuen auf die früheren Verhältnisse, denn gelingt – und die Wiedererrichtung der Königsmacht in Frankreich. Übrigens: Louis XVIII. ist eine ziemliche Witzfigur; unter anderem neigt er dazu, bei jeder Gelegenheit einzuschlafen, was ihm den Spitznamen „König der Murmeltiere" eingetragen hat. –

Buonaparte trifft bei der Truppe ein und beginnt sofort zu handeln.

Als Erstes leert er die Kriegskasse, die er aus Paris mitgebracht hat und die eigentlich für den gesamten Feldzug vorgesehen war, lässt Brot, Fleisch und Branntwein für die Armee kaufen. Das langt zwar nur für eine Woche, aber es hebt die Moral der ausgehungerten Männer, wenn sie endlich etwas in den Bauch bekommen. Dann nimmt er einen Wechsel auf, einen Kredit bei einer Bank (natürlich bürgt Frankreich und nicht er!), und lässt für das Geld Getreide kaufen – und Stiefel! Seine Armee hat also Brot, und sie ist nun imstande, die anstrengenden Geschwindmärsche, die er ihr abverlangen wird, auszuführen – mit vernünftigem Schuhwerk.

Sodann formt er sein Offizierscorps um, entlässt einige Unfähige und ersetzt sie durch bewährte Kameraden aus seinem Bekanntenkreis.

Und nun zieht er die Zügel an. Er beginnt, die Truppe zu drillen. Mit eiserner Faust wird jede Disziplinlosigkeit geahndet. Zucht und Ordnung kehren ein, diese Bauernsöhne und Handwerker lernen endlich, richtig und zielgenau zu schießen, statt nur in die Gegend zu ballern, und die Kommandos, die gegeben werden, auch richtig zu verstehen. Aus der wild zusammengewürfelten Mannschaft wird ein Heer – die Soldaten der Revolution.

Nun ist sein „Instrument“ einsatzbereit – eine Armee, die in der Lage und bereit ist, Freiheit, Gleichheit und Brüderlichkeit, die Ideale der neuen Zeit, gegen die alten Mächte zu verteidigen mit den neuesten taktischen Mitteln.

Und so trägt er diese Ideale in die Welt.

Die Kriegsführung damals in Europa ist, wie ein Autor schreibt, „ein Zeitvertreib für Aristokraten geworden wie die Eberjagd oder das Menuett-Tanzen“. Die Armeen nahmen einander gegenüber Aufstellung und begegneten sich in tadellos ausgerichteten, im Gleichschritt vorrückenden Reihen. Man gab ein paar Schüsse ab, und nach einer kurzen Kampfhandlung zog man sich wieder ins Lager zurück – meist gab es ein „Unentschieden“. So auch die Heere des Königs von Frankreich.

Nach der Revolution ist das anders geworden. Die jetzigen Soldaten des Landes, die nur eine sehr oberflächliche, eilige Ausbildung erfahren hatten – sie waren überhaupt nicht in der Lage, diese „tänzerischen“ Manöver auszuführen. Stattdessen waren sie hoch motiviert, im Gegensatz zu den oft mit unlauteren Mitteln zum Militärdienst gepressten, aufs Übelste abgerichteten, mit dem Rohrstock und mit Spießrutenlauf traktierten Männern der feudalen Armeen. Die Franzosen greifen diese „altbewährten“ Heeresformationen in kleinen lockeren Abteilungen an und kämpfen mit nie geahnter Verve und mit Elan. – Und zerstören den Mythos der großen Armeen der großen Staaten Europas.

Napoleon hat kaum Kanonen auf diesem Feldzug. Aber er setzt seine Truppen ein, als wären sie die „Kanonenkugeln“. Er positioniert sie an entscheidenden Stellen, lässt sie den Gegner dort geballt angreifen, wirft sie rasch auf den nächsten strategisch wichtigen Punkt.

Als ehemaliger Bergbewohner, als Korse, besitzt er die hervorragende Fähigkeit, sich augenblicklich im Gelände zu orientieren, er hat ein Gespür für das Terrain, kann Entfernungen einschätzen oder Landschaftsformationen auf ihre Struktur hin taxieren und für seine Zwecke nutzen. Das genaue Studium der Topografie per Karte kommt dazu. So ist er in der Lage, seine Armee in ungeahnten Geschwindmärschen voranzutreiben. Er taucht immer da auf, wo ihn keiner erwartet, er schneidet den Gegner vom Nachschub ab, treibt einen Keil zwischen feindliche Heeresgruppen, separiert sie und zerreibt sie dann.

Die neue Taktik Buonapartes, seine Täuschungsmanöver und Flankenbewegungen, irritieren den Feind, der sich auf einmal gleichsam von einem wilden Rudel attackiert sieht, statt, wie sonst immer, treu und brav „nach den Regeln" angegriffen zu werden.

Es heißt, dass der junge General an einem dunklen Abend auf einem Inspektionsgang einmal einem verirrten Hauptmann der Gegenseite, einem Österreicher, begegnet sei und ihn auf Italienisch gefragt habe, wie denn die Lage sei. (Es ist wirklich so dunkel, dass man die Hand vor Augen nicht sieht.)

Und die Antwort spricht Bände: „Schlecht. Da haben sie uns einen jungen Verrückten hergeschickt, der uns von links und rechts, von vorn und hinten angreift. Eine unerträgliche Art, Krieg zu führen!"

Nicht auf breiter Front angreifen, sondern Konzentration der Kräfte auf einen Punkt, das war das erste Geheimnis seines Erfolgs. Auch wenn er dem Gegner zahlenmäßig unterlegen ist, versteht Napoleon es immer, seine Männer auf der Stelle, an der er zuschlagen wird, zu sammeln und dann dort wirklich überlegen zu sein.

Das zweite Geheimnis ist die Schnelligkeit seiner Truppenbewegungen, sei es auf dem Marsch oder in der Schlacht. Diese Schnelligkeit entsprach seiner eigenen „inneren Uhr". Er selbst sagt das in einem Brief an daheim, an das Pariser

Direktorium so: „Wenn ich Erfolge über Streitkräfte erringe, die den meinen weit überlegen sind, so deshalb, weil sich meine Truppen in zuversichtlichem Vertrauen zu mir so schnell bewegen wie meine Gedanken."

Die Italien-Armee des Korsen Buonaparte gewinnt Schlacht auf Schlacht.

Der General kennt keine Müdigkeit, seine Gesundheit ist unverwüstlich, er ist ein Vorbild für den gemeinen Mann wie für die Offiziere. Es ist wie ein Wunder.

Bereits am 27. März kapituliert Viktor Amadeus von Piemont. Die erste Etappe dieses Krieges ist beendet.

Nun geht es gegen die Österreicher, und mit aller Kraft. –

Und das alles wird vollbracht mit Liebesglut im Herzen!

Buonaparte trägt Joséphines Bild in der Tasche seines Uniformrocks und setzt sich unbekümmert den Spötteleien seiner Offiziere aus, wenn er es mehrmals am Tage hervorholt, betrachtet, küsst, sogar mit ihm flüstert und auf die Ankunft seiner Frau wartet.

Er schreibt jeden Tag an sie. Falls sie ihm denn einmal geantwortet hat, so nur kurz und kühl. – Ich denke, es ist nicht so, dass sie ihn kränken will oder ihm mit Bedacht die kalte Schulter zeigt. Sie ist nur überhaupt nicht interessiert an ihm (noch nicht ...). Das jedenfalls kann man aus Napoleons Briefen, seinen Klagen entnehmen – Joséphines Briefe sind nicht erhalten.

In leidenschaftlichen Worten schreibt er von seiner Liebe: „Keinen Tag habe ich verbracht, ohne dich zu lieben. Keine Nacht, ohne dich in meine Arme zu schließen. Keine Tasse Tee habe ich getrunken, ohne das Streben nach Ruhm und den Ehrgeiz zu verwünschen, die mich zwingen, der Seele meines Lebens fern zu sein. Wenn ich mich von dir so schnell entferne, so schnell wie die reißenden Wasser der Rhône, so nur, um dich schneller wiederzusehen. Wenn ich in der Nacht aufstehe, um zu arbeiten, so, weil es die Ankunft bei meiner süßen Freundin um ein paar Tage beschleunigen kann."

Das glühende Verlangen nach dieser Frau, seine unerfüllte Liebessehnsucht werden mit zum Motor für seine militärischen Aktionen, der Elan unbefriedigter Triebe fließt ein in sein ungeduldiges Verlangen voranzukommen. Und natürlich plagt ihn als korsischen Mann die Eifersucht – wie sehr zu Recht, werden wir gleich sehen. –

Napoleon bekämpft nicht nur die Österreicher, sondern sieht sich auch gleichzeitig als Befreier der Italiener von Fremdherrschaft. In Mailand lässt er eine Proklamation drucken: „Völker Italiens! Die französische Armee ist gekommen, um eure Ketten zu zerbrechen. Wir werden euer Eigentum, eure Religion, eure Sitten respektieren. Wir führen Krieg mit edelmütigem Herzen und wenden uns nur gegen die Tyrannen, die uns versklaven wollen."

Das sind hochfliegende Worte – und ich zweifle keinen Augenblick an ihrer Ehrlichkeit. Was allerdings den Respekt vor dem fremden Eigentum angeht, das muss man wohl cum grano salis ansehen, als nicht ganz ernst. Gewiss, Übergriffe und Plünderungen ahndet er unnachsichtig. Aber natürlich requiriert er Lebensmittel, Kleidung, Pferde für seine Armee – der einzige Unterschied zum üblichen Verfahren ist, dass seine Offiziere dafür Quittungen ausstellen! Eine nette Geste, aber natürlich nicht mehr. Und ohne jede Scheu lässt er Kunstwerke nach Frankreich schaffen und treibt hohe Reparationen (Kriegsentschädigungen) von dem bezwungenen Piemont ein. Sehr bald ist der Italienfeldzug für die Regierenden in Paris kein Verlustgeschäft mehr. In unablässigem Strom fließen neben erbeuteten Regimentsfahnen der Piemonteser und Österreicher auch beschlagnahmte Kunstgegenstände und gutes Geld in solider Goldwährung ins Land. Und so wird es weitergehen. Der Krieg ist noch lange nicht vorbei. –

Ich bin keine große Freundin von Schlachtengemälden. Aber stellvertretend für unzählige Kämpfe, taktisch gewiss bewundernswerte Manöver, tollkühne Attacken und glorreiche Siege – manche sind davon Legende geworden – möchte ich eine einzige Schlacht beschreiben, und zwar deshalb, weil an diesem 10. Mai 1796 Napoleon sich einer neuen, wichtigen Eigenschaft bewusst wurde: Er besaß die Kraft, Menschen zu führen, sie dazu zu bringen, über sich selbst hinauszuwachsen.

In der Nähe von Mailand, bei der kleinen Stadt Lodi, gibt es eine Brücke über die Adda, ein schmales, aber reißendes Flüsschen. Die Brücke ist aus Holz, zweihundert Meter lang und vier Meter breit, und sie hat kein Geländer. Auf der gegenüberliegenden Seite sind im Turm einer alten Festung die österreichischen Kanonen postiert. Keine Chance, die Brücke zu überqueren, ohne unter Beschuss zu geraten. Napoleon selbst bekommt das zu spüren, als er, hinter einer Heiligenstatue verborgen, die Situation durchs Fernrohr in Augenschein nimmt. Eine feindliche Granate explodiert fast vor seinen Füßen, die Statue wird pulverisiert. Er selbst hat keinen Kratzer abbekommen.

Aber wer die Brücke hat, der hat den Weg frei nach Mailand!

Als er seinen Offizieren eröffnet, er habe vor, die Brücke zu stürmen, halten sie ihn für wahnsinnig. Noch niemals ist eine Brücke unter Kanonenbeschuss genommen worden!

Aber er lässt sich nicht beirren. Er schickt die Kavallerie los, seine Reiter. Sie sollen eine Furt finden, den Fluss durchqueren und mit einem Flankenangriff die Österreicher ablenken. Dann versammelt er 4 000 Mann Infanterie auf dem Marktplatz von Lodi, besteigt seinen Schimmel und reitet die Reihen entlang. Er packt die Männer an ihrer Ehre. Sagt, er würde die Brücke nehmen – wenn er nur genug Vertrauen in sie haben könnte! Wenn er denn den Befehl zum Sturm gäbe – vielleicht würden sie ja nur feuern und sich nicht hinauswagen ... nur ein Scheingefecht liefern, und die Österreicher würden sich ins Fäustchen lachen über diese Hasenfüße von Franzosen, die erst die Fäuste schütteln und dann den Schwanz einziehen! Wenn er doch nur wüsste, ob er wirkliche Männer vor sich habe oder nur Memmen!

Als er merkt, dass er sie aufs Äußerste gereizt hat, befiehlt er, das Stadttor zu öffnen. Unter Trommeln und Pfeifen, zu den Klängen der mitreißendsten aller Hymnen, der Marseillaise, befiehlt er, immer noch auf seinem Schimmel, den Angriff.

Die österreichischen Kanonen eröffnen sofort das Feuer. Unterm Kugelhagel strömen die Franzosen auf die Brücke. Es erscheint aussichtslos. Napoleon schreit seine Befehle. Freiwillige vor! Seine Offiziere führen weitere Männer auf die Holzplanken, einige springen in den Fluss, um ans jenseitige Ufer zu waten und die Kanonen auszuschalten. Ihnen wirft sich die feindliche Kavallerie entgegen.

Napoleon ist außer sich vor Ungeduld und Verzweiflung. Wo bleiben die eigenen Reiter? Es muss doch irgendwo in der Nähe eine Furt geben, die sie durchqueren können! Schon scheint das Unternehmen gescheitert, da tauchen endlich, im letzten Moment, die französischen Reiter am gegenüberliegenden Ufer auf und bringen die mörderischen Kanonen zum Schweigen.

Am Abend ist die Schlacht gewonnen.

Und der kleine Korse hat gezeigt, dass in ihm noch etwas ganz anderes steckt als Organisationstalent, taktisches Geschick und überraschendes Agieren – er kann Menschen motivieren. Kann sie dazu bringen, über sich selbst hinauszuwachsen, Dinge zu tun, bei denen ihnen das eigene Leben unwert erscheint.

Fünf Tage später ziehen die Franzosen in Mailand ein.

Als ihm die Schlüssel der Stadt übergeben werden, fragt

Napoleon den Bürgermeister: „Ich höre, Sie haben noch Männer unter Waffen?"

„Dreihundert, um die Sicherheit aufrechtzuerhalten, Bürger General. Es sind aber keine richtigen Soldaten wie die Ihren."

Keine richtigen Soldaten. Einer der seltenen Momente, in denen Buonaparte lächelt. –

Unsere liebe Frau vom Siege

Die Augen Frankreichs sind auf diesen Mann aus Korsika gerichtet, der für die Republik siegt und siegt und siegt.

Joséphines Augen indessen hängen bewundernd an einem jungen Mann namens Hippolyte Charles, Adjutant des Generals Leclerc, neun Jahre jünger als sie.

Ihr Ehemann ist weit, und warum soll sie sich langweilen? Sie ist hin und weg von dem hübschen lustigen Kerl mit den schwarzen Locken zu himmelblauen Augen. Und wie elegant er herumläuft! „Er kleidet sich mit so viel Geschmack. Vor ihm, glaube ich, hat es noch kein Mann wirklich verstanden, sich das Halstuch zu binden!", teilt sie ihrer Busenfreundin Theresia mit.

Wie man sieht, geht es bei der Bürgerin Bonaparte genauso weiter, wie es bisher bei der Witwe Beauharnais lief.

Abgesehen von seinem netten Gesicht und seiner flotten Kleidung, hat er noch eine wichtige Eigenschaft: Er bringt Joséphine zum Lachen, er ist, wie sie sagt, „drôle", lustig. Und das ist von großer Bedeutung für sie. Traut man dem Urteil der Zeitgenossen, muss er einer von jenen jungen Leuten gewesen sein, die ständig einen flotten Spruch auf den Lippen haben, ein Hansdampf in allen Gassen. Derartige Menschen können einem auf die Dauer schrecklich auf den Geist gehen. Joséphine hingegen gefiel so etwas.

Jedenfalls hat die Bürgerin Buonaparte völlig den Kopf verloren. In dem entzückenden Haus in der Rue de Chantereine verbringt sie mit dem hinreißenden Hippolyte Charles mehr Zeit im Bett, als sie aus dem Haus geht.

Ob sie die wilden, die zärtlichen und die verzweifelten Liebesbriefe ihres Mannes dem Geliebten im Bett vorgelesen hat? Ob sie gemeinsam darüber gelacht haben, wenn er schreibt: „Frau, Glück, Hoffnung und Seele meines Lebens, die ich liebe, die ich fürchte, die mir zärtliche Gefühle einflößt und mich aufwühlt in Stürmen, die vulkanisch sind wie Donnergrollen ..." Oder ob sie sich angeregt fühlten von Aussagen wie: „Ich sehne mich danach, den letzten Chiffonschleier von deinem Körper zu streifen, und dann, wie in dem Traum, von dem ich dir erzählt habe, dich an mich zu reißen, ganz zu umschließen und in meinem Herzen gefangen zu setzen!" Ob sie es vielleicht sogar nachspielen, wenn da steht: „Einen Kuss auf deinen Mund oder auf dein Herz. Und dann noch einen auf deine Brust. Und tiefer ..."?

Joséphine ist glücklich. Was außerhalb der Rue de Chantereine geschieht, und gar im fernen Italien, das geht an ihr vorbei wie der Wind in den Bäumen.

Aber dann wird es kritisch. Oberst Murat, ein Vertrauter Napoleons und tollkühner Reitergeneral, trifft in Paris ein mit einer Meldung über die jüngsten Siege und der Mitteilung, dass Madame Buonaparte von ihrem Gatten in Mailand erwartet wird. Das Direktorium hat seine Einwilligung zu der Reise gegeben. Und zwei Tage später tauchen auch noch Napoleons Bruder Giuseppe (jetzt Joseph) und Junot, einer der Adjutanten des Feldherrn, auf mit neuen dringenden Bitten, zu kommen.

Zunächst lacht sie. Warum soll sie Paris verlassen, wo sie doch hier nicht nur ihren bezaubernden amüsanten Liebhaber hat, sondern neuerdings auch noch als Gattin des Italiensiegers beweihräuchert wird?

Das Direktorium gibt ein Fest anlässlich des Sieges über Piemont und die Eroberung von Mailand, und sie ist als Frau des Generals der Star.

Ein Zeitgenosse schreibt anlässlich der Siegesfeier in Paris: „Beim Verlassen des Festes reichte Junot Madame Buonaparte den Arm, der als Gemahlin des Generals der Vortritt gebührte, vor allem an diesem feierlichen Tag. Den linken bot er Madame Tallien, und so schritt er mit ihnen die Treppe des Luxembourg herab. Die Menge war unübersehbar. Man drängte sich, man stieß einander beiseite, um besser zu sehen.

– Sieh mal, das ist seine Frau!

– Und das sein Adjutant! Wie jung er ist!

– Und sie erst, wie hübsch!

Das Volk brach in Jubel aus: Es lebe der General Buonaparte!

Es lebe die Bürgerin Buonaparte! Sie ist gut zu den Armen! Sie ist immer freundlich!

– Ja, ja, sagte eine dicke Hökerin aus den Markthallen, die ist wirklich *Notre Dame de la Victoire*, Unsere liebe Frau vom Siege!"

Nun hat ihr also das Volk einen Namen gegeben, wie Theresia vor ihr, die ja, wir erinnern uns, Notre Dame de Thermidor genannt wurde. Einen Ehrennamen, der sie nachdenklich machen müsste. Kommen ihr nicht Zweifel, ob sie den kleinen Korsen wirklich richtig beurteilt? Was geht in dem hübschen leichtsinnigen Kopf von Rose Tascher aus Martinique, der späteren Kaiserin Joséphine, vor? Sagt sie sich vielleicht, dass es doch Annehmlichkeiten mit sich bringt, einen General zum Mann zu haben – vor allem, wenn er siegt? Oder hält sie es weiter mit dem französischen Sprichwort: „Die Feigen essen und Äpfel nicht verschmähen?"

Fest steht nur, dass sie sich alle Ehrungen gefallen lässt, sich in der Sonne der Siege ihres Mannes aalt – ohne auf ihre Lovestory zu verzichten. Sie genießt ihren Ruhm in vollen Zügen, geht ins Theater und auf Bälle; jeden Tag eine neue Toilette, jeden Tag mehr Schulden – was macht das schon? Er, der Erfolgreiche, er wird schon für sie aufkommen. Sie ist die Königin der Pariser Szene, nimmt die Triumphe ihres Gatten wie ein Geschenk entgegen, das ihr zusteht.

Napoleon bedrängt sie weiter, nach Italien zu kommen. Doch sie will in der Stadt bleiben.

Um die Reise nicht antreten zu müssen, verfällt sie auf eine Lüge, die ihren Mann unter Garantie davon abhalten wird, auf seinem Wunsch zu bestehen: „Ich bin schwanger."

Napoleon schwebt im siebenten Himmel. Für ihn als Korsen, als Familienmenschen, sind Kinder das Größte. „Bald wirst du einem anderen Wesen, das dich lieben wird, das Leben schenken. Deine Kinder und ich werden immer um dich sein, um dich von unserer Zärtlichkeit und Liebe zu überzeugen."

Eine schöne Zukunftsvision, die leider nie wahr wird ...

Wie auch immer – all das Hin und Her per Brief spielt sich während der Schlachten ab, und zwei Tage nachdem Napoleon diesen Brief geschrieben hat, zieht er im Triumph in Mailand ein. Die Italiener sind neugierig, den siegreichen Franzosen zu sehen, und natürlich vermissen sie nicht die Frau des Generals – auf so eine verrückte Idee, dass sie dabei sein könnte auf diesem Feldzug, würden sie nie kommen. Dafür erblicken sie mit Verwunderung, dass der siegreiche General, der auf seinem weißen Pferd vor einer wahrhaftig nicht glamourösen Armee daherkommt, ein kleiner abgezehrter Kerl ist, in einem schäbigen Mantel und mit verdreckten Stiefeln, die dreifarbigen Federn der Republik am Hut, unter dem das lange ungepflegte Haar hervorquillt ...

„Viva la Libertà!" Es lebe die Freiheit, rufen sie auf den Straßen. Endlich sind sie die Österreicher los.

Aber er denkt an seine Göttin, Fortuna, die Herrin des Glücks, die für ihn die Züge der unvergleichlichen Joséphine trägt.

Nach Italien? Nach Italien!

Irgendwann lässt sich die Sache mit der Schwangerschaft nicht mehr aufrechterhalten. Irgendwann ersinnt sie eine Krankheit oder schiebt Geldmangel vor (der ist immer real) ...

Die Stimmung in Napoleons Briefen an sie verfinstert sich. Hat er Zuträger, gute Freunde oder solche, die sich so nennen? Die ihm berichten, was Joséphine treibt? Wir wissen es nicht. Das erste Mal jedoch kommen ihm Zweifel an ihrer Ehrlichkeit, an ihrer Treue. Und er sieht offenbar ziemlich klar, wo der Hase im Pfeffer liegt: „Weshalb ließest du mich auf ein Gefühl hoffen, das du nie empfunden hast?", krakelt er aufs Papier. Er ist tief enttäuscht, verletzt, gekränkt – so sehr, dass er die Scheidung erwägt.

Jetzt kriegt es Joséphine das erste Mal mit der Angst. So hat sie sich das nicht vorgestellt! Wo soll sie denn bleiben, mit all ihren Schulden, wenn sie nicht mehr „Notre Dame de la Victoire" ist, sondern die geschiedene Bürgerin Buonaparte, der das Volk dann ganz bestimmt eher Pferdeäpfel nachwirft statt Blumensträuße? Sie bittet Barras und Tallien, die Männer des Direktoriums, ihrem Mann offiziell mitzuteilen, sie sei leidend.

Und weiter dreht sich das Liebeskarussell.

Der liebende Gatte nimmt alles zurück, macht eine Kehrtwende. Zerknirscht und erschrocken entschuldigt er sich! Wie hat er ihr nur misstrauen können! „Ich habe so viel Unrecht an dir begangen, dass ich nicht weiß, wie ich es sühnen soll. Verzeih mir, liebe Freundin! Die Liebe, die du in mir entfacht hast, hat mir den Verstand geraubt ..."

Und nach dem Motto: Wenn der Berg nicht zum Propheten kommt, muss der Prophet zum Berg gehen!, bittet er um

Urlaub. Wenigstens zwei Stunden will er sie wiedersehen – und ist bereit, dafür einmal über die Alpen und zurückzureisen.

Aber das geht ja nun überhaupt nicht! In Paris, im Direktorium, hat man langsam die Nase voll von diesen Liebesleiden des Generals im fernen Italien. Hin und Her. Der Feldzug ist noch nicht beendet, es gibt noch alle Hände voll zu tun, und der Chef der Heeresgruppe will nach Haus zu seiner Frau? Nichts da. Barras gibt seiner Exgeliebten den kategorischen Befehl: Ab nach Italien!

Aber die Reisekosten ...? Sie borgt, wo es nur geht, und kriegt das Geld kaum zusammen – dabei fließen seit neuestem Quellen für sie, die im Zusammenhang mit dem süßen Hippolyte stehen.

Der junge Mann hat außer den Vorzügen, gut aussehend, sexy und lustig zu sein, auch noch einen beträchtlichen Geschäftssinn. Bereits in kommenden Jahr wird er den Armeedienst quittieren und ganz in eine Branche einsteigen, in der man in jenen Jahren und in den Zeiten, die noch kommen sollten erst recht, das meiste Geld machen konnte: Er wird mit zwei Kompagnons Heereslieferant. Aber schon 1797, im Jahr, als Joséphine denn nun endlich nach Italien reist, hat er seine Finger in diesem Business. Und Joséphine? Ja, allerdings. Sie ebenfalls. Es ist der Generalin Buonaparte ein Leichtes, dank ihrer Beziehungen, den zwei ausgebufften Freunden ihres Verehrers, Bodin und Hamelin, eine Armeelieferung über 20 000 Decken zuzuschanzen. Dafür kassiert sie 10 000 Francs Provision (die neue Währung hat die alte eins zu eins abgelöst, sie heißt nur anders), die wahrscheinlich versickerten wie ein Tropfen auf einem heißen Stein. Aber sie hat Blut geleckt. Das ist doch eine leichte und einträgliche Art, Profit zu machen!

Ein Zeitzeuge schreibt: „Die eleganteste Frau von Paris erachtete es nicht unter ihrer Würde, ein Geschäft über Heereslieferungen abzuschließen, und übernahm es, eine Musterkollektion vorzulegen."

Man stelle sich vor: Joséphine, die Frau des leitenden Generals der kriegerischen Unternehmung, begibt sich mit einer Musterkollektion zu den für den Einkauf zuständigen Regierungsbeamten – wie ein aufdringlicher Weinvertreter, der seine Proben auspackt! Geliefert wurde dann aber eine andere Qualität.

Es ist eins der dunkelsten Kapitel um unsere schöne Kreolin. Es fällt einem schwer, zu verstehen, wie jemand so gedankenlos sein kann. Kaum zu glauben, dass sie nicht gewusst hat, dass diese Armeelieferanten samt und sonders üble Spekulanten waren und nur allzu oft minderwertige Ware lieferten. Dass sie also indirekt ihrem Mann den Boden unter den Füßen wegzieht, wenn dessen Armee mit schlachtreifen Gäulen, schimmeligem Getreide und mit schlechten Stoffen beliefert wird, und mit Stiefeln, die nur Pappsohlen haben ...

Blättern wir also schnell weiter im Geschichtsbuch.

Obwohl – was ich jetzt sehe, ist auch nicht gerade angetan, „Unsre liebe Frau vom Siege" in ein besseres Licht zu rücken!

Wenn sie nun endlich im Juni 97 ihre Reisekutsche besteigt, sitzen mit ihr zusammen nicht nur der Adjutant des Generals, Junot, und Bruder Giuseppe (zu ihrem Schutz), sondern auch, die Husarenjacke mit dem Fuchspelz lässig über der Schulter, der charmante Hippolyte. Er ist doch ein Geschäftspartner! Schließlich hat Napoleon ihr geschrieben, sie könne mitbringen, wen sie wolle. Sie legt das auf ihre Weise aus.

Auch Mops Fortuné ist wieder mit von der Partie, dieser Hund, den Joséphine beschreibt: Er ist „so entzückend mit seinem Korkenzieherschwanz und dem Wieselschnäuzchen", ebender, welcher den Ehemann so kräftig ins Bein gebissen hat, dass die Narbe bleibt, mit dem sich aber der neue Liebhaber trefflich versteht. Joséphine und Hippolyte sitzen sich gegenüber, und ihre Knie berühren sich unter der klammen Reisedecke. Es ist früh am Morgen, als sie aufbrechen, und noch kühl in der Kalesche ...

Während seine Frau unterwegs ist zu ihm (sie trödelt mit Absicht und braucht fast einen Monat), schaltet und waltet Napoleon weiter in Italien, schröpft die eroberten Gebiete und schickt Wagenladungen voll mit Kunstschätzen und Millionen an Reparationsgeldern nach Haus.

Und dann, endlich! Am 13. Juli trifft der General mit seiner „unvergleichlichen Joséphine“ vor den Toren Mailands zusammen.

Er ist außer sich vor Glück – sie hat Seitenstechen von der unbequemen Fahrt in der schlecht gefederten Kutsche (die italienischen Wege sind angeblich noch schlechter als die in Frankreich), und sie ist müde, und seine Küsse erwidert sie nur flüchtig.

Vier Monate hat er sich nach ihr verzehrt, hat seine ganze Begierde, seine Herzensliebe in leidenschaftliche Briefe gegossen. Er will es nicht wahrhaben, dass sie ihm gegenüber kalt ist. Voller Stolz will er sein Kleinod, sein Juwel den Italienern vorführen. In großem Aufzug zieht er mit ihr in Mailand ein. Den prächtigen Palazzo Serbelloni, wo sie beide Quartier nehmen, hat er mit einem Meer von Blumen schmücken lassen. Sie ist seine Königin.

Seine Wildheit, sein verzehrendes Ungestüm müssen sie geängstigt haben. Sie schreibt an Theresia: „Mein Mann liebt mich nicht, er vergöttert mich. Ich glaube, er wird noch verrückt.“

Zu der Zeit wird gerade Mantua belagert. Die österreichische Stadtbesatzung hat sich dort verschanzt. Nur zwei Tage hat er für Joséphine Zeit, dann muss er wieder ins Feld. Zwei Tage und zwei Nächte. Über Letztere wissen wir nichts, aber es bleibt zu hoffen, dass seine Frau dem Befreier Italiens wenigstens nachts nicht die kalte Schulter gezeigt hat.

Joséphine bleibt allein zurück und tröstet sich über die Abreise – nicht etwa ihres Mannes, nein, ihres Liebhabers, der muss nämlich vorübergehend fort! – mit rauschenden Festen hinweg. Sie residiert wie eine Fürstin, empfängt Diplomaten und deren Gattinnen, macht die Bekanntschaft der Damen der Mailänder Hautevolee, die sofort anfangen, ihre Toiletten zu kopieren. Bald läuft man auch in Norditalien mit hoch gegürteter Taille und wallendem Musselin herum, mit Seidenschals und Sandalen, mit hochgekämmtem Haar und „antiken" Diademen.

Im Stadtpark unter den Akazien gibt es Konzerte und Gauklervorstellungen. Nachts ist alles mit Lampions illuminiert, und man tanzt bis in die Morgenstunden.

Und nicht nur in Mailand, nein, überall im befreiten Italien lässt sich Madame Buonaparte feiern. Es ist ein regelrechter Siegeszug durchs Land, von Empfang zu Empfang, von Ball zu Ball. Das Volk huldigt ihr – und siehe!, irgendwann ist auch Hippolyte wieder da.

Und nun geht es zu wie in den Wetterhäuschen: Wenn der eine erscheint, verschwindet der andere, und umgekehrt. Sobald der Gatte auftaucht, wird der Liebhaber unsichtbar, und er kehrt rasch zurück, wenn die Luft wieder rein ist.

Es ist ein perfides Spiel. Und wie das eben so ist: Alle bekommen es mit, aber niemand macht eine Mitteilung.

Napoleon schreibt ihr, sie antwortet nicht. Er überschüttet sie mit Vorwürfen und bittet sie bald darauf um Verzeihung. Selbst als er entdeckt, dass sie mit dem ausgesetzten „Taschengeld" vorn und hinten nicht auskommt und großzügig Wechsel über bedeutende Summen ausstellt, ist er zwar überrascht, aber arglos. Erst viel später erklärt er: „Sie hat mich bestohlen!" Aber sie bestahl ja gar nicht ihn, sondern – im weiten Sinne – seine Armee, von der sie indirekt lebte!

Denn die Geschäfte mit den Heereslieferungen, die sie an die Freunde Hippolytes vermittelte, gingen weiter, Geschäfte mit minderwertigem Zeug.

So geht es denn hin und her zwischen Hoffnung und Enttäuschung für Napoleon, zwischen Ehepflicht und Liebesneigung bei ihr.

Der General benimmt sich ungeschickt. Die wenigen Male, wo er bei ihr ist, nervt er sie durch seine Art, sie immer und überall in Gegenwart von anderen als seinen Besitz vorzuführen, indem er sie vor aller Augen küsst, begrapscht, am Ohr zieht, in die Wange kneift oder auf den Hintern haut – ein machomäßiges „Gebaren", das er später auch als Kaiser der Franzosen beibehalten hat.

Also schützt sie immer häufiger eine Migräne, Seitenstechen, Kopfweh vor, um nicht mit ihm in der Öffentlichkeit zusammen zu sein.

Und auch sonst nicht.

Hamelin, einer der „Geschäftspartner" Joséphines, schreibt über diese Zeit schonungslos: „Er (Napoleon) liebte seine Frau über die Maßen. Sie war nie in ihn verliebt, aus dem einfachen Grunde, weil sie immerzu in jemanden anders verliebt war. Es tat mir in der Seele weh, mit ansehen zu müssen, dass dieser junge General, der seiner Frau die Früchte des frühen Ruhms zu Füßen legte, erfolgloser Rivale eines Schlingels war, der mit nichts weiter dienen konnte als mit einer hübschen Larve und der Eleganz eines Friseurgesellen."

Halten wir ihr zugute, dass sie in diesen „Schlingel" ernsthaft verliebt war.

Und dann brechen wenig erfolgreiche Zeiten für Joséphine an.

Zehn Bonapartes sind neun zu viel

In diesem Jahr entfernt Napoleon endgültig aus seinem Namen, was italienisch klingt: Aus Napoleone wird Napoleon, aus Buonaparte – Bonaparte. Und die „Sippe" folgt seinem Beispiel, sie „französisiert" sich; klar, weil man an der Futterkrippe, die sich hier eröffnet, teilhaben will. Und man soll nicht enttäuscht werden.

Nachdem Italien von der österreichischen Herrschaft weitgehend befreit ist, residiert der General mit seiner Frau im Schloss Mombello bei Mailand. Und hierher werden die Mitglieder seiner Familie eingeladen; vier Brüder und drei Schwestern. Auf Korsika sind Blutsbande heilig: die Familie als Keimzelle der Gesellschaft! Dazu gehört auch, dass derjenige, der dazu in der Lage ist, für alle anderen mit zu sorgen hat. Nie im Leben hatten die armen Verwandten auf Korsika damit gerechnet, dass Mutter Letizias Zweitgeborener so eine Karriere machen würde! Aber nun sind sie da und nicht mehr abzuschütteln. Die Sippe kriecht sozusagen hechelnd hinter dem jungen erfolgreichen General her. Er hat sie zum Schloss Mombello einbestellt, um ihnen voller Stolz seine Frau vorzuführen. Er ist blind genug, das Debakel nicht vorauszusehen.

Nach und nach treffen die meisten ein. Den Erstgeborenen, Giuseppe alias Joseph, kennt Joséphine schon. Er hat sie auf der Reise nach Italien eskortiert. Es folgen in der Reihe nach Napoleon die Jungen Lucciano alias Lucien, Luigi alias Louis, Girolamo alias Jérôme und die drei Marias: Maria Anna, Maria Annunziata und Maria Paola. Sie gehen mehr oder weniger rühmlich in die Geschichte ein unter den selbst gewählten romantischen Namen Elisa, Caroline und Pauline.

Und es taucht noch ein „Onkel Fesch" auf, der Bruder von Mutter Letizia, ein kleiner Geistlicher, der es später dank der Protektion seines Neffen Napoleon zum Erzbischof und Kardinal von Lyon, in Mittelfrankreich, bringen wird.

Bevor von den Damen Mutter Letizia höchstselbst auftaucht, ist als Erste Pauline angereist. Pauline ist erst sechzehn, aber bildhübsch, vorlaut und frühreif. Sie hat bereits mit vierzehn eine Affäre gehabt. Ihr Bruder Napoleon nennt sie zärtlich-spöttisch „Paganetta", kleine Heidin. Sie ist seine Lieblingsschwester, und er verwöhnt sie, überhäuft sie mit Geschenken und nimmt sie in Gesellschaft nicht selten auf den Schoß.

Caroline (Maria Annunziata), die Jüngste, macht ebenfalls bereits den Männern schöne Augen, muss aber erst einmal aufs Internat nach Paris – das gleiche Institut, in dem auch Hortense (noch immer) ist. Allerdings hat Caroline, was ihre Bildung betrifft, ein wirklich dringendes Nachholbedürfnis: Die junge Dame kann mit ihren fünfzehn Jahren weder lesen noch schreiben.

Vor allem Pauline macht von Anfang an bei den Geschwistern Stimmung gegen Joséphine. Sie ist einfach furchtbar neidisch, weil seine Zuneigung ihr nun nicht mehr ungeteilt gehört. Bei jeder Gelegenheit, wenn ihr Bruder einmal nicht hinschaut, streckt sie der neuen Madame Bonaparte die Zunge heraus oder schneidet ihr eine Grimasse, und Joséphine traut sich nicht, sich bei ihrem Mann über sie zu beschweren. Schließlich will sie sich mit der „Sippe" gut stellen.

Und dann taucht als schwerstes Geschütz Letizia Bonaparte, die Mutter, in Person auf – vom Sohn mit Respekt und Verehrung begrüßt.

Letizia, die später nur noch „Madame Mère", Frau Mutter, genannt wird, ist damals siebenundvierzig Jahre alt und immer noch eine herbe Schönheit. Seit über zehn Jahren, seit dem Tod ihres Mannes, trägt sie die strenge schwarze Witwenkleidung der südländischen Frauen, hochgeschlossen, bodenlang, dazu eine Haube, die das Haar bedeckt.

Ihre Prinzipien sind unerschütterlich. Sie hält auf Ehre. In ihrem moralischen Universum gibt es keinerlei Irritationen.

Sie versteht sehr wenig Französisch und weigert sich bis an ihr Lebensende hochmütig, es zu sprechen.

Von der ersten Begegnung an ist der Konflikt mit Joséphine vorprogrammiert.

Die arme „Salondame" gibt sich wirklich Mühe. Aber all ihr Charme, ihre Begabung im Umgang mit Menschen, ihre heitere und offene Art helfen ihr so wenig wie der Respekt, den sie Letizia entgegenzubringen sich abmüht. Das Urteil steht fest. Sie wird gewogen und zu leicht befunden. Vor allem ist sie mit ihren über dreißig Jahren in den Augen der Familie viel zu alt für den jungen General.

Gnadenlos taxiert Madame Mères durchdringender Blick diese Frau. Ihre Eleganz, der unbeschreibliche Luxus an durchsichtigen Kleidern, das mit Efeu oder Blumen geschmückte kurze Lockenhaar, die Schminke, das viel zu tiefe Dekolletee, der Mops, den sie auf dem Schoß hält und zärtlich von Mund zu Schnauze füttert – und vor allem dieser Gigolo in der Husarenjacke mit Pelzbesatz, der ihr ständig schmachtende Blicke zuwirft ... So etwas erweckt in der strengen Frau nur Verachtung.

Und vor allem: Wo bleiben die Kinder? War sie nun schwanger oder nicht? Und wann wird sie es wirklich werden? (Undenkbar für einen korsischen Familienvater, dass da nicht reichlicher Kindersegen Zeugnis seiner Männlichkeit ablegt!)

„Perchè non c'è un bambino, Napoleone?", fragt Letizia ungeniert über den Tisch hinweg – schließlich kann diese Französin kein Italienisch. Warum gibt's kein Kind? Der große kleine General verschluckt sich vor Verlegenheit. Und dann verkündet Madame Mère das Verdikt der Familie: „Lei è troppo vecchio." Sie ist viel zu alt. Und dann: „È possibile lei è sterile?" Vielleicht ist sie ja unfruchtbar?

Bonaparte versichert der verehrten Mutter, alles würde noch werden, wobei er rot angelaufen ist ...

Joséphine sieht von einem zum anderen. Die reden über sie, das ist klar. Hämische Blicke, verstohlenes Grinsen, und mal wieder die rosige Zunge der kleinen „Paganetta". Ihr treten die Tränen in die Augen.

Joséphine bekommt schließlich auch mit, wie die Sippe sie nennt: L'anziana. Die Alte. Und manchmal sogar, begleitet vom schrillen Lachen Paulines: La Puttana. Die Hure. Denn wenn sich jemand so anzieht und so benimmt ...

Nein, bei der Familie ist Napoleons Ehe kein Erfolg.

Man verheiratet während dieser Tage in Mailand noch schnell und ohne größere Formalitäten Pauline und Elisa – die Gelegenheit ist günstig, die beiden jungen Damen schnell unter die Haube zu bringen. Beide feilschen wüst um die Mitgift. Mit großen Augen hört Joséphine zu, welche Summen da vom Bruder Napoleon und dem Rest der Familie eingesetzt werden. 40 000 Francs in Gold! Das erste Mal wird Joséphine klar, dass ja der siegreiche General auch kräftig in die eigene Tasche gewirtschaftet haben muss bei der Verteilung der Beute – und das völlig rechtmäßig. Er bringt ja auch genug ins Land.

Und sie? Wenn sie so viel hat, dann höchstens in Schulden, und alles, was sie verdient, zerrinnt ihr unter den Fingern. Irgendwann wird sie ihrem Mann beichten müssen, damit er sie aus ihren Nöten rettet. Aber davor hat sie eine Heidenangst. Seit er im Feld war und sich daran gewöhnt hat, herumzuschreien, neigt er zu Wutausbrüchen, auch ihr gegenüber.

Und als die theatralische, laute, feindliche Sippe denn endlich wieder Mombello verlassen hat, ist Joséphine vielleicht sogar so dankbar, dass sie ihren Ehemann einmal abends zu sich lässt, ohne etwas von Migräne zu murmeln.

Aber auch wenn sie tugendhaft, jung und schwanger gewesen wäre – die Feindschaft dieser Familie wäre ihr so oder so sicher gewesen. Denn eine Ehefrau – noch dazu mit zwei eigenen Kindern – bedeutet, dass nicht der *ganze* materielle Segen aus der Karriere des Zweitgeborenen in die Truhen der Sippschaft fließen wird. Joséphine ist für sie eine Bedrohung. Eigentlich muss sie weg.

Zwischen den Stühlen

Im Herbst 1797 sind die Österreicher endgültig am Ende, Napoleon hat auf der ganzen Linie gesiegt. Am 17. Oktober wird der Gegner in Campo Formio zu einem Friedensvertrag gezwungen, und er ist keine unmittelbare Gefahr mehr für das revolutionäre Frankreich. Ihre Militärmacht ist empfindlich getroffen, vorerst. Und Napoleon? – Er ist mit einem Schlage, über Nacht, vom kleinen unbedeutenden General zum Verteidiger des Vaterlands aufgerückt. Welch ein Tempo!

Nun folgen die Friedensverhandlungen, in denen Napoleon erreicht, dass wichtige Gebiete in Mitteleuropa von Österreich an Frankreich übergeben werden. (Belgien und die Gebiete am linken Rheinufer sollen als Puffer gegen künftige Invasionen dienen). Die Verhandlungen sind langwierig. Napoleon ist ein unbeherrschter und wenig diplomatischer Gesprächspartner, er schreit die Gesandten an oder schmeißt mit Gegenständen. Einmal fegt er das kostbare Teeservice des österreichischen Bevollmächtigten in dessen Palais – ein Geschenk der Zarin von Russland – mit einer Handbewegung vom Tisch und brüllt: „So wie dies Teegeschirr werde ich Österreich zerschlagen!“

Dies sind die Situationen, in denen Joséphine sich zum ersten Mal für die Belange ihres Mannes einsetzt. Das, womit sie im Salon brilliert, erweist sich auch als brauchbar auf diplomatischem Parkett. Meist ohne Kenntnis Napoleons, mischt sie sich ein, schmeichelt, vermittelt, verhindert, dass die österreichische Gegenpartei einfach abreist. Ihrem Charme widersteht kaum jemand. Wenn Napoleon davon erfährt, wird *sie* angebrüllt, denn eine Frau hat sich nicht in Männergeschäfte einzumischen! Dann fließen Tränen ...

Wie viele Machos ist Bonaparte vor dieser weiblichen Waffe hilflos. Er kann keine Frau weinen sehen. Entweder er nimmt Reißaus, oder er gibt klein bei. Und bei der unvergleichlichen Joséphine ist es meistens Letzteres! Später, wenn sein Selbstbewusstsein einen Grad erreicht hat, der sich fast jeglicher Kontrolle entzieht, kommt es auch schon mal vor, dass er brüllt: „Ich befehle dir, heiter zu sein!" Leider lassen sich Tränen meist nicht auf Knopfdruck abstellen ...

Während ihr Mann also geografisches Schach spielt, Könige absetzt (in Piemont), Republiken gründet (die cisalpinische und die ligurische in Oberitalien), viel Geld und einiges an Kunst (die berühmten Bronzepferde aus Venedig) nach Paris schickt, reist Joséphine in Etappen nach Haus. Macht Station hier und dort, trödelt, und hat ihren „Clown" und Geliebten Hippolyte wieder bei sich! Besonders charmant ist der Abstecher nach Venedig, wo man die Gattin des großen Mannes (nebst Begleitung) mit allen Ehren empfängt und großzügig darüber hinwegsieht, dass der General ebengerade die Bronzepferde und selbst den legendären Löwen von San Marco hat mitgehen lassen. Ja, so vergeht die Zeit.

Auch Geschäfte werden fleißig gemacht. Ihre diesbezüglichen Aktivitäten ruhen auch während ihrer Reise nicht. Die „Compagnie Bodin", bei der die schöne Madame Generalin stille Teilhaberin ist, steigt dank ihrer Vermittlung immer stärker ins Geschäft ein. (Später liefert Bodin sogar Pferde an die Armee, die er direkt vom Abdecker wegholt. Auch dabei steckt Joséphine den Kopf in den Sand ...)

So gibt es mancherlei Verzögerungen aus Geschäfts- und Liebesgründen, und es ergibt sich, dass sie später als Napoleon wieder in Paris eintrifft. Was ein ziemlicher Skandal ist. Er ist am 10. Dezember zurück.

Als der General das Schlösschen in der Rue de Chantereine – die jetzt ihm zu Ehren Rue de la Victoire heißt – betritt, rührt ihn fast der Schlag.

Nicht nur, dass die Hausherrin noch nicht da ist: Er glaubt, in der falschen Wohnung gelandet zu sein. Aus Italien hatte Joséphine nämlich Anweisung nach Paris gegeben: „Ich wünsche, dass mein Haus in hochmoderner Eleganz ausgestattet wird." Die Gebrüder Jakob, denen dieser Auftrag anvertraut wurde, tun sich dementsprechend auch keinen Zwang an und greifen in die Vollen. Die Angelegenheit kostet 300 000 Livres.

(Die ganze Zeit schon wird in diesem Buch mit Geldsummen in Währungen jongliert, von denen wir uns wenig Vorstellungen machen können – ich weiß. Leider geben die Quellen, was eine Umrechnung angeht, sehr unterschiedliche Auskünfte. Der Franc vor der Revolution – damals Livre genannt – wird damit irgendwo zwischen einem und vier Euro angesiedelt. Das ist natürlich eine riesige Spanne. Nach der Inflation, die aufgrund der Schreckensherrschaft eintrat, stabilisierte sich die Wirtschaft in den Jahren 1797/98 wieder. Ich denke, wir fahren am besten, wenn wir die Livre- bzw. Franc-Angaben eins zu eins übersetzen.)

So betritt also unser General das berühmte Schlafzimmer, wo ihn einst der Mops gebissen hat, und findet es verwandelt in ein orientalisches Zelt aus gestreiften Stoffen, Sitzkissen statt der Polstermöbel. Die Einzelbetten kann man dank eines Mechanismus von Hebeln und Schrauben zu einem einzigen großen Lager zusammenschieben und wieder trennen. Für dergleichen Kinkerlitzchen hat Napoleon keinerlei Verständnis. Auch mit seinem eigenen Arbeitszimmer im Erdgeschoss, mit antiken Büsten und Trikoloren dekoriert und einem riesigen Schreibtisch mit Marmorplatte, kann er sich nicht so recht anfreunden. Er fühlt sich fremd. Und das macht ihn wütend. Noch weiß er ja nicht einmal, was das gekostet hat!

Er tut doch alles für sie! Da gibt er sich nun solche Mühe um die Familie seiner Frau. Der junge Kadett Eugène – ein wahrer Prachtjunge übrigens auch weiterhin, das muss er ihm zugestehen – war sogar zeitweise unter seiner Obhut mit auf dem Feldzug in Italien, und für Hortense plant er eine baldige hochkarätige Heirat ... Und immer wieder bereitet ihm Madame solche unliebsamen Überraschungen. Und überhaupt, wo bleibt sie?

Als sie dann endlich eintrifft, hat das neue Jahr bereits begonnen. Ein übel gelaunter Napoleon tritt ihr entgegen, will genauestens wissen, wo sie war ... sie sucht Ausflüchte. Eine Erkältung, eine zerbrochene Kutsche, ein notwendiger Umweg, weil die Straßen unsicher sein sollen – es klingt alles nicht sehr glaubwürdig. Geschrei, Tränen, eine Vase fliegt gegen den Kaminsims. Die Türen klappen. –

Am 3. Januar, einen Tag nach der verspäteten Ankunft, richtet das regierende Direktorium einen Ball zu Ehren des Paars aus, und beide gehen in denkbar schlechter Stimmung hin. – Doch nicht deshalb folgen wir ihnen, sondern: Von diesem Ball ist ein Gespräch überliefert, das zweierlei verdeutlicht. Erstens, wie ungehobelt Bonaparte in Gesellschaft häufig ist, und zweitens, was er generell für ein Frauenbild hat.

Es geht um Germaine de Staël, eine Frau, um die sich die Salons damals reißen. Sie ist eine Schweizerin, die sich der Literatur verschrieben hat, gefürchtet wegen ihrer scharfen Zunge, belesen, witzig, so etwas wie eine Institution. Dergleichen war damals noch ziemlich ungewöhnlich und wurde mit Argwohn betrachtet. Gebildete Frauen, die private Studien betrieben hatten (Universitätszulassungen für Frauen gibt es erst seit dem vorigen Jahrhundert) und die gar selbst etwas zu Papier brachten, bezeichnete man abschätzig als „Blaustrümpfe". (Das Wort stammt aus England, weil eine berühmte schriftstellernde Dame in einem literarischen Salon stets blaue Strümpfe trug.) Und Blaustrümpfe waren für Napoleon das rote Tuch.

Die Staël hat Napoleon schon nach Italien schwärmerische Briefe geschrieben, in denen sie ihn mit den berühmten Feldherrn der Antike und Geistesgrößen des Mittelalters verglichen hatte, ohne je einer Antwort gewürdigt zu werden.

Nun, auf diesem Ball, kann sie ihrem Idol endlich gegenübertreten! Sie überreicht dem General einen Lorbeerzweig – sowohl das Symbol des Sieges als auch des poetischen Ruhms, und prompt kontert Napoleon: „Den Lorbeer überlassen sie den Musen!“ (Musen: Göttinnen der Schönen Künste)

Aber Germaine lässt nicht locker. Sie fängt an, ihm „Quizfragen“ zu stellen: „Welche Frau lieben Sie am meisten, *mon général*?“

„Meine eigene.“

„Gewiss, aber welche schätzen Sie am meisten?“

„Eine, die ihren Haushalt am besten führt.“

„Ja, ich verstehe, aber welche wäre denn nun für Sie die beste unter den Frauen?“

„Diejenige, die die meisten Kinder bekommen hat, Madame.“

Worauf er ihr den Rücken zudreht und weggeht. Die Staël schnappt nach Luft. Abgesehen davon, dass sie selbst kinderlos ist – da hat sie nun etwas Kluges, Originelles, vielleicht Poetisches über die Frauen aus dem Munde dieses Feldherrn erwartet – und dann so was, Sätze wie von Kerlen am Stammtisch. Später bemerkt sie, sehr zurückhaltend, der große Mann sei ja wohl etwas merkwürdig ... An diesem Abend verlässt sie den Ball pikiert – und mit Tränen der Enttäuschung.

Von da an ist sie seine Feindin, und es gibt keinen europäischen Salon, in dem sie nicht gegen ihn intrigiert, und auch ich könnte mich nicht dafür verbürgen, dass ich nach einer solchen Abfuhr noch große Lust gehabt hätte, diesen Mann zu vergöttern.

Im Übrigen gibt es an diesem Abend Trinksprüche auf eine andere Frau. Auf seine. Sie lauten: „Auf die Bürgerin, deren Name dem Ruhm am teuersten ist!“, „Auf des siegreichen Helden geliebte Gefährtin!", „Auf die Frau, in deren Händen das Glück des Verteidigers unseres Volkes liegt!".

Das ist sehr schmeichelhaft. Joséphine dankt mit gewohnter Anmut. Aber noch immer regt sich nichts in ihrem Herzen für den Mann, mit dem sie verheiratet ist.

Soll das so bleiben? – Wir werden sehen.

Aufbruch in den Orient

Es gibt einen neuen Posten für Bonaparte. Er wird zum „Oberbefehlshaber der Armee gegen England" ernannt – das britische Empire ist (nachdem Österreich erst einmal Ruhe gibt) zu dem Zeitpunkt das Land, das mit dem revolutionären Frankreich noch im Konflikt liegt. Also schickt man „den Helden" ins Rennen. Er soll eine Invasion gegen die Insel vorbereiten.

Ein paar Wochen lang treibt Napoleon sich im Februar bei Sturm und Regen im Norden Frankreichs herum und sondiert die Lage (während seine Joséphine sich in Paris weiter feiern lässt), und sehr schnell wird ihm klar: An eine Invasion ist nicht zu denken. Die gegnerische Flotte ist viel zu stark, und die Kreidefelsen von Dover an der englischen Küste bilden eine uneinnehmbare natürliche Festung. Die französische Nordarmee hingegen ist frisch rekrutiert, die Offiziere haben keine Erfahrung und es gibt nicht genügend Schiffe, die Truppen überhaupt auf einen Schwung übers Meer zu bringen. Ein derartiges Risiko geht er nicht ein.

Genialer Stratege, der er ist, schlägt er dem Direktorium eine andere Variante vor: Man höre und staune: Er will Ägypten annektieren. Hier zuzuschlagen könnte letztendlich dem britischen Weltreich, dem Empire, das bis ins ferne Indien reicht, eine so empfindliche Schlappe versetzen, dass seine Kräfte gebunden wären und Frankreich wieder Luft hätte.

Was hat Ägypten mit den Briten zu tun, fragen wir uns, das Land am Nil gehört nicht einmal zu den englischen Besitzungen. Wieso also konnte man mit der Eroberung des gottverlassenen Landes zwischen Meer und Wüste sich einen Vorteil verschaffen?

Die Erklärung ist: England war seit jeher einer der großen Konkurrenten Frankreichs im globalen Spiel der Kräfte. Seit Jahrhunderten versuchten sich die stärksten Staaten Europas im Wettlauf um die reichen Kolonien – und kamen sich dabei ständig in die Quere. Das alte England als große Seemacht hatte dabei bald die Nase vorn, vor allem, weil es das riesige, reiche Indien schlucken konnte. Wer Indien besitzt, verfügt über ungeheure Ressourcen, und es fließen sagenhafte Summen von dort nach Europa – nach England. Napoleon, nach den triumphalen Siegen über Österreich, weiß: England ist nun der Hauptfeind Nummer eins. Er möchte den Engländern im fernen indischen Subkontinent kräftig in die Suppe spucken, wenn er sie schon nicht direkt attackieren kann. Und er hat einen Plan: Sitzt man erst einmal in Ägypten, kann man das Land quasi als eine Aufmarschbasis für einen – viel weiter gesteckten Feldzug – benutzen. Einen Feldzug nach Indien eben. – Allerdings ist dieses Ägypten zurzeit unter der „Schutz"herrschaft der Türkei, doch das soll kein Problem sein. Während er, Napoleon, in das Nilland einmarschiert, sollen (das ist eine seiner Forderungen an die Regierung) gleichzeitig diplomatische Verhandlungen mit der Hohen Pforte, dem türkischen Sultanat, stattfinden, um zu klären, dass man als Bundesgenosse kommt, nicht als Feind ... um sich der Hilfe der Türken zu versichern. Und dann, mit deren Unterstützung, kann man entweder auf dem Landweg über Persien weitermarschieren oder über den alten Suezkanal die französische Flotte durchs Rote Meer schicken und das englisch beherrschte Indien angreifen. Das Empire also quasi am Schwanz packen, an seiner empfindlichsten, reichsten „Stelle".

Das hört sich wirklich verwegen an, und es zeigt die geniale Denkart des Generals. Es sei allerdings nicht verschwiegen, dass sich Napoleon mit diesem Vorhaben auch einen persönlichen Traum erfüllen will. Der Orient hat für ihn schon immer eine große Faszination gehabt – wir erinnern uns, dass er sich in Zeiten der „Arbeitslosigkeit" sogar als Artillerie-Experte bei den Türken verdingen wollte. Er weiß, dass Ägypten, die Kornkammer des Römischen Weltreichs, einst ein Anziehungspunkt für den großen Feldherrn Caesar gewesen ist. Warum nicht auch ein bisschen Caesar spielen, warum nicht Besitz ergreifen vom Reich der Königin Kleopatra?

Bereits im März, also überraschend schnell, erteilt das Direktorium ihm die Vollmacht, Armee und Flotte aufzustellen. Sicher sind die Herren von der Vorstellung glänzender Beute geblendet. Wenn Bonaparte schon aus dem relativ armen Italien Millionen herausgeholt hatte, was würde er da wohl aus dem fernen Osten herbeischleppen! Außerdem sind die fünf Regierenden in Paris wohl ein bisschen in Sorge wegen der Popularität des jungen Generals. Besser, er ist wieder weg vom Fenster, lässt sich nicht, wo er geht und steht, von den Massen bejubeln ... Eine starke Persönlichkeit, der das Volk so anhängt wie ihm, könnte gefährlich werden für die ohnehin auf tönernen Füßen stehende Macht dieser Fünfertruppe. Sie ahnen da noch nicht, dass ihr Untergang durch die Hand dieses Mannes nur aufgeschoben, nicht aufgehoben ist.

Befremden erregt bei den Direktoren zunächst Napoleons Forderung, einen ganzen Tross von Wissenschaftlern und Gelehrten zu rekrutieren. Der General erläutert ihnen sein erstaunliches Konzept. Es heißt „Lehren und Lernen". Das französische Volk soll dem rückständigen Ägypten, das sich noch in unterentwickelten Feudalstrukturen bewegt, als Freund und Lehrer gegenübertreten, es soll mit den neuesten technischen, wissenschaftlichen und medizinischen Kenntnissen vertraut gemacht werden – gemäß der Überzeugung Bonapartes, dass die Errungenschaften der Neuzeit allen Völkern zum Segen gereichen sollen. Er versichert, er werde „alle ihm zu Gebote stehenden Mittel anwenden, um das Los der Bewohner Ägyptens zu verbessern". Im Gegenzug sollen sich die Franzosen mit der Geschichte und Kultur des Nillandes vertraut machen.

Ägypten ist zu der Zeit für die europäische Forschung ein weißer Fleck. Die Wissenschaftler sollen es kartografieren, erforschen, beschreiben. Einhundertfünfzig Gelehrte, Wissenschaftler sowie Künstler wirbt der General an. Darunter befinden sich Ärzte und Mathematiker, Sprachforscher und Mineralogen, Physiker und Maler, Historiker und Geologen. Von den Militärs werden sie mit Kopfschütteln betrachtet und „Napoleons Schoßhündchen" genannt, weil er ihnen eine privilegierte Behandlung zusagt.

Seine „Schoßhündchen" werden es schließlich sein, die den Ägyptenfeldzug zu einer der größten kulturellen Entdeckungs-Kreuzfahrten des ausgehenden 18. Jahrhunderts machen. Sie begründen den neuen Wissenschaftszweig der Ägyptologie. (In zehn reich illustrierten Bänden, der „Description de l'Egypte", tragen sie alles, was sie über das Land erfahren können, von der Fauna und Flora bis zu den Altertümern das Landes, den Pyramiden und der Sphinx, zusammen. Und absolut sensationell – die Auffindung des „Steins von Rosette", einer mehrsprachigen Schrifttafel, die schließlich sogar die Entzifferung der altägyptischen Hieroglyphen ermöglicht.)

Während 180 Schiffe aufgetakelt und segelklar gemacht werden, 1 000 Kanonen und die dazugehörige Munition verladen, 700 Pferde in improvisierten Ställen unter Deck verbracht werden und die 17 000 Mann starke Armee darauf wartet, an Bord zu gehen, trifft in Toulon der General ein – an seiner Seite seine Gattin, Madame Bonaparte.

Große Überraschung: Joséphine hat sich entschlossen, mit ihrem Mann nach Ägypten zu gehen. Langsam – man höre und staune! – fängt er an, sogar sie zu beeindrucken. Der Ehefrieden ist wiederhergestellt, Napoleon so verliebt wie eh und je – und wie eh und je stillos und ungehobelt in der Art, das vorzuführen.

Folgende Szene ist überliefert: Dumas, einer der Offiziere Napoleons, betritt frühmorgens das Schlafzimmer des Paars, um wie gewöhnlich die Tagesbefehle entgegenzunehmen. Die Eheleute liegen noch im Bett, Joséphine nur notdürftig mit einem dünnen Laken verhüllt. (Sicher keine Affäre für sie, die es gewohnt war, in durchsichtigen Musselinfummelchen durch die Straßen zu gehen.)

„Nehmen Sie auch Ihre Frau mit, Dumas?", fragt der General Bonaparte, nachdem die Amtsgeschäfte besprochen sind.

„*Mon Dieu*, nein! Die würde mich nur behindern!"

„Wir werden mehrere Jahre bleiben", verspricht Napoleon, „und Sie sollten Ihre Frau auf alle Fälle nachkommen lassen. Das Klima dort soll die Fruchtbarkeit fördern. Sie haben ja nur Töchter – also sollten wir uns beide um die Wette bemühen, einen Sohn zu machen. Dann können wir gegenseitig Pate stehen."

Und er begleitet diese Rede mit einem schallenden Klaps auf Joséphines kaum verhüllten Hintern.

Ich könnte mir vorstellen, dass solche Szenen dazu beigetragen haben, den Reiseentschluss unserer Kreolin wieder ins Wanken zu bringen. Sie hat keine Lust, sich von ihrem Mann bei jeder Gelegenheit vorführen zu lassen wie eine Preiskuh, sich in aller Öffentlichkeit tätscheln, zwicken und auf den Allerwertesten hauen zu lassen. Also wird sie wieder „leidend".

Sie sagt die Reise ab und überredet Napoleon, sie erst einmal nach Plombières zu schicken. Das ist ein Heilbad, dem man nachsagt, sein Wasser würde neben vielen anderen guten Qualitäten die Eigenschaft haben, Frauen zur Erfüllung eines Kinderwunschs zu verhelfen. Und ein Kind wünscht sich Joséphine genauso sehr wie ihr Mann – die Szene mit der Verwandtschaft hat ihr einmal mehr bewiesen, dass ihr

Wohl und Wehe als Madame Bonaparte davon abhängt, möglichst bald schwanger zu werden.

Also gut. Der General ist einverstanden, dass sie erst ins Bad fährt, dann in zwei Monaten nachreist. Dazu allerdings wird es nie kommen.

Am Morgen des 18. Mai 1798 besteigt Napoleon sein Flaggschiff „L'Orient" und gibt den Befehl zum Auslaufen, nachdem er die Umarmung und den Abschiedskuss seiner „Glücksgöttin" Joséphine empfangen hat.

Die größte Flotte, die Frankreich jemals aufgeboten hat, verlässt den Hafen – unter dem Kommando eines Mannes, der noch nicht einmal dreißig Jahre alt ist. Mit an Bord befindet sich auch Eugène, Joséphines Sohn, als einer der jungen Offiziere seines Stiefvaters. Eugène hat von den drei Beauharnais das unkomplizierteste Verhältnis zu Napoleon. Nach dessen Erfolgen in Italien bewundert er ihn rückhaltlos – und bleibt eine der wenigen aufrechten Gestalten in der Ansammlung oft sehr zwielichtiger Typen, wie wir ihnen immer wieder begegnen werden ... Seine Loyalität zwischen Mutter und Stiefvater zu verteilen wird ihm allerdings oft nicht leicht gemacht, wie wir noch sehen werden.

Am Kai steht die liebende Gattin und Mutter mit Tränen in den Augen und winkt mit ihrem Tüchlein, wie sie das auch einstmals in der Rue de Chantereine getan hat. Nachdem die Schiffe außer Sicht sind, spannt sie ihren Sonnenschirm auf und begibt sich zu ihrem Wagen. Die Zofe hat bereits gestern gepackt. Auf nach Plombières! Hippolyte Charles erwartet sie dort schon.

Ihren Mann wird sie ein drei viertel Jahr nicht sehen.

Zwischenspiel in Malta

Die sechs Tage Zwischenstopp, die Bonaparte in Malta einlegt, sind den Historikern oft kaum einer Erwähnung wert. Ich finde diesen Aufenthalt jedoch sehr interessant, weil der General hier zum ersten Mal sein staatsmännisches, sein organisatorisch-verwaltungstechnisches Talent vorkramt. Mir imponiert eben mehr, wenn jemand innerhalb von sechs Tagen, also in einem Tempo und einer Manier, wie sie der große römische Feldherr Gaius Julius Caesar einmal vorgegeben hat, ein ganzes Staatswesen umkrempelt, als wenn er, wie geschickt auch immer, Kanonen zu platzieren versteht. Hier also beweist er, dass er nicht nur an der Spitze seiner Bataillone befehlen und planen kann.

Malta ist damals im Besitz von 322 Rittern des Ordens der Johanniter, einem Überbleibsel aus der Zeit der Kreuzzüge. Napoleon hat schon eine Hand voll Agenten vorausgeschickt, die ihm bestätigen: Dieser mittelalterliche Staat ist ein Koloss auf wackligen Füßen, und die Hauptstadt La Valetta, die als die stärkste Festung der Welt gilt, muss man gar nicht stürmen – man kann einfach die Ritter bestechen. In der Tat übergeben die Johanniter die Insel an Frankreich, ohne dass ein Schuss fällt.

Napoleons lakonischer Kommentar: „Der Orden hatte ausgedient. Er fiel, weil er fallen musste."

Dann geht es Schlag auf Schlag. Alle feudalen Vorrechte, alle Adelsprivilegien werden nach dem Vorbild der Französischen Revolution abgeschafft. Die Sklaverei wird beseitigt, gefangene Türken und Mauren werden befreit, Juden bekommen die gleichen bürgerlichen Rechte wie Christen, sie dürfen eine Synagoge bauen – überhaupt dürfen alle Religionen frei ausgeübt werden. Napoleon richtet für die 10 000 Kopf starke Bevölkerung 15 Grundschulen ein, in denen die „Prinzipien der Sittlichkeit und der französischen Verfassung“ gelehrt werden sollen, und schickt 60 junge Männer auf Staatskosten zur Ausbildung nach Paris.

Und das alles, wie gesagt, in sechs Tagen. Ein bewundernswertes Programm. Und dann geht's endlich weiter nach Ägypten, das große Ziel.

Als Hahnrei bei den Pyramiden

Als Joséphine im Sommer aus dem Bad nach Paris zurückkehrt, muss sie erfahren, dass es keine Möglichkeit mehr gibt, gefahrlos nach Ägypten zu gelangen. Zwar konnte das Heer sicher landen, aber die französische Seekriegsflotte ist vom englischen Admiral Nelson in der Bucht von Abukir vernichtend geschlagen worden. Die Briten beherrschen das Mittelmeer. Napoleons Armee ist vom Mutterland Frankreich abgeschnitten. Selbst Nachrichten kommen nur unter Gefahren durch, und von der Expedition Napoleons hört man widersprüchliche Dinge. Nach anfänglichem Vormarsch bis Kairo sind Seuchen ausgebrochen, der Feldzug stagniert. In Paris zweifelt man daran, ob man das Armeecorps da unten nicht überhaupt abschreiben muss, wer weiß, ob die jemals zurückkommen können.

Das Direktorium hat sich zuerst zu seinem Entschluss beglückwünscht, den allzu beliebten General in des Wortes eigentlichem Sinn in die Wüste zu schicken. Aber bald, im Herbst, sieht es schon wieder anders aus. Schließlich haben auch die europäischen Großmächte mitbekommen, dass der „junge Wilde“ und mit ihm ein Großteil der französischen Armeen weit weg sind. Und so gibt es eine neue Koalition gegen Frankreich: England, Österreich, Russland, Portugal, das Königreich Neapel ... Und der große Experte mit den Kanonen steht nicht zur Verfügung. Wer weiß, ob er dort bei den Pyramiden nicht seinen Tod findet?

Und Joséphine? Der Ehemann ist weit, und Hippolyte ist nah ... Sie setzt ihr bisheriges Leben fort. Aber wenn das unterwegs und in Plombières vielleicht angegangen ist – in Paris fällt es nun endgültig auf.

Gefundenes Fressen für die Sippe, vor allem für die Brüder Joseph und Lucien. Sie lassen die Schwägerin von früh bis spät bespitzeln, und schließlich gelingt es ihnen, eine Nachricht nach Ägypten zu übermitteln. –

Adjutant Junot hält einen geöffneten Brief in der Hand und sieht bedrückt vor sich hin. Als ein braun gebrannter junger Mann mit bestaubten Stiefeln und durchgeschwitztem Uniformrock das Zelt betritt, versucht er hastig, das Schreiben unter anderen Papieren zu verbergen. Aber der junge Mann hat eine scharfe Beobachtungsgabe.

„Was hast du da, Junot?", fragt er gut gelaunt. „Doch nicht etwa Post von zu Haus? Ist wirklich mal ein Schiff durchgekommen? Zeig mal her!"

„Lieber nicht!", sagt Junot kleinlaut. „Weißt du, Beauharnais – ich wollte, ich könnte diesen Brief verschwinden lassen. Der Inhalt ist sehr ... beklemmend."

Eugène Beauharnais, frisch gebackener Adjutant des Feldherrn, runzelt die Brauen. „Was soll das? Du kannst doch nicht einen Brief unterschlagen, bloß weil sein Inhalt beklemmend ist! An wen ist er denn gerichtet?"

„An den General!", bemerkt Junot unglücklich. „Und er stammt von Monsieur Joseph."

„Also hochwichtig! Und wo ist das Problem?" Eugène streckt die Hand aus. „Ich kann ihn auch selbst überbringen, wenn dir irgendwas unangenehm ist. Für mich ist es vielleicht leichter." (Napoleon ist schließlich sein Stiefvater!)

Junot lächelt gequält. „Ich glaube, gerade du solltest nicht – es geht um deine Mutter." Er schluckt.

„Zeig mal her!" Ungestüm hat ihm Eugène das Blatt bereits aus der Hand gerissen. Er liest, und langsam tritt ihm glühende Röte in Stirn und Wangen. „Das ist – das ist eine infame Verleumdung! Meine Mutter ..." Er bricht ab. Erinnert sich an einige Szenen. Dieser Hippolyte, damals im Wagen – und bei dem Empfang in Mailand – und überhaupt ...

Er reckt sich. „Ich glaube davon kein Wort", sagt er dann energisch. „Aber natürlich musst du den Brief trotzdem dem General überbringen. Nur so ist es korrekt.

Verzeih, wenn ich mich zurückziehe." Er steht stramm – das Militärische ist ihm in Fleisch und Blut übergegangen. Aber draußen vor Napoleons Zelt sinkt er auf eine abgestellte Trommel und stützt den Kopf in die Hände. Es darf, es soll nicht wahr sein!

Und dann hört er seinen Stiefvater auch schon toben. –

Eugène ist zutiefst beunruhigt. Er fürchtet um den Fortbestand der Ehe seiner Mutter mit Napoleon. „Du musst wissen, *Maman*, dass ich nichts davon glaube, doch der General ist tief beunruhigt. Dein Sohn möchte gern annehmen, dass dies alles nur Klatsch ist, den deine Feinde aufgebracht haben", schreibt Eugène an seine Mutter nach Haus. Aber auch er dürfte von ihrer Unschuld nicht völlig überzeugt sein – auch wenn er es nicht wahrhaben will.

Napoleon gerät außer Rand und Band über das, was seine Frau dem Vernehmen nach mit ihrem Liebhaber in Paris veranstaltet: Sie zeigen sich sogar in aller Öffentlichkeit im Theater in der Loge und tauschen Vertraulichkeiten aus!

Der Korse ist am Boden zerstört. Er befragt andere Offiziere seiner Umgebung, und so in die Mangel genommen, müssen die leider bestätigen: Ihr bewunderter General trägt Hörner, so groß und schwer wie ein Elchgeweih. Armer Napoleon. Seine finstersten Ahnungen haben sich nun bewahrheitet. Trotz aller Liebe: Für ihn gibt es jetzt nur noch eins – die Scheidung.

Am 24. November 1798 veröffentlicht die Londoner Zeitung „Morning Chronicle" zwei Briefe. Die Briten haben ein französisches Schiff abgefangen und sind auf diese Weise an brisantes persönliches Material herangekommen.

Der erste Brief ist von General Bonaparte an seinen Bruder

Joseph gerichtet. Darin bittet er ihn, ihm ein Landhaus außerhalb von Paris zu kaufen. Er will sich nach der Scheidung aus der Öffentlichkeit zurückziehen, ist fertig mit dem Leben. „Der Schleier ist zerrissen", klagt er und spricht von „großem Kummer zu Haus". Der zweite Brief ist der bereits zitierte von Eugène an seine Mutter.

Die Zeitungsleser können eins und eins zusammenzählen. Bald lacht sich halb Europa schief über den betrogenen Ehemann.

Napoleon ist hochempfindlich Spott gegenüber. Und wenn es gar um seine Männlichkeit geht, hört auch das letzte bisschen Spaß auf. Ein Südländer, der in aller Öffentlichkeit zum Hahnrei gemacht wird, ein Macho, dessen Frau fremdgeht!

Er versucht, sein angeschlagenes Image als Mann aufzupolieren, indem er sich eine Geliebte zulegt, eine der Wäscherinnen, die die Armee begleiten, eine hübsche Blondine namens Pauline Fourès. Er zeigt sich betont öffentlich mit ihr und erreicht zu seiner Genugtuung, dass man nun davon spricht, der neue Eroberer Ägyptens habe sich eine Kleopatra zugelegt. Aber die Wunde, die Verletzung durch den Verrat sitzt tief.

In Frankreich versucht man – offenbar mit Erfolg –, die Veröffentlichung der Briefe zu unterdrücken; jedenfalls ist die Sache offenbar nur „ganz oben" angekommen und nicht weitergeleitet worden. Hat Joséphine davon erfahren? Dies rätselhafte Persönchen tut jedenfalls nicht so, als ob. Sie scheint ungerührt – aber: Da gibt es schon einen Grund zur Sorge, tiefer Sorge.

Zwei Herren von zweifelhaftem Ruf

Aus dem bunten Spektrum von Persönlichkeiten um Napoleon herum gilt es jetzt zwei vorzustellen, die wie Feuer und Wasser zueinander sind, die aber beide für Napoleon (und in gewisser Weise auch für Joséphine) eine entscheidende Rolle spielen – und bis ans Ende spielen werden.

Wie alle Männer in hohen Positionen zu dieser Zeit haben sie ihren Part während der Revolution begonnen – wobei sich der eine während der Schreckenszeit klug ins Ausland zurückgezogen hat. Ihrem Intrigenspiel ist nun maßgeblich zuzuschreiben, was innenpolitisch und außenpolitisch passiert in den folgenden Jahren, denn sie gewinnen ungeheuren Einfluss. Napoleon begegnet beiden mit Misstrauen, immer mal wieder sind sie entmachtet, weg vom Fenster, aber schließlich braucht er sie beide: Charles-Maurice Talleyrand, Herzog von Périgord, Minister des Auswärtigen unter dem Direktorium, immer auf der Kippe, mit den Aristokraten zu paktieren, zu denen er schließlich gehört, immer bereit, das neue Frankreich zu verraten, in dessen Dienst er steht – und Joseph Fouché, Polizeiminister, Intrigant und Schnüffler von hoher „Meisterschaft", vor allem an sich selbst interessiert und an seiner Karriere.

Im Jahr 1798 wird Außenminister Talleyrand das erste Mal zum Verräter. Der Plan der ägyptischen Unternehmung war ja – wir erinnern uns – eine abgestimmte, „konzertierte" Aktion zwischen Militär und Diplomatie. Während Napoleon mit seinen Truppen agiert, soll gleichzeitig der Sultan dazu gebracht werden, nicht nur Neutralität zu wahren, sondern sich zum Bundesgenossen zu erklären. Talleyrand nun hat es übernommen, die Verbindung mit der Hohen Pforte herzustellen, und es war ihm, mit seinem diplomatischen Geschick, anvertraut worden, der Ägyptenexpedition gegenüber der Türkei den Rücken freizuhalten. Immer wieder fragt Napoleon in seinen Briefen beim Direktorium an: Ist Talleyrand endlich abgereist? Ist er bereits in Konstantinopel? Verhandelt er mit dem Sultan?

Aber Talleyrand ist überhaupt nicht abgereist. Er denkt nicht im Traum daran, die Unternehmungen des korsischen Generals zu unterstützen. Der ist ihm mehr als suspekt. Für ihn steht eigentlich fest, dass irgendwann das Ancien Régime, die alte Königsherrschaft, wiederhergestellt werden wird – dass die Verhältnisse in Frankreich bald wieder so sind, wie überall in Europa.

Und weil von französischer Seite nichts passiert, springen sofort die Engländer in die Bresche: Unter dem Druck Großbritanniens erklärt die Türkei Frankreich ebenfalls den Krieg. Eine Katastrophe für die Ägyptenarmee, die nun einen Zweifrontenkrieg führen muss.

Talleyrand ist ein skrupelloser und aalglatter Taktiker, der stets im richtigen Moment den Absprung findet, wenn eine Sache brenzlig wird. Wir müssen uns einen großen lässigen Mann in der verzopften Tracht der „Culotten"vorstellen, sogar die gepuderte Perücke trägt er, dazu ein Katzengesicht mit schrägen grünen Augen und der elegante Stock, an dem er leicht hinkend durch die Gegend spaziert. Er hat als Kind eine Verletzung am Bein davongetragen, was der Grund war, weshalb seine hochadligen Eltern ihn zum Priester bestimmten – ein Aristokrat, der nicht aufs Pferd kommt, ist undenkbar. Soweit dieser Mann: gewissenlos und kaltblütig, welterfahren und zynisch.

Und jetzt der andere, sein Gegenpart.

An Joseph Fouchés Händen klebt Blut. Er war einst radikaler Jakobiner und hat während der Schreckensherrschaft eine Strafaktion gegen die „unbotmäßige" Stadt Lyon geleitet, bei der tausende umgebracht wurden.

Er taucht unter, als der Terror vorbei ist, aber jemand wie er, der die Begabung hat, im Trüben zu fischen, die Geheimnisse der Leute zu erschnüffeln und sie gegeneinander auszuspielen, ist unter jeder Regentschaft willkommen. Irgendwer muss halt die Drecksarbeit machen! Da kommt ein Fouché mit seinem messerscharfen Verstand und seiner eiskalten Menschenverachtung gerade recht.

Fouché hat sich in den Jahren 92 / 93 weit aus dem Fenster gelehnt. Er hat für die Hinrichtung des Königs gestimmt, er war einer der geistigen Väter des Terrors, und er hat die Gräuel von Lyon zu verantworten. Von den grauenhaften Hinrichtungen, die er angeordnet hat, berichtet er nach Paris mit folgenden Worten: „Heute Abend fallen 213 Aufständische unter unserem Blitzstrahl. Freudentränen überfluten meine Seele." Und: „Wir vergießen viel unreines Blut, aber für die Menschheit und für die Pflicht."

Das Fatalste, was diesem Mann zustoßen kann, ist in der Tat eine neue Regierung mit einem König an der Spitze (womit er automatisch zum „natürlichen Feind" Talleyrands wird). Also setzt er auf die Republik. Direktor Barras nutzt sehr bald die Fähigkeiten dieses blassen stillen Menschen mit dem Totenkopfgesicht, den roten Haaren und der unerschütterlichen Ruhe eines Eisblocks, lässt von ihm seine Umgebung ausspionieren, macht ihn zum Minister.

Und nun das Unglaubliche: Dieser Fouché wird zum engen Vertrauten Joséphines.

Eine dunkle Episode

Ich habe von Joséphines Sorge gesprochen. – Gewiss, ihr Mann ist weit und kann sie nicht „beaufsichtigen". Aber sie weiß, dass die napoleonische Sippschaft mit Bienenfleiß daran arbeitet, ihre Ehe zu unterminieren. Man will „die Alte" mit ihren Affären und ihrer Verschwendungssucht wegbeißen. Und vor den Aktionen dieser zu allem entschlossenen Truppe hat sie Angst. Doch statt eine Änderung in ihrem Leben vorzunehmen, stürzt sie sich immer besinnungsloser, immer unvernünftiger in den Taumel aus Luxus und Vergnügen.

Im Februar 1799 leiht sie sich einmal wieder Geld. Sie will ein Anwesen kaufen – zumindest anzahlen –, das ungefähr 15 Kilometer von Paris entfernt an der Straße nach St. Germain liegt, ziemlich heruntergekommen, aber mit vielen Möglichkeiten für einen schönen Garten, vierhundert Morgen Land, Reben, die einen leichten blumigen Wein spenden: Malmaison! Im April zieht sie dort zeitweise ein. Nachbarn beobachten in den Abendstunden, wie sie im weißen Kleid am Arm eines Mannes zwischen dem alten Baumbestand spazieren geht. Natürlich ist der Mann kein anderer als Hippolyte.

Aber noch davor hat sich in ihrem Salon in der Rue de la Victoire hin und wieder ein seltsamer Gast eingefunden.

Ein Mann im langen schwarzen Frack steht herum zwischen den zierlichen, goldverbrämten Möbeln, den verschnörkelten Uhren und mit spiegelndem Mahagoni ausgelegten Spieltischen, zwischen griechisch nachempfundenen Vasen und üppigen Portieren aus Samt. Er nimmt sich so deplatziert aus in dem heiteren, hellen Salon der Madame Bonaparte wie eine Nebelkrähe in der Voliere eines Paradiesvogels. Die anderen Gäste grüßen ihn mit einer Mischung aus Scheu und Verachtung – dieser Bürger Fouché steht in dem Ruf, dass mit ihm nicht gut Kirschen essen ist. Und man erinnert sich sehr wohl an seine Vergangenheit. Anders Madame Joséphine. Weiß sie nicht, was für ein Schuft das ist? Verwundert sehen die Gäste, wie sie mit ausgestreckten Händen auf diesen Polizisten zueilt, ihr strahlendstes Lächeln im Gesicht.

Und während Kaffee, Tee und Champagner serviert wird und die Spieltische besiedelt werden, stellt man überrascht fest, dass sich die Generalin mit diesem Mann in ihr Boudoir zurückgezogen hat!

Die Frau Generalin bietet dem Bürger Fouché eine Prise aus ihrer goldenen Tabatiere an, die er schnupft, ohne eine Miene zu verziehen.

„Sie wissen gar nicht, wie dankbar ich Ihnen bin, dass Sie mir Gehör schenken, Bürger! Wie ich höre, sind Sie der bestinformierte Mann von ganz Paris. Und ich – ich bin eine geplagte Frau! Kann ich auf Ihre Hilfe rechnen?" Sie legt den Kopf schief, lächelt gewinnend.

Nicht, dass er etwa zurücklächelt! „Lassen Sie hören, Madame. Um was geht es denn?"

Und nun klagt sie ihm ihr Leid. Da haben also diese Intriganten von Bonapartes vor, sie fertig zu machen! Berichten schlimme Sachen über sie nach Ägypten! Sie braucht jemanden, der ihr beisteht. Jemanden, der sie auf dem Laufenden hält über die Aktivitäten ihrer Schwager. Damit sie denn weiß, worauf sie sich gefasst machen kann. Jemanden, der vielleicht sogar hin und wieder verhindern kann, dass der eine oder der andere Brief sein Ziel erreicht?!

Der Bürger Fouché verzieht weiterhin keine Miene. „Ich halte das durchaus für möglich", sagt er trocken. „Natürlich helfe ich Ihnen gern, wo ich nur kann. Allerdings ..." Er macht eine viel sagende Pause.

„Allerdings?", fragt die Schöne nach und lächelt schelmisch.

„Eine Hand wäscht die andere, Madame. Es ist ganz einfach. Im Gegenzug würde auch ich gern dies und jenes wissen. Sie verstehen. Das, was hier im Hause vor sich geht, ist mir genauso wichtig, wie das, was der General tut und plant." Er beugt sich vor und sagt trocken: „Und es soll ja auch Ihr Schaden nicht sein, wenn Sie mir da weiterhelfen. Wie ich höre, ist Madame hin und wieder in Geldnöten. Wenn ich aushelfen kann ..."

Nein, sie jagt ihn nicht aus dem Haus. Sie hat rund eine Million Schulden, und Malmaison ist nur angezahlt! Gold – das ist für sie das, was zählt, auch wenn es nur ein Tropfen auf den heißen Stein ist.

Wobei es durchaus ein bisschen mehr wurde.

Fouché schreibt am Ende seines Lebens in seinen Memoiren, dass im Lauf der Zeit zigtausende Francs aus seiner Schatulle in die kleine ringgeschmückte Hand der schönen Kreolin übergegangen sind. Was von ihr geplant war zur eigenen Absicherung gegen die Familie Napoleons – es erweist sich nun als ein Deal mit einem erfreulichen Nebeneffekt. Dieser Frau, die sich im Jahr dreihundert Hüte und siebenhundert Kleider anschafft, steht das Wasser bis zum Hals. Sie wird also auch finanziell nach jedem Strohhalm greifen, ohne sich lange mit Skrupeln aufzuhalten – falls die schöne Joséphine dies Wort denn überhaupt kennt!

Ja, es ist unglaublich, aber nun einmal nicht zu leugnen: Joséphine Bonaparte bespitzelt ihren Mann im Auftrag Fouchés, und zwar nicht nur während dieser für sie sicher prekären Zeit des Ägyptenfeldzugs, sondern auch später, all die Jahre, als Fouché längst allmächtiger Polizeiminister des Landes ist und sie selbst – Ihre Majestät die Kaiserin ...

Das ist weder loyal noch moralisch, und ich muss gestehen, dass ich mich an diesem Punkt schwer tue mit meinem

Verständnis für diese Frau. Sie ist leichtsinnig, sie lebt in den Tag hinein, sie ist kein Kind von Traurigkeit. Alles verzeihlich, alles verständlich – aber wie kann man sich der Tragweite seiner Handlungen so wenig bewusst sein? Später, wenn sie Napoleons Schreibtisch durchwühlt, dem Polizeiminister interne Informationen zukommen lässt, wenn sie Staatsgeheimnisse enthüllt – fühlt sie sich da vielleicht immer nur wie eine Ehefrau, die abends, wenn der Mann zu Bett gegangen ist, die Taschen seines Jacketts durchwühlt auf der Suche nach verborgenen Geldscheinen oder der Adresse einer Geliebten? Oder schmeckt ihr das Gefühl der Macht? Oder ist es ihr vielleicht eine geheime Lust, ihn auf diese Weise zu hintergehen? Wir wissen es nicht, und wir werden es nie erfahren.

Der Wüstenlöwe kommt zurück

Auch auf der großen politischen Szene sind Dinge im Schwange, die jeder Beschreibung spotten. Doch hören wir:

Das französische Expeditionskorps, und Napoleon mit ihm an der Spitze, kämpft im Nahen Osten einen zähen, nahezu aussichtslosen Kampf an mehreren Fronten, und trotz Seuchen, Hunger und Durst in der Wüste erficht der General schließlich einen Sieg gegen die Türken. Seit einem halben Jahr war die Verbindung nach Europa praktisch abgebrochen. Für uns heute unvorstellbar, die wir zu jeder Zeit und an jedem x-beliebigen Ort der Welt erfahren können, was anderswo geschieht: Napoleon war über Monate völlig abgeschnitten von dem, was in Paris passierte. Am 10. Juni 1799 erhält er endlich per Schiff ein Paket mit Zeitungen, und was er da erfährt, versetzt ihn in Panik. Frankreich umzingelt von fünf Gegnern: England, Russland, Österreich, Türkei und Neapel. Die Invasionsarmeen (wir hörten bereits von dieser neuerlichen Allianz) waren auf dem Vormarsch über Holland und die Schweiz und im gerade erst befreiten Italien. Glaubte man den Zeitungen, so war es nur noch eine Frage der Zeit, und ein neuer König, Louis XVIII. aus dem Geschlecht der Bourbonen (das seit dem legendären Henri IV. den Thron Frankreichs besetzt) würde erneut die Macht ergreifen.

Napoleon kann es nicht glauben! Er ist außer sich. Und wäre es noch weit mehr, wenn er wüsste, wie die innenpolitische Lage ist: Die fünf Männer des Direktoriums, die eh und je nur darauf gelauert haben, sich gegenseitig eins auszuwischen, sind nun vollends uneins. Barras, immer bereit, den Mantel nach dem Wind zu hängen, lässt Talleyrand im

Geheimen mit den Bourbonen verhandeln. Die Existenz der Republik hängt am seidenen Faden. Und damit die Existenz des republikanischen Generals Bonaparte.

Für ihn gibt es nur eins: Er muss zurück nach Frankreich, zurück nach Paris. Egal, ob man ihm vorwirft, seine Armee hier im Wüstensand im Stich zu lassen – nur vor Ort lässt sich die Lage sondieren, lassen sich Entscheidungen treffen.

Mit einer Hand voll Offizieren schifft er sich im August ein. Es wird nicht einfach sein, denn englische Schiffe blockieren sämtliche Seewege nach Frankreich, aber man muss es immerhin versuchen.

Und es gelingt! Am 9. Oktober, nach eineinhalb Monaten gefahrvoller Seereise, landet Napoleon Bonaparte in der Bucht von Fréjus, dreißig Kilometer südlich von Cannes. Große Aufgaben harren seiner – doch zuerst gilt sein ganzes Ungestüm Joséphine, seiner Frau, der Untreuen, die ihn zum Gespött machte. –

Unsere schöne Joséphine tafelt an diesem Abend beim Präsidenten des Direktoriums, dem Juristen Gohier, als die Depesche hereinkommt. So erfährt sie aus erster Quelle: Er ist da! Fouché, der als Einziger informiert war, dass der General überhaupt auf dem Weg ist, hat funktioniert. Seine Späher haben die Häfen überwacht und dann die Nachricht per Semaphor übermittelt. (Es gab zwei Arten, Eilnachrichten über Land zu schicken: Die eine beruhte auf „Morse"zeichen mit reflektierenden Spiegeln, die ihre Mitteilungen von bestimmten Fixpunkten aus signalisierten; bei der zweiten verwendete man Flaggenzeichen nach einem Code ähnlich wie auf hoher See.)

Madame Bonaparte erhebt sich hastig von der Tafel. Sie entschuldigt sich. Voller Ungeduld will sie ihrem Mann entgegenfahren und ihn unterwegs begrüßen, erklärt sie. Ob die dunkle Röte, die ihr Gesicht überzieht, allerdings von der Freude oder vom Schreck herrührt, weiß man nicht so genau zu sagen. – Kommt er auch, um die Scheidung in die Wege zu leiten?

Joséphine weiß: Wenn die Bonaparte-Familie den General vor ihr abfängt, hat sie kaum eine Chance. Sie werden den ganzen Sack von Klatsch- und Tratschgeschichten auspacken, und leider beruht ja nun fast alles auf Wahrheit. Sie muss die Erste sein, der er begegnet. Sie vertraut fest darauf, dass seine Leidenschaft nicht ganz erloschen ist, und sie baut auf die Kraft ihres Sexappeals und – ihrer Tränen, den beiden Waffen, mit denen sie ihn bisher stets besiegt hat.

Sie macht noch schnell einen Umweg zum Schulinternat und lädt Hortense ein. Das blonde, blauäugige Mädchen hat eine so unschuldsvolle Ausstrahlung, und Napoleon mag sie – vielleicht kann die Tochter mildernd wirken bei der Szene, die da auf sie zukommen wird. (Zumal sie in ihrem Internat nichts mitbekommen hat von dem, was ihre Mutter trieb ...)

Sie, die sonst bei ihren Reisen so schnell Migräne und Seitenstechen bekommt, die immer auf langen Pausen besteht, gönnt sich und der Tochter diesmal keine Rast. Die beiden steigen höchstens beim Pferdewechsel aus, um sich frisch zu machen und eine Kleinigkeit zu essen, übernachten im Wagen.

Beim Geruckel und Geschaukel des Gefährts schläft Hortense sanft und selig, aber Joséphine tut kein Auge zu, obgleich sie Laudanum genommen hat (ein Opiat, das damals als Allheilmittel gegen Schmerzen und „hysterische Zustände" gilt). Es geht ihr wie ein Mühlrad im Kopf herum. Wenn Napoleon tatsächlich die Trennung verlangt, ist sie verloren. Ihre Schulden – ihr neues Gut Malmaison – ihr schlechter Ruf – ihr Lebenswandel – und natürlich ihre Kinder! Eugène, das hat ihr Fouché noch mitteilen können, ist mitgekommen auf dem Schiff. Wird der Stiefvater ihn nach einer Trennung noch weiter protegieren, oder wird er ihn einfach fallen lassen? Und was wird aus den großen Plänen einer guten Partie für Hortense? Zum ersten Mal zieht die leichtfertige Frau so etwas wie eine Bilanz ihres Daseins, und die fällt nicht sehr positiv aus.

Nach Süden kann man von Paris aus bis Toulon zwei Straßen benutzen. Die eine führt über Burgund – Auxerre, Chalon, Mâcon; die andere Route durch das Bourbonnais – Cosne, Nevers, Moulin.

Joséphine wählt die Burgund-Route. Sie ist zuversichtlich. Die Nachricht von der Rückkehr des Generals hat sich inzwischen wie ein Lauffeuer verbreitet. Wenn Hortense aus dem Fenster guckt, sieht sie überall Triumphbögen aus buntem Laub, und wenn sie die Pferde wechseln lassen, drängen sich die einfachen Leute um die Kutsche und fragen, ob es wahr ist, dass ER tatsächlich wieder da ist. Joséphine nickt und lächelt matt und hält sich ihr Fläschchen mit Riechsalz vor die Nase. ER, das ist ihr Mann, der Held der einfachen Leute, der kühne Abenteurer. Stimmt schon, er bringt sie nicht zum Lachen wie Hippolyte, er ist im Gegenteil ernst und stürmisch, er käme nie auf die Idee, Witze zu reißen oder auf Händen durchs Zimmer zu spazieren, und seine Manieren sind manchmal etwas ungehobelt. Aber er genießt die Verehrung eines ganzen Volkes. Zum ersten Mal fällt bei dem Vergleich zwischen ihrem albernen Liebhaber und dem energischen jungen Mann aus Korsika der Vergleich eher zu Ungunsten von Hippolyte aus ... Ein bisschen spät, sollte man meinen.

Und dann, am 12. Oktober in Lyon: Er ist weg. Hat die andere Route gewählt, ist die Straße durch das Bourbonnais gefahren.

Joséphine lässt den Wagen wenden. Zurück! Es kann, es darf nicht alles aus sein!

Am 16. Oktober um sechs Uhr morgens treffen Bonaparte

und sein Stiefsohn Eugène in der Pariser Rue de la Victoire ein und finden das Nest leer. Trotz der gegenteiligen Beteuerungen der Kammerzofe steht für den Ehemann fest: Sie ist mit ihrem Liebhaber unterwegs! Seine Wut ist „furchtbar und tief". „Den Heimkehrenden aus Ägypten geht es wie denen aus dem Trojanischen Krieg", sagt er bitter. „Deren Frauen waren auf eine ähnliche Art treu." Womit er sich natürlich nicht auf Penelope, die treue Gattin des Odysseus, bezieht, sondern auf Klytemnästra, die Gemahlin Agamemnons, die ihren Mann bei seiner Rückkehr ermorden ließ.

Eugène beschwört ihn, nichts zu unternehmen, bevor er mit Joséphine gesprochen hat. Aber natürlich ist die ganze Bonaparte-Sippe sofort zur Stelle, allen voran Mutter Letizia, „Madame Mère", und sie liegen Sohn und Bruder in den Ohren, sich endlich von dieser alten untreuen Schlampe zu trennen, die nichts als Schande und Schulden ins Haus bringt.

Ganz Paris zerreißt sich das Maul über Bonapartes Scheidungsabsicht.

Aber er versinkt natürlich nicht in Lethargie wegen seiner privaten Probleme. Allen Kummers ungeachtet, hat er die triumphale Rückkehr nach Frankreich genossen, den Jubel auf den Straßen, die Triumphbögen und Illuminationen. Das Volk Frankreichs fürchtet – natürlich – die Rückkehr der Bourbonen, die Wiederbelebung der alten Macht des Adels mit all seinen Privilegien ... und sieht in ihm, Napoleon, dem Helden von Italien, wieder einmal den Retter. Napoleon registriert das mit wachsamen Augen, und es bestärkt ihn in seinem Wissen: Es gibt kaum jemanden außer ihm, der das Verhängnis der Gegenrevolution besser aufhalten kann, und er hat somit Macht und Einfluss. Und davon will er mehr!

Kaum sitzt er nun also in der Rue de la Victoire, verstärkt sich dieses Wissen, allerdings auf anderer Ebene, als der bei seiner Anreise: Alles, was Rang und Namen hat, drängt sich in Joséphines Salon. Deputierte und Minister, Generale und

Bankiers, sogar Talleyrand macht ihm seine Aufwartung – und ein gewisser Monsieur Fouché, von dem er vorher noch nie etwas gehört hat, selbstverständlich auch. (Da er den Mann zunächst nicht einzuordnen weiß, lässt Bonaparte diesen Drahtzieher aller Politik und Vertrauten seiner Frau eine Stunde im Vorzimmer warten!)

Fouché redet zwei Stunden mit dem Heimgekehrten. Ein Zeichen dafür, dass er ihn rückhaltlos in alles einweiht – dass Napoleon für ihn der kommende Mann ist. Fouché hat immer die richtige Witterung.

Aus dem bunten Mosaik der Informationen, die Napoleon von allen Seiten zugetragen werden, formt sein blitzschneller Verstand binnen kurzem ein Bild der Situation – und die ist erbärmlich. „Als ich dies Land verließ", tobt er, „herrschte Frieden, und bei meiner Rückkehr ist es im Krieg. Als ich es verließ, war Frankreich mit Siegen gekrönt, und bei meiner Rückkehr ist es besiegt und ist es im Chaos versunken. Irgendjemand muss doch wohl schuld daran sein?!"

Er sieht: Alles, was dies Direktorium getan hat, war von Übel. Die fünf Männer an der Spitze des Staates haben Frankreich zu ihrem Selbstbedienungsladen gemacht, und sie und ihre „Amigos" (wie wir sie heute nennen würden) haben kräftig zugelangt, ohne Rücksicht auf Verluste. Die Wirtschaft ist marode, der Staat hat sich über die Jahre immens verschuldet, die Ideale der Revolution drohen vor die Hunde zu gehen, verraten von zynischen und egoistischen Politikern.

Napoleon hat seine Vision von Frankreich: Ein Land, in dem die Wirtschaft floriert, das stabil nach außen ist und die Errungenschaften der Menschenrechte endlich in klaren und überschaubaren Gesetzen formulieren muss, als Vorbild für die Welt. Und er weiß: Niemand in dieser chaotischen Führungsriege hat wie er die Fähigkeiten, beides zugleich zu können: Nach außen zu siegen und nach innen Ordnung zu schaffen.

Er ist im Vollbesitz seiner Kräfte, er steckt voller Elan und Tatkraft. Seine Stunde hat geschlagen. Er ist gefordert. Der „Sohn Fortunas", wie er sich selbst gern nennt, packt die Gelegenheit beim Schopfe.

Zum Wohle Frankreichs, wie sich zeigen wird. Und zu seinem eigenen Ruhm.

Draußen vor der Tür

Am 19. Oktober, spät in der Nacht, hält der Reisewagen mit den beiden erschöpften Frauen wieder in der Rue de la Victoire. Joséphine findet das Tor verschlossen, aber im Haus brennt noch Licht. Der Portier, der schließlich verschlafen herbeischlurft, teilt ihr verlegen mit, der General habe verboten, Madame hereinzulassen. Ihre Habseligkeiten seien ausgelagert worden, befänden sich im Pförtnerhäuschen.

Habseligkeiten? Ich stelle mir die Schrankkoffer voller Kleider, Hüte, Schuhe, Kosmetika und Schmuck vor, die sich da stapeln müssten! Aber hat er ihr vielleicht nur das Notwendigste vor die Tür stellen lassen?

Joséphine ist das egal in diesem Augenblick. Energisch erzwingt sie den Einlass, man wagt ihr nicht zu widersprechen. Im Vestibül des Hauses kommt ihr Agathe entgegen, ihre Kammerfrau. Man schickt die ahnungslose, schlaftrunkene Hortense zu Bett, sie würde jetzt nur stören.

Dann rafft Rose Tascher de la Pagerie, die Witwe Beauharnais und immer noch die Generalin Joséphine Bonaparte, energisch ihre Röcke und steigt die Treppe zum Arbeitszimmer ihres Mannes hoch, um für ihre Existenz zu kämpfen.

Die Tür ist verschlossen. Sie klopft, erst zaghaft, dann lauter, schließlich schlägt sie mit der flachen Hand gegen die Tür.

„Ich bin's, Bonaparte! Mach auf! Lass mich zu dir!"

Keine Antwort.

Sie beginnt zu schluchzen. „Bitte hör mich doch an! Man hat mich verleumdet!"

Nichts.

Sie bricht vor der Schwelle in die Knie, laut weinend. Wie

eine verstoßene Sklavin hockt sie vor der Tür ihres Herrn, flehend, heulend, winselnd. Nach einer Stunde hat sie keine Kraft mehr. Sie erhebt sich schwankend, will hinuntergehen, aber Agathe rät ihr, nicht aufzugeben. „Holen Sie die Kinder dazu, Madame! Das wird sein Herz erweichen!“

Also werden Hortense und Eugène aus dem Schlaf gerissen – falls sie nicht von dem hysterischen Geweine ihrer Mutter schon längst wach geworden sind.

Eugène ist ja eingeweiht in die ganze Geschichte, aber Hortense begreift überhaupt nicht, um was es geht. Was soll ihre Mutter denn Schlimmes getan haben? Sie fängt ihrerseits zu weinen an.

Zu dritt belagern sie nun die Tür, klopfen, rufen, betteln, beschwören. Stundenlang, heißt es.

Vor dieser verschlossenen Tür durchlebt die kleine Kreolin die bisher schwerste Stunde ihres Lebens. Alles ist aus, wenn sie jetzt nicht gewinnt. Was mag in ihr vorgegangen sein? Ist es nur die verzweifelte Angst, ihre Existenz und die ihrer Kinder aufs Spiel zu setzen, oder dämmert in ihrem Herzen so etwas wie eine Erkenntnis darüber, dass ihr Lebensspiel bisher mit gezinkten Karten abgelaufen ist? Bereut sie die Vergangenheit? Und was empfindet sie für diesen Mann, der sie im Augenblick so gnadenlos leiden lässt? Sie ist viel zu sehr Frau, viel zu sehr fühlendes Wesen, um nicht zu verstehen: Seine Härte rührt daher, dass sie ihn so tief verletzt hat.

Es muss einen Neuanfang geben für sie beide! Ein Mann, der so liebt – der wird ihr auch eine Zukunft geben. (Wie glänzend diese Zukunft aussehen wird, kann sie natürlich nicht ahnen.) Und sie ist wohl auch in diesem Moment schon entschlossen und bereit: Wenn das hier gut geht, wird sie sich von Hippolyte trennen – keine Frage.

Schließlich, nach endloser Zeit, öffnet sich die Tür.

Auf der Schwelle steht ein hagerer, dunkel gebräunter Bonaparte, gegen die Pariser Oktoberkälte nach der Wärme des Südens in mehrere Wolljacken eingepackt. Das Haar fällt ihm unordentlich in die Stirn – er wirkt noch jünger, als sie ihn in Erinnerung hat. Seine Brauen sind grimmig zusammengezogen, aber in seinen grauen Augen schimmern Tränen ...

Mit einem letzten lauten Aufschluchzen wirft sich Joséphine in seine Arme, und er zieht sie hinein.

Die Kinder stehen noch einen Moment. Hortense trocknet sich die Augen mit dem Tuch. „Ist nun alles gut?", fragt sie ihren Bruder.

Er nickt. „Ja, Schwesterchen. Ich denke, nun ist alles gut. Komm, lass uns zu Bett gehen. Vertrau unserer Mutter."

Eugènes Vertrauen ist berechtigt. Am nächsten Morgen erscheint Bruder Lucien, einbestellt zu einer Besprechung beim General. Zu seinem Schrecken wird er ins Schlafzimmer beordert und findet Napoleon noch in dem großen, aus zwei Teilen zusammengesetzten Doppelbett – in seinen Armen Joséphine. Und der lächelnde Blick, den seine Schwägerin ihm zuwirft, ist wissend und triumphierend. Lucien begreift: Diese Schlacht hat die Sippe verloren. Das Paar ist wieder vereint.

Trotzdem gibt er nicht gleich auf.

„Dobbiamo parlare, Napoleone!" Wir müssen reden, Napoleon! Joséphine kennt das schon. Die Angriffe der „Famiglia" finden in ihrem Beisein immer auf Italienisch statt. Aber sie ist ganz sicher. Sie hat nach dieser Nacht nichts zu fürchten. Die „Kleopatra Napoleons", seine Geliebte da unten in Ägypten, hat sich bei weitem nicht auf die Künste verstanden, die ihr, Joséphine, zu Gebote stehen ...

Ihr Mann antwortet denn auch in Französisch. „Worüber willst du reden, Lucien?"

Lucien beißt sich auf die Lippen. „Unter vier Augen!"

„Nein."

„Nun gut. Du weißt es selbst ganz genau: Mit dieser Frau bringst du Schande über die Familie!"

Napoleon wird nicht einmal wütend. Dazu ist er zu entspannt und glücklich. Er lächelt verächtlich: Und da er genügend weiß über die Liebeshändel seiner Geschwister, schießt er zurück: „Ich bringe Schande über die Familie? Merkwürdig. Ich dachte, du steigst anderen Weibern hinterher, während deine Frau im Kindbett liegt, und Joseph macht schon die nächste Quecksilberkur gegen eine ‚Ansteckung'? (Gemeint ist die Syphilis!) Und was ist mit Pauline? Ich höre, sie hat drei Liebhaber! Aber ich bringe Schande über die Familie? Lucien, ich glaube, du träumst!"

Als Lucien geht, hört er hinter sich das gurrende Lachen Joséphines.

Der 18. Brumaire oder Staatsstreich auf der Kippe

Nicht nur für Napoleon steht es fest: Die französische Republik, so wie sie jetzt aussieht, ist wie eine überreife Frucht, kurz vor der Fäulnis. An den Grenzen steht der Feind. Aber wen kümmert das? In Paris werden nur Posten innerhalb der Regierung verschoben, es geht nicht nach Fähigkeiten, sondern nach Beziehungen und Geld. Trotz der millionenfachen italienischen Beute liegt die Wirtschaft darnieder; alles ist innerhalb gewisser Kreise versickert. Wer sich nicht bereichert, ist selbst schuld. So kann man keinen Staat lenken. Dem Volk geht es nach wie vor schlecht. Es gibt weder Brot noch Kuchen! Was so hoffnungsvoll begonnen hat, ist in einem Sumpf von Korruption und Eigennutz erstickt. Das Direktorium ist am Ende. Wenn jetzt einer daherkommt und „diese Frucht“ pflücken will, wird sie ihm in den Schoß fallen. Aber da gibt es eine ganze Reihe von Anwärtern, die gern die Hand ausstrecken möchten.

Die Vorgänge, die dazu führen sollen, dass Bonaparte zum mächtigsten Mann in Frankreich wird, sind derart verworren und dazu oft so nah am Rand der Farce, dass man als nachvollziehender Autor wahrhaftig nicht weiß, wo man anfangen soll.

Also, es gibt eine Verschwörung, heißt es. Wer alles darin verwickelt ist und mit welchen Mitteln man versucht, „seinen“ Kandidaten oder sich selbst zu lancieren, das darzustellen würde ein extra Buch füllen und uns vollends verwirren. Ich will versuchen, das Wichtigste hervorzuheben ... ein paar Glanzlichter. Also aufgepasst:

„Was dieses Land braucht, ist ein Kopf und ein Schwert!", verkündet Barras pathetisch, wobei die Betonung jeweils auf dem „ein" liegt, also das Ende des Direktoriums der Fünf meint. Als Kopf hat er sich wohl selbst vorgesehen, als Schwert ist Bonaparte für ihn zweite Wahl, denn er fürchtet ihn. Und es laufen ja noch ein paar mehr Generäle herum. Allerdings sind die, erstens, damit beschäftigt, den äußeren Feind von den Grenzen fern zu halten (nicht ganz ohne Erfolg), und zweitens überschätzt Barras seine Rolle in diesem Staatswesen gewaltig. Auch er hat ausgespielt. Sein „Freund" und neuer Polizeiminister Fouché hat dafür gesorgt. Alle einschlägigen Kandidaten – Nummer eins für Fouché heißt Bonaparte – sind von ihm informiert worden, dass Barras von den Royalisten Bestechungsgelder genommen hat, um den Bourbonen wieder zum Thron zu verhelfen.

Nicht nur Barras, auch ein paar andere in den politischen „Chefetagen" sähen den so ungemein tatkräftigen und genauso beliebten Korsen gern wieder weit weg. Man will ihn unbedingt an irgendeine Front wegloben – die Republik braucht doch seine strategischen Talente! Aber Napoleon, der die Dienste des Fouché inzwischen bewusst nutzt, ist bestens informiert, dass die Lage an den Kriegsschauplätzen sich entschärft hat, und lehnt mit verächtlichem Lächeln ab.

Er macht keinen Hehl daraus, dass er in die Politik gehen will. Und dass er was zu sagen haben will. Das Einfachste wäre, sich zu einem der Direktoren wählen zu lassen, dann würde er die anderen bald im Griff haben. Aber der dicke Jurist Gohier, einer der fünf Regierenden und ihr Präsident, lehnt das rundweg ab. Die Verfassung! Niemand unter vierzig darf Mitglied des Direktoriums werden, und General Bonaparte ist noch nicht einmal dreißig.

Nachdem Napoleons Wut über den Paragraphenhengst verraucht ist, begibt er sich auf einen Pfad, den alle ringsum ohnehin permanent beschreiten, den der Verschwörung, der

Konspiration. Die offizielle Losung lautet: Eine Reform muss her. Wir brauchen endlich eine neue Verfassung (eine, die es einem „jungen Spund" wie ihm gestattete, bedeutsame politische Ämter zu übernehmen!). Davon muss man aber die gesetzgebenden Gremien, den Rat der Alten und den Rat der Fünfhundert, erst „überzeugen". Und außerdem: Die Regierung der Fünf, die in dieser Form nur einen Hemmschuh bildet, muss weg. Damit ist das „inoffizielle Ziel" formuliert. Eine „Reform" mit dem Ziel eines Umsturzes. Ein Staatsstreich.

Napoleon beginnt, sich nach Verbündeten umzusehen. Bestechung entfällt. Dazu muss man in anderen finanziellen Dimensionen agieren können. Also muss man Geheimabsprachen treffen, künftige Privilegien zusichern, Posten versprechen ...

Und nun tritt Joséphine auf den Plan. Zum ersten Mal setzt sie ihre Fähigkeiten, ihre Kunst zur Intrige, ihren Charme, ihr gesellschaftliches Geschick, ihre Fähigkeit, Männer um den Finger zu wickeln, bewusst für Napoleon ein. Hat ihr Mann noch in Italien mit Wutanfällen reagiert, wenn sie es per Zufall gewagt hat, sich in die Politik einzumischen, so ist er jetzt hoch zufrieden, sie als Verbündete zu haben.

Der elegante kleine Salon in der Rue de la Victoire mit seinen fein ziselierten Möbeln, seiner Harfe, seinem Kamin und seinen Spieltischen ist auf einmal Treffpunkt von Juristen in schwarzen Röcken und sporenklirrenden Militärs, Abgeordnete und Bankiers geben sich die Klinke in die Hand, und die Gastgeberin, die unvergleichliche Joséphine, gurrt und schnurrt, betört und bezaubert, wiegelt ab oder stachelt an, lispelt kreolisch und wirft schmachtende Blicke unter halb gesenkten Augenlidern – Versprechungen, die noch vor wenigen Wochen meist eingelöst wurden, man wusste ja, sie ist kein Kind von Traurigkeit. Aber nun tut sie es für ihren Mann, dessen Wert sie jetzt zu schätzen weiß.

Auch Joseph und Lucien Bonaparte, die Brüder, begraben fürs Erste das Kriegsbeil zwischen ihnen und Joséphine und schließen sich den konspirativen Treffs im Boudoir der doch eigentlich gehassten Schwägerin an – schließlich liegt es in ihrem eigenen Interesse, ihrem Bruder in den Sattel zu helfen.

Da begegnen sich Erzfeinde wie Talleyrand und Fouché, da tauchen Leute wieder auf, die für lange weg vom Fenster waren, da wird geschachert und gemauschelt, da werden Posten versprochen und Wechsel auf die Zukunft ausgestellt. Alle sind interessiert, wenn es darum geht, für sich selbst das Schäfchen ins Trockene zu bringen.

Sie sitzen beisammen in Madames eleganter Pracht und können verschiedener nicht sein. Aber sie vereint der Wille, diesem tatkräftigen jungen General in den Sattel zu helfen. Er hat es fertig gebracht, sie davon zu überzeugen, dass er der Richtige ist, der den verfahrenen Karren Frankreichs aus dem Dreck ziehen kann.

Und sie entwickeln ihre Strategie:

„Wenn die jetzige Verfassung es nicht erlaubt, dass der Bürger Bonaparte Mitglied des Direktoriums wird, muss die Verfassung geändert werden!", sagt Talleyrand lässig.

„Und das Direktorium!", ergänzt Bonaparte. „Fünf Männer an der Spitze eines Staats sind sowieso viel zu viel. Sie treten sich nur gegenseitig auf die Füße. Drei reichen völlig aus. Einer davon bin ich. Der andere sollte am besten ein Jurist sein und der dritte – der dritte ist unwichtig."

„Hm." Talleyrand spielt mit seinem silberbeschlagenen Gehstock. „Und der Jurist hat natürlich nichts mit der eigentlichen Regierung zu tun und der Unbedeutende ja wohl auch nicht ... Hört sich irgendwie nach Einmannherrschaft an."

Napoleon wirft ihm einen wütenden Blick zu. „Ja, und?"

Talleyrand grinst. „Wir sind alle glühende Republikaner, nicht wahr?"

„Was sonst!" Fouchés Miene ist steinern. Das Wort vom

Staatsstreich wird natürlich nicht ausgesprochen. „Was den Juristen angeht", fährt der Polizeichef fort, „da hätte ich einen Vorschlag zu machen. Ein Mitglied des Direktoriums, das übernommen werden könnte. Emmanuel Sieyès. Ich glaube, er hat die neue Verfassung schon in der Tasche." (Woher Fouché das weiß, fragt man lieber nicht ... Wir erinnern uns: Sieyès hat sich 1789 mit einem programmatischen Flugblatt einen Namen gemacht, einem Pamphlet, das mit zum Ausbruch der Revolution beitrug. Aber das ist zehn Jahre her! Und in dieser hektischen Zeit ist ein Mann von damals eigentlich schon altes Eisen. Allerdings, seit kurzem ist Sieyès wieder aufgetaucht aus seiner Versenkung, er hat sich, wegen seiner früheren Verdienste um die Revolution, ins Direktorium wählen lassen.)

„Ich kann ihn nicht leiden", sagt Bonaparte heftig. „Aber das ist mir egal, wenn er am gleichen Strang zieht."

Nun also Schritt für Schritt. Zunächst muss man möglichst viele Direktoren zum Rücktritt überreden, sodass es keine funktionsfähige Regierung mehr gibt. Dann braucht man eine neue Verfassung. Dazu soll als nächster Schritt ein Gesuch an die beiden Ratskammern, den Rat der Alten mit seinen 250 Mitgliedern und den Rat der Fünfhundert, ergehen. Man wird vorschlagen, einen Dreierausschuss zu ernennen, der eine neue Verfassung ausarbeiten soll. Und natürlich sollen sie beide, Napoleon und Sieyès, Mitglieder dieses modernen Triumvirats sein!

Vorsitzender des Rats der Fünfhundert ist, welch glückliche Fügung, Lucien Bonaparte – man hat ihn sozusagen im Glorienschein von Napoleons Ruhm dazu gemacht. Das kann nun von Nutzen sein. Hier erwartet man weniger Widerstand. Trotzdem trauen die Verschwörer diesen Gremien nicht über den Weg. Damit sie nicht etwa auf die Idee kommen, sich ans Volk zu wenden (falls es Widerstände gibt), lagert man die Körperschaften für die nächste Sitzung, wo die Verschwörer ihre Vorschläge einbringen wollen, in den Palast Saint Cloud vor den Toren von Paris aus. Gleichzeitig wird Napoleon zum Stadtkommandanten von Paris ernannt. Nun hat er Soldaten, falls die Abgeordneten nicht „parieren". Um ganz sicherzugehen, dass sie ihm auch gehorchen, verstärkt er die Truppe mit zwei ihm nahe stehenden Offizieren: Leclerc ist der Mann seiner Schwester Pauline, und Murat, der tollkühne Reitergeneral, wirbt gerade um Caroline – also holt er sich sozusagen die Familie an die Seite.

Inzwischen versucht Napoleon immer noch, mit Hilfe Joséphines, den Präsidenten des Direktoriums, Gohier, auf seine Seite zu bringen. Der dicke Jurist ist zwar in Joséphine verschossen, aber ausgesprochen harthörig, wenn es um subtile Anspielungen geht. Dafür soll folgende schöne Szene stehen:

Nachmittags Schlag vier betritt Gohier den Salon der von ihm angehimmelten Frau, nimmt seinen Stammplatz ein, lässt sich einen Kaffee einschenken und versenkt sich schnaufend in den Anblick der Reize Joséphines. Sie macht Konversation, plaudert über dies und das.

Auftritt Fouché, steif, als hätte er einen Besenstiel verschluckt, das rote Haar gepudert, gekleidet in die immer gleiche schwarze Montur.

Gohier fragt jovial: „Was gibt's Neues, Bürger Minister?"

Fouché, dem der Teufel im Nacken sitzt, sagt mit steinernem Gesicht: „Nichts wirklich Neues, immer dieselben Gerüchte von Verschwörungen."

Joséphine mimt die Entsetzte. „Was denn, Verschwörungen?"

Darauf Fouché: „Ja, immer wieder Verschwörungen. Aber machen Sie sich keine Sorgen, Bürger Direktor, vertrauen Sie mir. Ich habe die Sache im Griff. Wenn es wirklich etwas Ernstes wäre, dann würde sich etwas tun auf dem Platz der Revolution."

„Mon Dieu!" Joséphine zieht schaudernd ihren Kaschmirschal fester um die Schultern.

Gohier tätschelt ihr beruhigend den Arm: „Haben Sie keine Angst, meine Liebe, der Minister versteht sein Metier. Machen Sie es wie die Regierung, geben Sie nichts auf Gerüchte, und schlafen Sie ruhig."

Es ist lächerlich, aber er ahnt nichts, und so ist er auch nicht manipulierbar für die Zwecke der Umstürzler.

Zwei der fünf Direktoren immerhin lassen sich überzeugen zurückzutreten. Barras ziert sich. Ihm schmeckt es nicht, von seinem „Geschöpf" Napoleon entthront zu werden, von dem Mann, dem er seinerzeit die Italienarmee „geschenkt" hat, damit er ihm seine lästige Geliebte abnimmt.

Aber dann bemüht sich Talleyrand. Er weiß, an welcher Stelle Barras verwundbar ist: Er verspricht dem Zaudernden, wenn die Sache glückt, eine halbe Million Francs. Solche Argumente sind zwingend. Wie heißt doch das schöne französische Sprichwort: *L'argent fait tout.* Das Geld schafft alles. Barras zieht sich aufs Land zurück und wartet. –

Was dann folgt, ist einer Posse ähnlicher als allem anderen. Wir erleben hier unseren kleinen General, wie er – einmal! – überhaupt nicht auf der Höhe seiner sonstigen Aktionen antritt, ja, wie er, um es drastisch zu sagen, beinah alles vermasselt.

Am 18. Brumaire (9. November) muss sich Napoleon Bonaparte erst einmal ein Pferd borgen, denn er selbst besitzt zu diesem Zeitpunkt keines. Und man kann einen Umsturz schließlich nicht vom Bock einer Kutsche aus leiten! Auf einem Rappen, an der Spitze der Pariser Garnison, macht er sich auf nach Saint Cloud, nachdem er die Glück bringende Abschiedsumarmung seiner Frau empfangen hat.

Verlassen wir erst einmal unsere Verschwörer und begeben wir uns zu Joséphine ins Haus in der Rue de la Victoire.

Madame Bonaparte verbringt, wie nicht anders zu erwarten, einen unruhigen Tag und einen angstvollen Abend. Einmal, abends um halb sechs, hat ihr Mann ihr eine Botschaft zukommen lassen: Alles sei in bester Ordnung. Doch seitdem sind Stunden vergangen – zum Glück weiß sie nicht, dass die Schwierigkeiten zum Zeitpunkt der Botschaft erst angefangen hatten, und dann blieb offenbar keine Zeit für weitere Mitteilungen nach Haus.

Joséphine tigert in ihren Räumen auf und ab. Heute besucht keiner ihren Salon, es ist, als sei die Welt der Reichen und Schönen an diesem Tag in einen Dornröschenschlaf verfallen. Joséphine versucht sich an ihrem Stickrahmen – eine Tätigkeit, die sie verabscheut, die jedoch ihrem Mann als „so spezifisch weiblich" besonders gefällt, aber die Fäden verheddern sich unter ihren Händen. Sie nimmt ihre Patience-Karten zur Hand, befragt das Schicksal. Und auch die Patience geht nie auf ... Sie hat düstere Ahnungen.

Warum kommt niemand mit einer Nachricht zu ihr? Was passiert da draußen in Saint Cloud? Die Situation ist unerträglich.

Schließlich schluckt sie das Allheilmittel der Zeit, das Opiat Laudanum, um sich zu beruhigen, aber da sie es mit einem Rum aus Martinique herunterspült, wirkt es auch nicht viel.

Was, wenn es nicht gelingt, die beiden Ratsversammlungen draußen in St. Cloud dazu zu bewegen, den künftigen Dreierrat, so wie sie ihn sich ausgedacht haben, an die Macht zu bringen? Was, wenn nicht einmal die Polizeigewalt dazu verhelfen sollte? Wenn die spektakuläre Laufbahn des kleinen korsischen Abenteurers heute beendet wird? Dann ist es auch mit ihr, Joséphine, aus und vorbei. Dann sitzt sie da, mit Hortense und Eugène, beide ohne eine Zukunftsaussicht, und sie selbst erstickend in ihren Schulden, mit ihrem verblühenden Körper ...

Was sie nicht weiß: Kaum haben die Pariser Garnisonstruppen, haben Napoleon (kämpferisch zu Pferde ...) und die anderen „Verschwörer" in ihren Kutschen Paris verlassen, als der „ahnungslose" Polizeiminister Fouché die Schlagbäume an der Bannmeile zu Paris herabsausen lässt. Niemand darf hinaus, niemand hinein außer den Boten des Polizeiministers. Niemand von den 800 000 Menschen in Paris soll wissen, was geschieht, nur er. Der Grund ist einleuchtend. Gelingt das Unternehmen, ist Fouché Napoleons getreuer Anhänger, aber geht es schief, verhaftet er natürlich die „Rebellen"! Er weiß seinen Mantel stets nach dem Wind zu hängen. Und darum lässt er auch seine Freundin Joséphine lieber im Unklaren – denn was er erfährt über seine Informanten, ist alles andere als eindeutig. Alles scheint offen ...

Indessen brodelt die Gerüchteküche. Gegen elf Uhr rasseln die Räder einer Kutsche in den Vorhof des Hauses der Rue de la Victoire. Joséphine wirft sich einen Schal über die Schultern und stürzt nach draußen. Ist ihr Mann zurück?

Zu ihrer Beunruhigung ist es Mutter Letizia mit Pauline, und Madame Mère gehört sonst nicht unbedingt zu den Besuchern bei ihrer Schwiegertochter. Die Damen kommen aus dem Theater. Ein Schauspieler hat die Aufführung der Komödie, die gegeben wurde, unterbrochen und mitgeteilt, dass General Bonaparte in Saint Cloud gerade knapp einem Mordanschlag entgangen sei!

Die Verwandtschaft hofft nun, bei Joséphine Näheres zu erfahren – aber die weiß auch nichts. Also fahren Schwiegermutter und Schwägerin wieder ab, und die arme Joséphine ist einer Ohnmacht nahe. Schließlich, nach einer weiteren Portion Laudanum, geht sie zu Bett.

Was aber ist nun tatsächlich da draußen in Saint Cloud passiert?

Zunächst einmal muss die ganze Gesellschaft der Räte

warten! Die Säle für die Sitzungen sind überhaupt noch nicht fertig eingerichtet. Da werden noch Bänke und Stühle geschleppt, Podien und Tribünen aufgestellt, Wandbehänge angebracht – Bonaparte und seine Mitkämpfer kochen vor Ungeduld. Der General tigert in dem ihm zugewiesenen Raum hin und her und stochert wütend in der Glut des Kaminfeuers, dass die Funken fliegen.

Ganz und gar ungünstig, diese Warterei, denn inzwischen haben die Abgeordneten Zeit, sich miteinander zu besprechen. Alles kommt ihnen sehr merkwürdig vor, besonders, dass da draußen Soldaten sind ... Sie argwöhnen, irgendetwas ist da im Busch.

Dann endlich – nachdem man die Marseillaise gesungen hat – eröffnet der Ratspräsident den Anwesenden, dass vier Mitglieder des Direktoriums zurückgetreten seien. So weit, so gut. Aber nun passiert überhaupt nicht das, was sich die Männer um Napoleon ausgerechnet haben: Nämlich, dass der Rat einen Ausschuss ernennt, der eine neue Verfassung ausarbeitet. Stattdessen ziehen die Deputierten es vor, die Sache schleifen zu lassen. Und warum sollte es aus ihrer Sicht ein neues Gesetzeswerk geben? Nein, nein, man sollte eine Liste aufstellen, aus der man später ein neues Direktorium wählen kann. Man wird sich vertagen.

Wie man sieht: Der Plan geht nicht auf.

Jetzt platzt Napoleon der Kragen. Er wird vor die Versammlung treten und sie überreden! Den Herren Räten die Situation des Landes vor Augen führen (an der sie ja mit Schuld tragen!) und vor allem sie überzeugen, dass er der Mann der Stunde ist, das Vaterland, die Revolution zu retten.

Er hat sich total überschätzt. Angesichts von 250 Advokaten in roten Umhängen und roten Baretten verlassen ihn die Nerven. Er bricht hoffnungslos ein!

Es ist ein erstaunliches Phänomen. Der General, der in der Lage ist, die Massen seiner Soldaten zu begeistern, der bei der Truppe stets den richtigen Ton trifft, gerät ins Stammeln und drischt hohle Phrasen, eingeschüchtert von ein paar Sesselhockern.

Die Abgeordneten können aus seinem Geschwafel eigentlich gar nicht so recht entnehmen, was er will, außer dass er sich selbst als die Person anpreist, die Freiheit und Gleichheit verteidigen könne. Schließlich fällt ihm zuletzt noch eine pathetische Zeitungszeile ein, die er unlängst gelesen hat. „Erinnert euch, dass ich Seite an Seite mit dem Siegesgott und der Glücksgöttin marschiere!“

Das ist zu viel für die „Alten“. Murren, Gelächter, zornige Ausrufe. Sein Adjutant Bourienne, den er noch von der Militärakademie her kennt und der sich einiges bei ihm erlauben kann, flüstert ihm zu: „Verlassen Sie den Saal, General, Sie wissen nicht, was Sie sagen!“

Was er denn auch tut.

Eher peinlich wirkt, dass er beim Hinausgehen auch noch ruft. „Wer mich liebt, folgt mir nach!“ Das Einzige, was ihm nachfolgt, ist Hohngelächter.

Nachdem dieser erste Anlauf gescheitert ist, geht er zum Rat der Fünfhundert. Wenn er ihn überzeugen kann, werden die anderen auch umkippen. Hier rechnet er sich bessere Chancen aus, schließlich führt Lucien den Vorsitz. Aber schon bei seinem Eintritt ist er von wütenden Männern umringt. Natürlich sind die Abgeordneten längst informiert, was er vorhat – dass es auf eine Diktatur hinausläuft. Und noch während Lucien auf die Rednertribüne steigt, um Gehör für seinen Bruder zu erbitten, attackieren die rabiaten Abgeordneten den General körperlich.

Napoleon gerät in Panik. Menschenmassen haben etwas Bedrohliches für ihn, sind ihm zutiefst suspekt – er kann sie entweder befehligen oder zusammenschießen. Hier nun, wo unter den Rufen „Nieder mit dem Diktator!“ und „Ächtet den Verschwörer!“ ein paar Leute auf ihn losgehen, ist er kurz vor einem Zusammenbruch. Ein paar Grenadiere bringen ihn schließlich auf Luciens Wink nach draußen.

Die Stimmung im Saal ist kritisch. Jemand fordert, Napoleon außerhalb des Gesetzes zu stellen – dies war schon bei Robespierre der Anfang vom Ende, und hier ist es kurz davor. Lucien schickt eine Nachricht nach draußen an seinen Bruder: „Du hast zehn Minuten Zeit!"

Das endlich ist der Anlass, auf den er gewartet hat. Wenn das Spiel auf parlamentarischem Boden nicht läuft, dann eben mit Waffen. Und eine mit Gewalt aufgelöste Ratsversammlung ist – eine aufgelöste Ratsversammlung!! So kommt er auch ans Ziel seiner Wünsche. Also interpretiert er die Meldung des Bruders auf seine Art: Lucien ist in Gefahr, er muss ihn mit seinen Soldaten beschützen. Er fordert sie auf, zur Waffe zu greifen. Aber die zögern. Schließlich sollen sie doch die Rechtsvertreter schützen, nicht auf sie einhauen – und womöglich einem Diktator den Weg ebnen ... Doch andererseits: Sie müssen ihrem Anführer gehorchen! Was also tun?

Lucien kommt aus dem Sitzungssaal gestürmt, er überblickt sofort die Situation, das Zögern der Truppe, und mit seinem echt korsischen Sinn für die große Geste zieht er seinen Degen, hält die Spitze Napoleon auf die Brust und ruft: „Ich schwöre, dass ich meinen eigenen Bruder durchbohren werde, wenn er je die Freiheit der Franzosen antastet!"

Das wirkt. Die Truppe ist zum Eingreifen bereit. Unter Trommelwirbel und mit gefälltem Bajonett führen Leclerc und Murat die Männer in den Saal. Niemand der Fünfhundert hat so recht Lust, für seine Überzeugung zu sterben. Die Abgeordneten fliehen durch die Fenster – das war's.

Von Legalität der Machtübernahme also keine Spur. Auf der Spitze der Bajonette erringt Bonaparte die Position, die er erstrebt.

Am Abend findet sich ein Rest von achtzig Abgeordneten

wieder ein. Er erklärt das Direktorium endgültig für abgesetzt und ernennt einen Ausschuss aus drei Männern, der eine neue Verfassung ausarbeiten soll: Ducos (unbedeutend), Sieyès (der Jurist) und natürlich Napoleon. Sie nennen sich nach römischem Vorbild „Konsuln", ihre Machtausübung das „Konsulat".

Es ist geschafft. Wenn auch mit Hängen und Würgen.

Morgens gegen halb vier fährt Joséphine aus dem Schlaf. Ihr Mann ist zurück. Bleich, erschöpft, aber erhobenen Hauptes. Und mit glühenden Augen spricht er nur das eine Wort aus: *„Victoire!"* Sieg.

Die Peinlichkeiten und Unzulänglichkeiten, die Tatsache, dass er dicht vorm Scheitern war, verschweigt er vor ihr. Und sie fällt ihm mit einer solchen Erleichterung in die Arme, als wäre sie neu geboren. –

Bereits am nächsten Tag wird alles für den Umzug vorbereitet. Man nimmt nun Wohnung im Palais du Luxembourg, wo sich die Herren des Direktoriums eingenistet hatten, bezieht Dienstwohnung in jenem Palast der hingerichteten Marie Antoinette, in dem einmal die Bürgerin Rose Beauharnais zu einem Diner eingeladen war, auf dem sie einen merkwürdigen jungen Mann kennen lernte. Das ist jetzt drei Jahre her ...

Der Weg ist frei für die neue Joséphine an der Seite eines Napoleon, der nun seine mächtigen Schwingen entfaltet.

Erster Konsul

Der Umzug aus dem anmutigen Schlösschen in der Rue de la Victoire in das alte Palais fällt Joséphine schwer. Die Räume hier sind abweisend und kalt, viel zu hoch und ohne jede Gemütlichkeit. Sie hat ein eigenes Appartement, die frühere Wohnung vom dicken Gohier, der natürlich ausziehen musste wie die anderen Herren des Direktoriums. Ihre zierlichen modernen Möbel wirken verloren in den weiten Sälen, und zu den „Gemächern" ihres Mannes im Erdgeschoss, die man von der Straße her betritt, führt nun eine schmale Hintertreppe.

Joséphines Verhältnis zu ihrem Mann hat sich seit dem 18. Brumaire sehr verändert; sie weiß, was er bewirken kann, sie hat mit ihm zusammengearbeitet, sie sieht ihn mit anderen Augen. Und nun ist sie es, die nachts zu ihm kommt. Von diesen nächtlichen Visiten einmal abgesehen, begegnen sie sich nur zu den Mahlzeiten.

Madame also langweilt sich. Und ihr Mann? Er arbeitet.

Seine Frau hat ihn ja „beruflich" nur vor diesem „18. Brumaire" erlebt, sie kennt ihn nicht von seinen Feldzügen, weiß nichts von der unbezähmbaren Energie und dem riesigen Aufgabenpensum, das er sich zumutet, wenn es drauf ankommt. Nun sieht sie mit Erstaunen, wozu er in der Lage ist.

Sein Arbeitstag beginnt zwischen sechs und sieben Uhr; er betont, dass sein Verstand um diese Zeit am schärfsten ist. Sein Kammerdiener liest ihm aus den Zeitungen vor und erzählt ihm, wie die Stimmung in Paris ist und was man so klatscht. Dann badet er ausgiebig – als Mann aus dem Süden, dem Paris eigentlich viel zu kalt vorkommt, liebt er heiße Bäder und große Kaminfeuer selbst im Sommer – und rasiert sich selbst. (Die meisten Männer ließen sich damals von ihren Dienern oder von einem Barbier rasieren. Der misstrauische Napoleon behielt die Angewohnheit der Selbstrasur bis an sein Lebensende bei – nie ist ein Mensch so wehrlos, wie wenn ihm jemand ein Messer an die Kehle setzt!) Er pflegt seine Zähne, die im Gegensatz zu denen seiner Frau hervorragend sind, lässt sich frisieren und ankleiden und ist um neun im Arbeitszimmer. Man sieht, die Zeiten des Soldaten, der nichts auf sich gibt, sind vorüber. In dieser ersten Zeit seines Konsulats, als er noch einer von drei Gleichberechtigten ist, hat er zwar eigentlich nur alle drei Tage „Dienst“, aber das hindert ihn nicht, die ganze Woche durchzuarbeiten.

Mittags isst er allein; hastig und ohne groß darauf zu achten, was es gibt, und trinkt einen billigen Landwein dazu. Erst abends speist er gemeinsam mit Joséphine, manchmal auch mit Gästen – aber auch da sitzt er nicht länger als zwanzig Minuten am Tisch. Dann geht die Arbeit weiter.

Joséphine weiß ganz genau, ob er bei dem, was er gerade durchsetzen will, Erfolg gehabt hat. Wenn er gut vorangekommen ist, singt er – laut und falsch.

Er singt häufig in der letzten Zeit.

Binnen kurzem hat er seine beiden Mitkonsuln an die Wand gespielt. Sieyès, der mit einer fertigen Verfassung in der Tasche angetreten war und eigentlich geglaubt hatte, er brauche sie nur zu präsentieren – er erlebt sein blaues Wunder. Die von ihm vorgeschlagenen Machtverhältnisse lehnt Napoleon schroff ab – zumal, als ihm klar wird, dass in der neuen Republik Sieyès sich selbst eine Rolle zugedacht hat, die hauptsächlich im „strategischen Denken“ und vor allem im Geldkassieren bestehen sollte. Napoleon rüffelt ihn derb und nennt die von Sieyès für sich selbst veranschlagte Position die eines Mastschweins. Sieyès dankt beleidigt ab, und der dritte Mitkonsul zieht sich auch gleich mit zurück. Ihm ist die ganze Geschichte viel zu stressig.

Damit ist nicht etwa das Konsulat erledigt, auch denkt niemand daran, Napoleon nunmehr andere Leute vor die Nase zu setzen. Er sucht sich gleich die neuen aus: einen Juristen, der wie Sieyès ein bisschen mehr „links" ist, also den revolutionären Traditionen verbunden ist, und einen Finanzökonomen, der mehr zum Ancien Régime tendiert. So hat er ein ausgewogenes Verhältnis der Macht und zwei nützliche Helfer in Sachen Gesetzesvorlagen und Ökonomie. Und: Unfähig, seiner Energie und Durchsetzungskraft auch nur vergleichsweise Ähnliches entgegensetzen zu können, stimmen diese beiden Männer zu, dass Bonaparte Erster Konsul wird. Erster Konsul auf zehn Jahre – das ist so gut wie Alleinherrscher.

Am 25. Dezember 1799 wird der Entwurf der neuen Verfassung veröffentlicht. Sie ist so gestrickt, dass praktisch alle entscheidenden Vollmachten beim Ersten Konsul liegen. Er kann Gesetze veranlassen, ernennt die Minister für das Regierungskabinett und die Gesandten, die Verwaltungsbeamten und sogar die Mitglieder eines Staatsrats, der an die Stelle der beiden Räte (der Alten und der Fünfhundert) tritt und theoretisch für die Gesetzgebung zuständig ist. Darüber hinaus gibt es noch mehrere Körperschaften, wie den Senat, die alle jeweils Gesetzesvorschläge einbringen konnten.

Über diese Verfassung soll das Volk abstimmen. Und mit 3 011 007 Ja-Stimmen gegenüber nur 1562-mal Nein stimmt Frankreich zu, müde des ganzen Hin und Her, in der Hoffnung auf Frieden an den Grenzen – denn noch ist nichts entschieden – und auf Ordnung, das heißt vor allem Brot und Wohlstand.

Angesichts der Wählerzahlen – als Mensch von heute stutzt man an dieser Stelle. Die Franzosen sind zu diesem Zeitpunkt ein Volk von nahezu vierzig Millionen – gibt es derart viel resignierte Wahlverweigerer?

Mitnichten. Nur fünf Millionen Franzosen sind nach dem

komplizierten Wahlsystem, das vor allem von der Höhe eines bestimmten Vermögens abhängt, überhaupt berechtigt, ihre Stimme abzugeben – und dies System ist noch sehr lange gültig. Noch in der Mitte des 19. Jahrhunderts, als es wieder einmal um mehr Gerechtigkeit und Freiheit geht, kann ein zynischer Staatsmann den empörten Bürgern zurufen: „Bereichert euch, und ihr werdet wahlberechtigt sein!"

Nicht verschweigen dürfen wir, dass auch diese drei Millionen Wähler neuesten Forschungen zufolge eine glatte Fälschung sind – Bonapartes nützlicher Bruder Lucien, inzwischen zum Innenminister avanciert (Napoleon besetzt natürlich die Schlüsselpositionen der Macht sofort mit seinen Parteigängern), hat die Zahlen „frisiert", hat sie einfach um 900 000 aufgestockt und noch eine halbe Million Wähler aus der Armee hinzugezählt, die aber gar nicht gefragt worden waren!

Wie nun auch immer. Die Verfassung ist gültig, Napoleon an der Macht.

Am 17. Februar 1800 ziehen die Bonapartes in die Tuilerien ein – nichts Geringeres als das Königsschloss der Bourbonen wird von ihnen mit Beschlag belegt! –, ein symbolischer Akt. Napoleon ist 31 Jahre alt, und er ist am Ziel. Jedenfalls vorläufig.

Jetzt wohnt Joséphine im Erdgeschoss, ihr Mann hat acht Räume im ersten Stock inne – es sind die Räume des hingerichteten Königs Louis XVI.

Und triumphierend lädt der Erste Konsul am Abend des Einzugs seine Frau in das breite, mit Bronze verzierte Mahagoni-Bett der königlichen Bourbonen ein: „Komm, kleine Kreolin! Steig in das Bett deiner Herren!"

Sanierungsarbeiten

Die Arbeit, die vor Bonaparte liegt, ist ungeheuer. Ein marodes Land, das wieder aufgebaut werden muss. Ein hungriges Volk, das es zu ernähren gilt. Äußere Feinde, deren man sich erwehren muss, und Staatsschulden, die irgendwie bezahlt werden müssen. (Von den Schulden seiner Frau nicht zu reden.)

Wie betäubt hat Joséphine miterlebt, dass sich ihr Gatte, der General, zu einem der Herren des Landes und schließlich zu *dem* Herren gemausert hat. Die Umzüge, immer noch eins drauf an Erhabenheit und „kalter Pracht" – das ging ihr alles viel zu schnell, wenngleich es ihr natürlich auch gefiel. Und jetzt, in den Tuilerien, hat sie sogar einen Garten, in den sie von ihren Fenstern aus blickt ... Und sie hat den schönen Landsitz Malmaison für die Wochenenden.

Alles nett also – und Grund, das frühere Leben wieder aufzunehmen? Davon ist keine Rede mehr. Der Schock jener Nacht, als sie vor Napoleons verschlossener Tür winselte und flehte, sitzt tief. Keine Rede mehr von einem Geliebten wie diesem Leichtfuß Hippolyte damals, nein, das ist vorbei. Allerdings, es gibt Gründe für neue Ängste, verlassen zu werden: Wenn sie beichtet, wie ihre Finanzen aussehen ... Wenn die Beichte nur einen Wutanfall auslöst – den könnte sie mit ihren Tränen kontern. Aber wenn Bonaparte sie verstößt? Unausdenkbar.

Es ist Talleyrand, inzwischen Napoleons Außenminister (der Erste Konsul kann auf die Fähigkeiten des verkappten Royalisten nicht verzichten), der eines Tages seinem Chef gegenüber eine Bemerkung fallen lässt, dass die Schulden der Ersten Konsulin einen schlechten Eindruck auf die Öffentlichkeit machen. Napoleon ist fassungslos. Sofort schickt er Bourienne, einen einstigen Kameraden von der Kadettenschule, los, nun sein Erster Adjutant im Felde und Privatsekretär im „zivilen Leben“, um Madame auf den Zahn zu fühlen, was die Höhe der Schulden angeht.

Joséphine bricht sofort in Tränen aus. Sie ringt die Hände vor Verzweiflung. „Er wird außer sich sein!“, klagt sie. „Ich traue mich einfach nicht!“

„Madame, wenn ich Ihnen raten darf, geben Sie die genaue Summe an. Bereinigen Sie die Sache ein für allemal. Die Unannehmlichkeiten, die Sie bekommen, sind dann mit einem Schnitt erledigt. Wenn Sie jetzt etwas zurückhalten, kommt es binnen kürzester Zeit zu einem neuen Eklat. Verheimlichen Sie nichts.“

Mit zittrigen Fingern schenkt sich Madame einen Cognac ein und träufelt ein paar Tropfen des beruhigenden Laudanums dazu. „Ich glaube“, lispelt sie kaum hörbar, „es sind runde 1 200 000 Francs. Ist das sehr schlimm?“

Bourienne bleibt die Sprache weg. (Und uns auch. Malmaison, zum Vergleich, war 325 000 Francs wert.)

Schließlich gibt sie doch nur die Hälfte an – und der wutschnaubende Gatte zahlt und nimmt ihr ein Diamantenkollier weg, um es seiner Schwester Maria Annunziata (später Caroline) zu schenken. Er bekommt nicht mit, dass die reuige Ehefrau – man kann es kaum glauben – wenige Tage später auf Pump stattdessen ein Perlenhalsband für 25 000 Francs ersteht – sie ist unverbesserlich.

Im Übrigen gibt sie sich große Mühe, ihre Position mit Anstand auszufüllen. Ihre Lieblingsredensart im Moment ist: „Ich, in meiner Position ...“ An der Seite des „gestiefelten Katers“ von ehedem ist sie nun aufgestiegen zur First Lady. Nach dem Diner um fünf Uhr am Nachmittag, wenn sich ihr Mann wieder zur Arbeit zurückzieht, hält sie „Cercle“, empfängt die Damen und Herren der Gesellschaft und macht durch ihre Natürlichkeit und ihren Charme eine gute Figur. Natürlich gibt es hier und da auch Häme. Da geht es um ihre Art, mit geschlossenem Mund gurrend zu lachen, was eine junge Besucherin zu der (leider) treffenden Bemerkung veranlasst: „Wenn sie Zähne gehabt hätte – ich sage nicht schöne oder hässliche, sondern schlicht und einfach Zähne –, dann hätte sie im Haus des Konsuls zweifellos alle Frauen in den Schatten gestellt."

Mit Begeisterung sitzt sie weiter mit ihren Gästen am Spieltisch. Sie ist eine Meisterin in Kartenspielen wie L'Hombre oder Pharao und bringt fast immer ein hübsches Sümmchen zusammen. Im Allgemeinen stehen die Herren hinter den Stühlen der Damen und schieben das Geld herüber – bis auf einen, der sicher gut daran täte, sein Augenmerk ab und zu auf die Spiellust seiner Gattin zu werfen, denn natürlich gewinnt sie auch nicht immer ... Die vornehme Welt geht ein und aus in ihrem Salon, wer allerdings keine Chance mehr hat, ihre Gesellschaft zu genießen, das sind die alten Freunde. Napoleon hat ihr den Umgang mit der leichtfertigen Theresia Tallien, ihrer Gefährtin aus dem Kerker, der Dame, die sich manchmal in der Öffentlichkeit auszieht, ebenso streng untersagt wie die mit Barras (der ist sowieso auf dem Land). Den Schieber und Armeelieferanten Hamelin hat sie ohnehin aus ihrer Nähe verbannt. Und von einem gewissen Hippolyte Charles schweigt des Sängers Höflichkeit ... Er versinkt im Dunkel, es gab ihn sozusagen nie.

Auch sonst wirkt Bonaparte „stilbildend", zum Beispiel in Dingen der Mode. Die Zeit der durchsichtigen Gewänder und offenherzigen Ausschnitte ist vorüber! Er hat eines Tages unmissverständlich demonstriert, was er davon hält. Er befiehlt dem Diener, im Salon von Madame immer wieder Holz auf den Kamin zu legen, bis der einwendet: „Unmöglich, Bürger Konsul, die Fassade des Kamins könnte Schaden nehmen!"

Napoleon, mit erhobener Stimme: „Heizen Sie nur weiter tüchtig ein, es ist schließlich kalt, und die Damen sind nahezu nackt."

Joséphine begreift den Wink mit dem Zaunpfahl sofort und beeilt sich, den Wünschen ihres Mannes nachzukommen. Von nun an trägt sie langärmlige Kleider aus blickdichtem Material und verhüllt den Hals mit einer Stola aus Kaschmirwolle. Und die anderen tun es ihr natürlich nach.

Täglich wird Joséphine „in ihrer Position" als Konsulin von Bittstellern belagert. So bleibt wenig Zeit für Langeweile. Verarmte Aristokraten bitten darum, sie möge sich bei ihrem Mann für eine Rente einsetzen (wieso eigentlich?, fragen wir uns bestimmt mit Napoleon gemeinsam ...), junge Mädchen gehen sie um eine Mitgift an, Lieferanten wünschen (gegen kleine Provisionen hier und da, versteht sich!) beim Ersten Konsul empfohlen zu werden ... Sie gibt sich alle Mühe, hilft, wo sie kann – und ist auch durchaus bereit, einiges Geld, das sie nicht hat, weiterzuverschenken. So unterstützt sie verarmte Künstler und adlige alte Jungfern, und wenn jemand von denen, mit denen sie zusammen im Kerker war, sich mit einer Bitte an sie wendet, setzt sie sich mit Nachdruck für ihn ein.

Und der Haufen von Spinnern, den es immer in der Nähe von Mächtigen gibt, die Quacksalber und Querulanten, die „Erfinder", die alle unbedingt zu Bürger Bonaparte vordringen wollen – alle die hält sie ihm mit Geschick und Liebenswürdigkeit vom Hals.

Von Zeit zu Zeit kommt Polizeiminister Fouché vorbei. Wir wissen ja bereits, dass Madame Bonaparte ihn mit Details aus dem Tagesablauf ihres Mannes versorgt – damit er ihn besser beschützen kann, wie es nun heißt. Fouché zahlt dafür nicht schlecht. Aber auch der Vertraute Napoleons, Bourienne, soll nach Fouchés eigenen Angaben gekauft worden sein, allerdings für nur 25 000 insgesamt ... Loyal und korrupt zugleich. Eine merkwürdige Mischung, die auch heute noch nicht ausgestorben ist.

Indessen arbeitet Bonaparte wie ein Besessener – und sehr erfolgreich. Binnen kürzester Zeit reformiert er die Verwaltung des Landes. Die Präfekten, die Chefs der Departements, der einzelnen Teile des Landes, setzt er nun selbst ein. Es sind Männer seines Vertrauens und ihm direkt unterstellt. So hat er alles unter Kontrolle und kann sicher sein, dass die Beschlüsse aus Paris überall prompt umgesetzt werden. Schlamperei und Vetternwirtschaft werden dadurch unterbunden.

Assistiert von tüchtigen Finanzleuten, zentralisiert er das Steuerwesen, bestimmt Inspektoren und Kontrolleure, die säumige Zahler bedrängen. Das Geld kommt pünktlich zum Staat – und der Staat wird dadurch wieder glaubwürdig als Gläubiger und, falls nötig, um Anleihen aufzunehmen.

Im Frühjahr 1800 wird die Bank von Frankreich gegründet, die schließlich das Monopol zur Herausgabe von Banknoten erhält, was Kreditnahmen und Geldverkehr erleichtert – unabdingbar für das bürgerliche Geschäftsleben. Die wertlosen Assignaten, für die man sich nichts kaufen konnte, zieht der Konsul aus dem Verkehr und schafft stattdessen per Gesetz einen stabilen Franc mit einem festgelegten Silbergehalt (fünf Gramm). Er behält seinen Wert bis 1914.

Der Staatshaushalt erholt sich. Bereits 1802 kann Napoleon einen ausgeglichenen Etat vorlegen. Das französische Volk dankt es ihm, indem es ihn zum Konsul auf Lebenszeit ernennt – ein ungeheurer Vertrauensbeweis.

Die Regierung investiert in die Infrastruktur: Straßen, Brücken und Kanäle werden gebaut, öffentliche Gebäude renoviert. Viele Menschen erhalten Beschäftigung. (Wir würden heute sagen: Er schafft Arbeitsplätze.) Die Wirtschaft wächst. Ein Beispiel: 1789 exportierte Frankreich die beliebten Lyoner Seidenstoffe im Wert von 26 Millionen Livres. Bis 1806 war die Zahl auf 64 Millionen Francs gestiegen. Im

Krisenwinter 1806/1807 streckte Napoleon aus eigener Tasche der Seidenindustrie zwei Millionen vor, damit dieser Produktionszweig nicht in die roten Zahlen geriet – eine Subvention im heutigen Sinne.

Und noch etwas Entscheidendes:

Der Brotpreis ist stabil! Das ist für die einfachen Menschen das Kriterium, an dem man festmacht, ob eine Regierung etwas taugt. Wenn das Brot, das Grundnahrungsmittel, bezahlbar ist, weiß man: Der Konsul kann es. Und im weiteren Sinne: Die Revolution hat sich gelohnt.

Außenpolitisch kommt ihm das Glück zu Hilfe: Nicht alle Generäle Frankreichs sind unfähig, natürlich nicht. Und die zweite Koalition beißt sich die Zähne aus. Die Soldaten kommen nach Haus, und das Volk atmet auf: Das Land scheint sicher zu sein.

Die Karre, die nach der Revolution so gnadenlos in den Dreck gefahren schien – der kleine Korse hat sie binnen kurzer Zeit herausgezogen und flottgemacht.

„Der Ochse ist eingespannt, also muss er auch pflügen." So charakterisiert Bonaparte selbst sein staatsmännisches Engagement. Binnen weniger Jahre schafft das „Arbeitstier" Napoleon ein florierendes Frankreich.

Nach arbeitsreichen Wochen in den Tuilerien, die höchstens mal von einem Theaterbesuch unterbrochen werden (meistens „sitzt" der Erste Konsul nur den ersten Akt „ab"), gibt es dann entspannte und entspannende Wochenenden draußen auf Malmaison. Es macht Napoleon Spaß, den Gutsherren zu spielen.(Er kann es sich ja jetzt leisten.) Er lässt das Haus erweitern, Stallungen abreißen und neu aufbauen, und vor allem kommt er dem Wunsch Joséphines nach, Treibhäuser und Wintergärten zu errichten. Die Kreolin ist eine begeisterte Hobby-Gärtnerin, sie ist schließlich auf einer Insel aufgewachsen, auf der alles in Üppigkeit grünt und blüht. Nun kann sie ihrem Wunsch nach Exotik im Garten nachgeben. Sie lässt nach Herzenslust Pflanzen importieren, die es vorher in Frankreich noch nicht gegeben hat: Hibiskus und Jasmin, Kamelien und Magnolien.

Früher einmal hieß sie Rose – und so gilt ihre besondere Sorgfalt den Blumen, deren Namen sie getragen hat. Sie kreuzt verschiedene Sorten und hat, wie man so sagt, „den grünen Daumen". Schaffte es – beraten von ihrem Gärtner –, dass die Rosen von Malmaison farbstärker, widerstandsfähiger, duftender und langlebiger werden als alles, was es vorher gab. Es heißt, dass die meisten Gartenrosen in Frankreich bis auf den heutigen Tag auf Züchtungen aus Malmaison zurückgehen. Auf Züchtungen Joséphines.

Und wo vor noch nicht allzu langer Zeit die Nachbarn beobachten konnten, wie Madame nachts im weißen Gewand am Arm ihres jungen Liebhabers durch den Garten spazierte, da sehen sie nun eine ehrbare Ehefrau und Bürgerin mit ihrem angetrauten Gatten lustwandeln. –

Das Rudel Möpse folgt ihnen nach.

Nein, Fortuné, der den jungen Ehemann Bonaparte damals ins Bein biss, existiert nicht mehr. Und dass der neue Mops, dessen Nachkommen sie jetzt umtollen, ein Geschenk von Hippolyte war, das muss der Erste Konsul ja nicht wissen ...

„Soll ich dir die Vogelvoliere zeigen?", fragt Joséphine und schmiegt sich in den Arm ihres Mannes. „Ich habe lauter exotische Tiere bekommen, und weißt du, was ich jetzt mache? Ich versuche, sie zum Sprechen zu bringen!"

„Zum Sprechen? Was sollen sie denn reden?"

„Vielleicht deinen Namen?", schnurrt sie. Oder vielleicht auch: *„Je t'aime,* Bonaparte ..."

„Das lass bitte bleiben", sagt er mit gespielter Strenge. „Was soll denn das Personal davon halten, wenn hier ein ganzer Käfig voll närrischer Vögel plappert, dass sie mich lieben!“ Aber eigentlich fühlt er sich geschmeichelt. Geschmeichelt und beglückt. *Je t'aime,* Bonaparte ... Er will es gern glauben, dass sie ihn nun wahrhaft und aufrichtig liebt.

„Wie wunderbar es ist hier draußen!“, sagt er aufatmend. „Wenn ich hier bin, fällt alles von mir ab, ganz Paris gibt es nicht mehr, keinen Senat, keinen Staatsrat, keine unfähigen Mitarbeiter ... Nur dich und mich und diesen herrlichen Park.“

„So soll auch es auch sein!“, sagt sie eifrig. „Hier soll die Stätte deiner Erholung sein, dein *Bon Repos,* dein sorgenfreier Ort ...“

„Und mein Bett“, sagt er herausfordernd. „Madame, wir haben noch an einem Projekt zu arbeiten!“

Sie errötet. (Auch das kann sie sozusagen auf Knopfdruck.) „Du meinst ... das Kind?“, haucht sie.

„Das Kind, den Sohn, den Erben“, erwidert er bestimmt. Denn als korsischer Mann ist ja seine Verpflichtung, sich als Stammvater fortzupflanzen, sozusagen eine Frage der Ehre. Und da gibt es auch noch andere Gesichtspunkte, die er im Auge hat – aber darüber zu sprechen ist verfrüht ...

„Dann sollten wir vielleicht wieder hineingehen?“, schlägt sie vor und lächelt schelmisch.

Er ist nur allzu bereit. –

Es gibt aus dieser Zeit ein wunderschönes Porträt von Pierre-Paul Prud'hon, einem der interessantesten Maler der Epoche. Das Bild zeigt Joséphine im Schatten des alten Baumbestands von Malmaison, auf einem Felsen sitzend, als wäre er eine bequeme Causeuse. Sie trägt ein tief dekolletiertes Kleid aus goldflimmerndem Material und hat einen roten, bestickten Schal lässig um sich drapiert. Prud'hon hat sie in einer Pose dargestellt, die eher in den Salon passt als in den Garten: Den „griechisch-antik“ frisierten, mit Bändern geschmückten Kopf auf die Hand gestützt, die Finger zierlich gespreizt, das zarte Gesicht mit den großen verträumten Augen gesenkt. Die Andeutung eines Lächelns liegt um ihren Mund.

Auf keinem anderen Bild von ihr wird der Charme und die Faszination dieser Frau so deutlich wie hier, das Anmutig-Verspielte, das Schillernde, Flirrende der „Unvergleichlichen", die Grazie des kaum verhüllten Körpers, die Ausdruckskraft des Gesichts – kontrastreich, Nase mit kecker Spitze, Augen eines träumenden Rehs.

Es ist ihre beste Zeit. Die beste Zeit für sie beide.

Aber am Horizont türmen sich die Wolken. Für sie beide, als Mann und Frau ... Und für den Ersten Konsul Bonaparte.

Trübungen

Zunächst das Familiäre. Natürlich ist nicht alles Gold, was hier so glänzt. Wenn Napoleon mit seiner Frau und seinen beiden halb erwachsenen Stiefkindern in Haus und Garten herumtobt und wie ein kleiner Junge mit Eugène um die Wette läuft, so ist die Idylle vollkommen. Wenn allerdings die Sippschaft um Madame Mère einfällt wie ein Heuschreckenschwarm, ist es aus mit der Harmonie.

Da macht man sich ungeniert breit, da parliert man Italienisch über den Kopf der Hausherrin hinweg, da tut man so, als würde das alles nur für die Bonapartes da sein, und spart nicht an hämischen Bemerkungen.

Und vor allem nehmen die Sticheleien kein Ende: Wo bleiben die Kinder? Ist „die Alte" vielleicht inzwischen unfruchtbar?

Joséphine hat verschiedene Ärzte konsultiert, sie hat Badekuren gemacht und Scheußlichkeiten an Medizin geschluckt, und am Eifer des Gatten fehlt es wahrlich nicht. Aber irgendwann muss ihr gedämmert haben, dass sie, eine Frau von sechsunddreißig Jahren, aus einem anderen Klima stammend, nicht nur schneller verblüht als die Französinnen, sondern dass sie offenbar bereits in ein verfrühtes Klimakterium eingetreten ist. Und etwas Schlimmeres kann es eigentlich gar nicht geben. Denn sie weiß: Diese Ehe steht auf wackligen Füßen, wenn es keine Nachkommen gibt. Die „korsische Verpflichtung" ist schwer wiegend. Sollte sie, Joséphine, nicht schwanger werden ...

Sie hat Angst.

Sie hat Angst um den Bestand dieser Ehe, und sie macht sich Sorgen ihre Zukunft.

Das Politische.

Es gibt ein Sprichwort. Der Glückliche hat viele Neider. Die Staaten der zweiten Koalition, eben besiegt, regen sich erneut. Österreich, der Hauptgegner auf dem Kontinent, will sich mit den Gebietsverlusten aus dem ersten Krieg nicht zufrieden geben. Wenigstens die Landstriche in Italien will es zurück. Wieder sind österreichische Truppen im Anmarsch, um die Franzosen dort zu verjagen.

Am 6. Mai 1800 verlässt Napoleon Paris via Italien, nachdem er zärtlich von seiner Frau Abschied genommen hat. Er hofft, Österreich in Oberitalien besiegen zu können, wie das 1796/97 gelang. Eugène Beauharnais begleitet ihn. Er ist inzwischen zum Hauptmann befördert worden, und Napoleon schätzt die gewissenhafte und loyale Haltung des jungen Mannes, sodass er ihn gern in seiner Nähe hat. Es bedeutet aber für Joséphine: Sie hat Sohn und Mann im Felde – das schafft schlaflose Nächte.

Und tatsächlich entwickelt sich alles gar nicht so gut. Bonaparte begeht einige strategische Fehler. Unter anderem verletzt er sein Prinzip, immer mit geballter Streitmacht und Punkt für Punkt zuzuschlagen, er zieht seine Armee auseinander, was ihn fast um Sieg – und Karriere! – gebracht hätte. Und was dazu führt, dass das von den Franzosen besetzte Genua kapitulieren muss.

Und ein weiteres Sprichwort: Kaum ist die Katze aus dem Haus, tanzen die Mäuse auf dem Tisch. Mit anderen Worten: Die Opposition in Paris bekommt Oberwasser.

Die Nachrichten von den Niederlagen in Italien werden auf den Straßen der Hauptstadt groß ausposaunt. Sowohl ehemalige Jakobiner als auch Royalisten wittern Morgenluft. Und vor allem die Herren des Regierungskabinetts, seine Minister, machen sich sehr schnell Gedanken darüber, wie es denn nun weitergehen wird, wenn der Erste Konsul geschlagen wird! Sieyès taucht erneut aus der Versenkung auf und holt seine alten Pläne wieder aus der Schublade, Talleyrand macht Vorschläge zur Umbildung des Kabinetts, um „dem Korsen" – so heißt er nun wieder – die Macht zu entreißen, und nur der Fuchs Fouché verhält sich still. Er wird einfach dem Herren dienen, der gerade am Ruder ist. Wie immer.

Die Gerüchteküche brodelt. In jedem Café in der Faubourg Saint-Antoine behaupten Leute, die das Gras wachsen hören, die Armee Napoleons sei vernichtend geschlagen. Und sie haben so Unrecht nicht.

Bei einem Dorf namens Marengo ist Bonaparte mit nur fünfzehn Kanonen gegen hundert feindliche Geschütze vorgegangen. Sein Vertrauen in seine Glücksgöttin Fortuna hat ihn zu einer unüberlegten strategischen Handlung verleitet, und auch eine tollkühne Attacke des jungen Eugène gegen die Österreicher kann nichts bringen. (Er wird mit seinen neunzehn Jahren schon wieder befördert, dieses Mal zum Schwadronskommandanten.) Das ganze Unternehmen scheint sich zu einem Desaster zu entwickeln. Die Armee weicht zurück. Und ein Kurier, der die Niederlage nach Paris trägt, ist schon unterwegs.

Fouché unterrichtet Joséphine im Vorfeld des Kuriers (wie immer weiß er mehr) von den Meldungen einer Niederlage. Sie soll an diesem Tag, am 22. Juni 1800, an einem Empfang des diplomatischen Corps und der Minister teilnehmen – wie soll sie sich verhalten? Fouché erklärt ungerührt: „Spielen Sie weiter *Notre Dame de la Victoire* – Unsre liebe Frau vom Siege! Das ist Ihre Rolle." Er selbst hält sich bedeckt. Natürlich.

Joséphine meistert ihre Aufgabe bravourös.

„Meine Herren", erklärt sie mit betörendem Lächeln den ungläubig dreinschauenden Diplomaten, „ich habe beste Nachrichten aus Italien. Der Erste Konsul – er hat einen glänzenden Sieg errungen. Freuen Sie sich mit mir!"

Betretenes Schweigen ringsum. Eine skeptische Stimme erhebt sich: „Madame, könnten Sie uns die Nachricht des Ersten Konsuls vorzeigen?"

Sie spielt die Empörte. „Soll das heißen, Sie glauben mir nicht?"

Gemurmel. Joséphine ist einer Ohnmacht nahe. Trotzdem bewahrt sie Haltung. „Ich bin bestürzt, dass Sie so wenig Vertrauen in meinen Mann und in die Armee Frankreichs setzen." Eigentlich ist sie nun am Ende ihres Lateins.

In diesem Augenblick wird ein Bote gemeldet. Es ist vormittags gegen elf Uhr.

„Die Nachricht vom Ersten Konsul!"

Mit angstgeweiteten Augen sieht Joséphine zur Tür. Der Kurier trägt eine erbeutete österreichische Fahne in der Hand, die Spitze ist mit einem goldenen Lorbeerzweig geschmückt.

„Ein Geschenk für Sie, Madame, für *Notre Dame de la Victoire*! Frankreich ist siegreich!"

(In Italien ist nämlich im letzten Moment ein Entsatzheer eingetroffen, 6 000 Mann frische französische Truppen haben die drohende Niederlage in einen Sieg verwandelt.)

Hoch erhobenen Hauptes verlässt Joséphine die Versammlung der verblüfften Diplomaten, aber sie hätte keinen Moment länger durchgehalten. Sie ist es vom Spieltisch her gewohnt, hoch zu pokern und ihr wahres Gesicht zu verbergen. Aber heute ging es um mehr – und es war knapp.

Ganz Paris drängt sich auf den Straßen, um die frisch aufgehängten Plakate mit der Siegesmeldung zu studieren. Handwerker und Arbeiter legen die Arbeit nieder und feiern im Freien. Die Invasoren sind zurückgeschlagen. Das heißt: Die guten Zeiten bleiben. Im Viertel der Invalides schießen die Kanonen Salut.

Die Staatspapiere steigen um sieben Punkte. Und eine ergebene Regierung wartet auf die Rückkehr des Siegers.

Der Frieden von Lunéville zwischen Frankreich und Österreich hat die Vertragsbedingungen von 1799 (nach dem ersten Koalitionskrieg) noch einmal bestätigt: Frankreich behält das linke Rheinufer und die Lombardei, und Österreich wird gezwungen, die so genannten „österreichischen Niederlande" (weite Gebiete des heutigen Belgiens und Hollands) an den Sieger abzutreten. Außerdem muss es die napoleonischen Gründungen der „Cisalpinischen" und der „Ligurischen" Republik in Oberitalien zähneknirschend hinnehmen – das waren die früheren Königreiche Savoien und Ligurien. Da außerdem die Schweiz (Helvetische Föderation genannt) einen Neutralitätspakt mit Frankreich abgeschlossen hat, ist der Spielraum der Anti-Frankreich-Gruppierung in Europa nunmehr ziemlich eingeschränkt. Der Erste Konsul hat ganze Arbeit geleistet.

Nun kommt er nach Haus. Natürlich hat er vom Wankelmut seines Kabinetts gehört. Getraut hat er Männern wie Talleyrand und Fouché nie. Aber nun ist er noch misstrauischer geworden. Allerdings braucht er seine Minister. Also belässt er sie im Amt. Alles bleibt, wie es ist, vorerst. Er hat andere Pläne. Bald werden wir sie hören.

Und seine Liebe zu Joséphine? Bis hierher ist diese Liebe ungebrochen. Das beweisen auch die Briefe, die er ihr aus dem Feldlager geschrieben hat.

„Ich sehne mich danach, meine kleine Joséphine in den Armen zu halten. Tausend Zärtlichkeiten." – „Wie sehr hoffe ich, dich wieder in meine Arme schließen zu können!" Und immer wieder gibt es versteckte erotische Anspielungen in diesen Briefen, so wenn er ihre „kleine Kusine" oder „das kleine schwarze Wäldchen" mit unendlichen Liebkosungen bedenken will.

Aber es ist schon verwunderlich. Denn jetzt kommt etwas, was dem bisherigen Bild, das wir von diesem Mann haben, völlig zu widersprechen scheint. Wahrscheinlich, denke ich mir, war das immer in ihm vorhanden – jetzt ist der Zeitpunkt gekommen, wo er seinen Neigungen ihren Lauf lässt. Warum gerade jetzt? Ich weiß es nicht ... Es ist nicht nachvollziehbar.

Da wird viel Zärtlichkeit zu der einen Frau zur Schau gestellt und von ewiger Liebe geredet – wer erwartet da, dass Napoleon gerade dabei ist, sich für andere Damen zu interessieren?

Der Mann, der den Spott seiner Offiziere herausforderte, weil er jeden Tag das Porträt seiner Ehefrau mit Küssen bedeckte – den gibt es nicht mehr. Napoleon hat sich offenbar die (nicht nur feudale) Lebenshaltung zu Eigen gemacht, dass ein Mann das Recht hat, seine Triebe auszuleben – im Gegensatz zur keuschen und zurückhaltenden Frau. Die lässige Selbstverständlichkeit, mit der er sich von jetzt an wechselnde Geliebte zulegt, zeugt davon, dass er der Ansicht ist, sich nicht an geltende Normen halten zu müssen. Er benimmt sich in dieser Hinsicht schon ganz genauso wie seine königlichen Vorgänger auf Frankreichs Thron. Er macht, was er will – auch, wenn das jemand anderen sehr verletzt.

Nein, er hat nicht mehr allein Augen für Joséphine. Aus Mailand kommt ihm eine Sängerin nachgereist – die Grassini. Auf einmal ist der Erste Konsul ein eifriger Opernbesucher, vor allem, wenn die Primadonna singt. Und dass er ein Verhältnis mit ihr hat, liegt auf der Hand.

Und Joséphine? Eingedenk ihrer eigenen Vergangenheit ist sie klug genug, zu dieser Affäre zu schweigen. Sie mimt die perfekte Ehefrau – das, was man in dieser Zeit darunter verstand, nämlich gegenüber den Seitensprüngen des Mannes beide Augen zuzudrücken. Sie ist sechsunddreißig und weiß, welche Mühe sie sich geben muss, ihre Schönheit auf der Höhe zu erhalten: Ewig lange Bäder mit duftenden Tinkturen, Cremes, Massagen, Schminkorgien, die Stunden dauern. Joséphine hat für ihre kosmetischen Prozeduren einen speziellen Schminkkünstler (heute würden wir ihn als Visagisten bezeichnen) zur Verfügung. Dessen Arbeit wird immer aufwändiger. Denn die Zeit arbeitet gegen sie.

So scheint für Napoleon die Welt in Ordnung zu sein. Nicht nur die Liebe seiner Gattin und seiner Mätresse, auch die des französischen Volkes scheint dem Ersten Konsul sicher zu sein.

Doch er hat noch genügend Feinde, und sie schlafen nicht. Gewisse Kreise im Lande geben keine Ruhe. Der anhaltende Erfolg dieses Ersten Konsuls stört ihre weit reichenden Pläne. Und wenn das Ausland es schon nicht schafft, ihn von der Bildfläche verschwinden zu lassen, so muss man eben selbst zu Mitteln greifen ...

Wer steckt dahinter?

Es ist der 24. Dezember, der Weihnachtstag des Jahres 1800. Man feiert in Familie, am Abend steht ein Besuch in der Oper auf dem Programm, Haydns Oratorium „Die Schöpfung", und Joséphine möchte das Werk gern hören. Sie überredet ihren Mann mitzukommen: Ein bisschen Ablenkung von der Arbeit kann ihm gut tun.

Aber dann sitzt der Erste Konsul behaglich vorm Kaminfeuer und macht keine Anstalten auszugehen. Draußen ist es kalt und neblig. Joséphine und Hortense haben sich bereits herausgeputzt. Alles umsonst?

Schmeichlerisch und kokett hockt sich Joséphine vor ihren Mann, sieht zu ihm auf wie ein kleines Mädchen. „Komm doch mit! Ein bisschen schöne Musik am Heiligen Abend, ein bisschen Ablenkung – tu mir den Gefallen!"

„Fahr allein", entgegnet er. „Ich bleibe hier."

„Gut, dann will ich auch nicht ausgehen. Ich leiste dir Gesellschaft." Es klingt zwar sehr vernünftig, aber ihre Mundwinkel ziehen sich bedrohlich nach unten, und in den Augen schimmern schon die Tränen der Enttäuschung. Gleich wird sie anfangen zu weinen – und das kann er auf den Tod nicht vertragen.

„Wenn dir wirklich so viel daran liegt – *eh bien*. Dann lass anspannen."

Joséphine klingelt und gibt den Befehl, die Pferde anzuspannen – sehr zum Ärger des Kutschers César, der auf einen freien Abend spekuliert hat und schon kräftig ins Glas guckte. Er ist mehr als angeheitert ... Man fährt mit zwei Wagen. Im ersten Napoleon, der zweite ist den Damen vorbehalten: Joséphine, Hortense und Napoleons Schwester

Caroline, inzwischen mit dem Reitergeneral Murat verheiratet und hochschwanger.

Bonapartes Laune ist nicht die beste. Eigentlich hat er sich – wie sein Kutscher – auf einen gemütlichen Weihnachtsabend gefreut. Nun muss er wieder rein in den Frack. In solcher Situation macht es ihm Spaß, Joséphine ein bisschen zu piesacken. Er erklärt, der Schal, den sie umgelegt hat, sei unmöglich. „Er passt nicht zum Kleid. Und außerdem ist er schlecht drapiert."

„Dann fahr du voraus", sagt sie nachgiebig. „Ich hole einen anderen Schal und lasse ihn vom Kammerdiener in ägyptische Falten legen. Es wird einen Augenblick dauern."(Das Ägyptische ist jetzt groß in Mode – und der entsprechend geometrisch strenge Faltenwurf ein aufwändiges Unterfangen.)

Napoleon gibt derweil den Befehl zur Abfahrt, und während Joséphine noch einmal nach drinnen eilt, um den Schal zu wechseln, fährt die Equipage des Ersten Konsuls vor.

Napoleon steigt ein und lässt sich quer durch die Stadt Richtung Operntheater kutschieren. Das Gefährt Joséphines und der anderen Damen folgt schließlich in aller Eile und kann den Abstand zum Wagen des Konsuls verringern. César schlägt nun den Weg in Richtung der Rue Saint-Nicaise ein, einer Straße, die parallel zum Schloss verläuft, ein ehemaliger mittelalterlicher Wehrgang, eng und geradlinig. Plötzlich sieht er ein Hindernis. Normalerweise hätte er gebremst. Aber weinselig wie er ist, schlägt er auf die Pferde ein und passiert die Sperre in einem kühnen Bogen. „Trunkenheit am Zügel", genauso gefährlich wie heutzutage Trunkenheit am Steuer – aber Napoleon rettet sie das Leben.

Im Augenblick, als die zweite Kutsche, die der Konsulin, in die Rue Saint-Nicaise einbiegt, reißt eine gewaltige Explosion die Kutsche in die Luft, lässt sie für einen Moment über dem Boden schweben. Die Scheiben zerbrechen klirrend, und mit Mühe bändigt man die verstörten Pferde. Es riecht nach Schießpulver, Holz splittert, Menschen schreien schrill.

Joséphine ist kurz vor einer Ohnmacht, Hortense weint, während Caroline, Korsin durch und durch, die Sache mit stoischer Ruhe nimmt und befiehlt, zu wenden und zurückzukehren.

Aber davon will Joséphine nichts wissen. Sie gibt Befehl, auf einer anderen Wegstrecke in die Oper zu fahren, zu ihrem Mann. Inzwischen hat ihr eine Ordonnanz mitgeteilt, dass dem Ersten Konsul nichts geschehen ist. Der betrunkene Kutscher hat ihm – wie der ausgewechselte Schal den Frauen – das Leben gerettet.

Eine „Höllenmaschine", ein Pulverfass, gespickt mit Nägeln und auf einem Wagen, ist in die Luft gegangen und hat ein Haus zerstört. Es gibt sieben Tote und über zwanzig Verletzte.

Als Joséphine schließlich zu ihrem Mann in die Oper kommt, steht sie kurz vor einem Nervenzusammenbruch. Sie kann ihr Zittern nicht unter Kontrolle halten, klappert mit den Zähnen, weint. Napoleon bewahrt äußerlich seine Ruhe.

Wie ein Lauffeuer hat sich die Nachricht von dem missglückten Attentat verbreitet. Im bürgerlichen Publikum brandet lauter Jubel auf. Die Aufführung muss unterbrochen werden. „Vive Bonaparte!" Er dankt mit bleichem Gesicht, Joséphine verkriecht sich hinter ihren Schal. –

Napoleon hatte seine Loge im Opernhaus mit den Worten betreten: „Diese Schurken wollten mich in die Luft jagen ...", und dann, nebenher, „ach, Berthier, gehen Sie doch bitte, und besorgen Sie mir das Textbuch des Oratoriums."

Sehr souverän, sehr lässig – aber wer waren „diese Schurken"? –

Der Mordversuch am Ersten Konsul konnte aus zwei Richtungen kommen – von rechts oder von links. Stecken die heimlichen Anhänger des Ancien Régime dahinter – oder sind es die alten fanatischen Verfechter der revolutionären Jakobiner-Ideen? Die einen wollen die Monarchie wieder einführen, wollen die Bourbonen zurückhaben. Den anderen erscheint Napoleon als Verräter an den revolutionären Idealen, als ein Mann, der zur Alleinherrschaft strebt.

Bonapartes Maske der Gefasstheit zerbricht, sobald er nicht mehr vor dem Volk steht – zu Hause, in seinem Palais, schäumt er vor Wut. Die Schuldigen müssen her! Egal, welcher Richtung sie angehören.

Natürlich – wir wissen es – stecken die Royalisten dahinter. Und mit ihnen in Verbindung ist ein hoher Repräsentant des Staates, ein Mann aus der Umgebung des Ersten Konsuls, ein Mann, der schon einmal zum Verräter wurde: Talleyrand, der Außenminister. Sicher war er nicht direkt beteiligt an diesem Attentat, seiner Vorbereitung, aber sicher ist auch, dass er kein Interesse daran gehabt hätte, es zu verhindern. Nun, da der Anschlag missglückt ist, versteht er diesen Ausgang des Unternehmens wenigstens noch gegen seinen Intimfeind in der Regierung zu wenden, gegen den Polizeiminister!

Geschickt versucht er, eine falsche Spur zu legen und gleichzeitig Fouché auszubooten. Er stellt „unschuldsvoll" die hinterhältige Frage, wieso eigentlich der Polizeiminister nicht in der Lage gewesen sei, das Attentat zu verhindern – der hat doch sonst seine Finger in allem und jedem und hört das Gras wachsen! Bestimmt deckt das ehemalige Mitglied des Jakobinerklubs, der „Mörder von Lyon" (alle alten Schandtaten sind auf einmal wieder präsent!), seine Komplizen! Talleyrand schlägt Napoleon zynisch vor, man sollte die Ermittlungen damit beginnen, dass man den Polizeiminister verhaftet und verhört.

Seine Worte fallen bei Bonaparte auf fruchtbaren Boden. Er begegnet diesem „Alleswisser" und „Spitzelkönig" Fouché ja von jeher mit Misstrauen. Er eignet sich das Wort vom „Mörder von Lyon“ ganz bewusst an, entzieht dem Polizisten die Nachforschungen nach den Attentätern, lässt andere Vertraute nach „schurkischen ehemaligen Jakobinern“ suchen, die angeblich hinter Fouché stehen.

Joséphine ist entsetzt. Fouché ist ihr Vertrauter Nummer eins, derjenige, von dem sie sich Beistand gegen die Sippe der Bonapartes verspricht! Sollte er tatsächlich ausgebootet werden, steht sie völlig allein da – so denkt sie jedenfalls und zittert um das Schicksal ihres „Beschützers“.

Doch Fouché, mit dem ihm eigenen „Pokerface“, hört sich alle Beschimpfungen und Drohungen ungerührt an, nimmt die Abschiebung aufs tote Gleis hin, ohne zu protestieren – und ermittelt auf eigene Faust weiter. Denn die Beziehungen hat er, und alle Fäden laufen auf seinem Schreibtisch zusammen!

Nach einundzwanzig Tagen ist er in der Lage, sachlich und nüchtern nachzuweisen, dass der Anschlag von den Royalisten ausgegangen ist – ein Triumph, den ihm Talleyrand nie verzeihen wird und der die Feindschaft zwischen den beiden Rivalen weiter zuspitzt.

Joséphine aber atmet auf. Ihr „Verbündeter“ hat gewonnen.

Aber wie ein Damokles-Schwert hängt die Gefahr weiterer Anschläge auf Napoleons Leben auch über ihrer Person. Nicht, dass man sie umbringen will, doch wenn ihr Mann zu Tode kommen sollte ... so ist sie verloren. Alle werden sich auf sie und ihre Familie stürzen wie die Geier. Wer einmal zu Fall kommt, aus dieser „Höhe“ der Gesellschaft abstürzt, dem droht, nie wieder auf die Füße zu kommen ...

Und wenn „die Familie“, der korsische Clan, im Falle eines Falles ... die Nachfolge Napoleons übernehmen sollte, wenn also einer der Brüder Bonapartes in seine Fußstapfen tritt ...? Sie muss sich und ihre Kinder absichern, wenigstens nach dieser Seite hin, sich irgendwie einkaufen in diese ihr übel wollende Sippschaft.

Und sie brütet einen Plan aus, einen verzweifelten Plan. Ihr Blick ist auf Louis, den dritten Bruder ihres Gatten, gefallen. Er war immer am wenigsten unfreundlich zu ihr. Er ist noch unverheiratet ...

Das Opfer

Louis Bonaparte hängt mit geradezu schwärmerischer Hingabe an dem älteren Bruder – Napoleon hat sich in seiner Jugend rührend um ihn gekümmert. Aber irgendetwas stimmt nicht mit Louis. Ständig laboriert er an irgendwelchen Krankheiten herum, für die jeder Arzt wieder einen anderen Grund zu entdecken glaubt ... Er ist ein Hypochonder, beobachtet seinen Zustand stets und ständig, er leidet unter Stimmungsschwankungen, lässt sich von Kleinigkeiten aus der Bahn werfen, ist das Gegenteil dessen, was gemeinhin als ein gefestigtes „Mannsbild" gilt.

Die Quellen berichten auch andeutungsweise von seiner Neigung, sich mit jungen Männern zu umgeben, vor allen Dingen Poeten oder Musiker. Die heutige Psychologie würde wahrscheinlich diagnostizieren, dass Louis, zumindest von der Veranlagung her, homosexuell war und dass die Unterdrückung dieser Veranlagung bei ihm zu schweren neurotischen und körperlichen Störungen führte.

Dergleichen Einsichten sind natürlich sowohl Napoleon als auch Joséphine fremd; beide hätten eine solche „Unterstellung" wahrscheinlich empört zurückgewiesen.

Kurz und gut – mit ihrem ganzen Geschick beginnt Joséphine, ihrem Mann den Gedanken schmackhaft zu machen, man könnte doch seinen Bruder mit ihrer Tochter verheiraten. Und nun ihr unglaublicher Gedanke: Falls sie, Napoleon und Joséphine, denn wirklich – was Gott verhüten möge! – keine gemeinsamen Kinder mehr haben können: Hortense und Louis werden bestimmt welche haben. Vielleicht könnten sie beide ja dann einen Sohn der beiden adoptieren!

Bonaparte ist nicht abgeneigt. Warum eigentlich nicht?

Ihm gefällt die Idee in zunehmendem Maße, zumal er selbst Hortense sehr gern hat. Die Art, wie er ihr das zeigt, ist allerdings meistens wenig angenehm – so, wenn er ihr die Frisur zerzaust, sie (wie er es auch bei ihrer Mutter gern tut) schmerzhaft am Ohr zieht oder laut verkündet, er hätte ihren Schreibtisch durchwühlt und all ihre Liebesbriefe gefunden. (Es gab übrigens keine.) Nach diesem Vorkommnis hatte Hortense es abgelehnt, in den Tuilerien zu leben, und war wieder in ihr altes Internat gezogen – sehr zum Kummer ihrer Mutter. Sie gab an, sie fühle sich von der steifen Atmosphäre im ehemaligen Königspalast wie erschlagen und habe dort Albträume. Aber in Wirklichkeit hing ihre Flucht mit Bonaparte zusammen. Der Erste Konsul, der draußen in Malmaison die meiste Zeit ein leidlich kulanter Stiefvater war, verwandelte sich in Paris in einen despotischen Haustyrannen.

Und wie gesagt, bei all seiner Zuneigung zu ihr – er kann sehr „ätzend" sein. Einmal zerreißt er eines ihrer Kleider, weil es aus Musselin ist; schließlich hatte er den Import dieses Stoffs aus England verboten, um die französische Seidenindustrie zu beleben. Oder er verbietet ihr, Englisch zu lernen – bestimmt sei ihr Lehrer ein englischer Spion.

Hortense hasst diese Szenen und findet es entwürdigend, wenn Napoleon seine Frau in aller Öffentlichkeit betatscht. Sie verabscheut den derben, oft boshaften Humor des Stiefvaters, wenn der plötzlich ins Ankleidezimmer seiner Frau hereinstürzt, ihre Frisur durcheinander bringt und dann lachend anfragt, ob sie immer noch nicht fertig ist und warum sie dieses unmögliche Kleid trage.

Nun kommen also diese Heiratspläne. Louis hat in den meisten Dingen die gleiche Meinung wie sein Bruder Napoleon. Sobald man ihm Hortense schmackhaft macht, glaubt er auch schon, sie zu lieben, und verfällt in eine schwärmerische Anbetung dieses Mädchens, obwohl er ja eigentlich gar nicht viel von ihr weiß.

Drei sind also einverstanden. Nur bei der vierten im Bunde hapert es. Und Joséphine weiß sehr genau, dass ihre Tochter ganz andere Vorstellungen vom Leben hat, als eine Ehe aus Vernunftgründen einzugehen. Sie bildet sich ein, das gute Kind, man müsse aus Neigung heiraten! Und außerdem will sie ihre Jugend genießen, will tanzen, Musik machen, Theater spielen, flirten und mit ihren Freundinnen zusammen sein. So traut sich die Mutter zunächst nicht, mit ihrer Tochter zu reden. Sie schickt Bourienne vor, Napoleons Sekretär. Hortense mag ihn gut leiden, noch aus der Zeit von Malmaison, sie haben da oft zusammen als Amateure Theater gespielt.

Bourienne also eröffnet dem jungen Mädchen – im Auftrag Joséphines –, dass sie demnächst einen Heiratsantrag von Louis Bonaparte erwarten könne. Und dass sie Ja sagen müsse zu dieser Ehre – es sei ihre Pflicht nicht nur Mutter und Stiefvater, sondern auch dem Vaterland gegenüber, dass beide Familien noch enger verbunden werden.

Dem Vaterland? Hortense versteht nicht. Was hat das Vaterland mit so einer Ehe zu tun? Aber sie beherrscht sich und erklärt zunächst einmal höflich, sie erbitte sich Bedenkzeit. Dann stürzt sie in die Gemächer ihrer Mutter, die direkt neben ihrem Zimmer liegen. „*Maman!* Bourienne war eben bei mir und er ..."

„Ich weiß!", sagt Joséphine sanft und legt weiter ihre Patience. „Ist das nicht wunderbar? Sieh einmal, ich habe gerade für dich die Karten gelegt. Großes Glück über kurzen Weg!"

Hortense bleibt die Luft weg. „Aber", stammelt sie, „ich finde ihn weder anziehend noch nett. Ich ... ich finde ihn eigentlich unsympathisch. Das kann doch nicht dein Ernst sein, dass ich diesen ... diesen Sonderling zum Mann nehmen soll!"

Joséphine schließt sie in die Arme, und schon strömen ihre immer bereiten Tränen.

„*Ah, ma petite!* Mein kleiner Engel! Auch wenn du ihn nicht so sehr magst – tu es für mich! Du weißt doch, wie sehr diese grässlichen Bonapartes mich hassen! Sie wollen mich verjagen, wollen, dass mein Mann mich verstößt! Aber du, du kannst mich retten! An dem Tag, wo du Madame Louis Bonaparte bist, werden sie nicht mehr wagen, etwas gegen mich zu unternehmen!" (Den Plan einer etwaigen Adoption von Kindern aus dieser Ehe verschweigt sie vorsorglich.)

Unter dem Aspekt hat Hortense es noch nicht gesehen. Sie soll also mit ihrer Ehe die Ehe der Mutter retten? Und das Vaterland gleich mit?

Ja, Joséphine erklärt ihr das, wenn auch etwas verworren. Also wenn sie und ihr Mann ein glückliches Paar sind und bleiben, dann ist das ein Vorbild für Frankreich und stabilisiert die Ideale der Familie ...

Hortense ist zwar erst siebzehn Jahre, aber keineswegs ein Kind. Sie ist eine ernsthafte junge Frau, bereit, Verantwortung zu übernehmen. Aber dies hier kommt ihr vor, als solle sie ihr ganzes Leben wegwerfen. Wie sehr sie damit Recht hat, weiß sie da noch nicht.

Denn nun beginnt es: Mit sanfter beschwörender Stimme, mit Liebkosungen, mit Strömen von Tränen versucht Joséphine Tag für Tag, ihre Tochter „weich zu kochen". Als Verbündete holt sie sich die Erzieherin aus Hortenses Internat, eine Frau, der das Mädchen vertraut, und die erklärt ihr, nur die Vernunft sei die Führerin des Menschen. Liebe in der Ehe sei eine vorübergehende Erscheinung, auf die man nicht bauen könne. Und Joséphine setzt noch drauf: „Man verlangt nicht von dir, dass du ihn liebst, sondern dass du ihn heiratest. Die Liebe kommt später." Sie spricht aus eigener Erfahrung ...

Schließlich zeitigt die Gehirnwäsche ihre Wirkung. Hortense gibt nach. Am 4. Januar 1802 wird in den Tuilerien die Hochzeit gefeiert.

Ich halte Joséphine zugute, dass sie nicht gewusst hat, was für ein Mensch Louis wirklich ist. Sonst hätte sie wohl kaum darauf gedrungen, dass ihre Tochter einen Mann heiratet, dessen ganze Persönlichkeit auf so „schwachen Füßen" steht.

Louis beginnt sofort nach der Heirat, seine Frau mit gemeingefährlicher und völlig unbegründeter Eifersucht zu peinigen.

Nur ein Beispiel: Noch während der Flitterwochen, die das junge Paar in Malmaison verbringt, lacht Hortense in Gegenwart ihres Mannes, ohne dass er den Grund kennt. Sofort denkt der Psychopath, dass über ihn gelacht wird, und schreit sie an: „Wofür halten Sie mich? Denken Sie, ich bin Ihr Spielzeug? Ich mache Sie darauf aufmerksam, dass nur leichtfertige Frauen es sich erlauben, ihren Mann nicht ernst zu nehmen! Passen Sie auf, dass ich Ihnen nicht davonlaufe, wenn Sie mich so erniedrigen!"

Arme Hortense. Und ihre Mutter hatte sich von ihr mit den Worten verabschiedet: „Du wirst glücklich sein! Louis ist so gut!"

Hortenses Gatte, der „so gute" Louis ... Bald erwartet Hortense ihr erstes Kind, und wenn man meint, dass der junge Mann sich vielleicht beruhigt – weit gefehlt. Er ist nun von der fixen Idee besessen, ihr erstes Kind stamme gar nicht von ihm, sondern sei die Frucht einer verbotenen Beziehung zwischen Hortense – und ihrem Stiefvater Napoleon. Man habe sie überhaupt nur mit ihm verheiratet, um diesen Skandal zu vertuschen! Was für eine krankhafte Fantasie, möchte man ausrufen. Louis macht seiner Frau das Leben fleißig zur Hölle ...

Zwischen Glück und Tränen

Nach einer erneuten Badekur in Plombières dürfte es nun endgültig sein: Joséphine wird keine Kinder mehr bekommen. Abgesehen von den „korsischen Notwendigkeiten“, dem Muss der Nachkommenschaft, noch viel prekärer ist dies, weil, wie wir wissen, 1802 feststeht, dass Bonaparte Konsul auf Lebenszeit ist. Das könnte die Erbfolge bedeuten, wie in einem Fürsten- oder Königshaus – etwas, was ihm sehr am Herzen liegt, weil auf diese Weise die Macht der Familie gesichert ist! Für seine Sippe ist der Fall nun endgültig und unwiderruflich klar: Entweder Scheidung von der „unfruchtbaren Alten“ – oder Joseph wird umgehend zum Nachfolger bestimmt, für den Fall der Fälle ... Schließlich ist er der Älteste. Allerdings weiß Bonaparte selber, dass sein großer Bruder eine völlige Null ist.

Aber nun kommt Hortense mit einem kräftigen Jungen nieder. Der kleine Napoleon-Charles hat sich zum Glück an die neun Monate im Bauch seiner Mama gehalten – wäre sie früher in die Wehen gekommen, hatte ihr Mann gedroht, er würde sie sofort verlassen, weil ja dann klar wäre, dass das Kind nicht von ihm sei!

Nun herrscht eitel Wonne. „Unser Dauphin!“, ruft Joséphine aus, die glückliche Großmutter. Auch Bonaparte ist ganz vernarrt in den Kleinen, der hier sogleich von seiner Frau zum Thronfolger gemacht wird. Die Ankunft des Kleinen bringt Napoleon allerdings erneut dazu, seine ungehobelten Seitenhiebe auszuteilen. Als eines Tages Joséphine, um ihn von der Jagd abzuhalten, erklärt: „Das ist unmöglich! Alle unsere Stuten sind trächtig, du kannst sie nicht reiten!“, antwortet er mit der üblichen Grobheit: „Nun gut, verzichten wir auf die Jagd. Merkwürdig, alles hier vermehrt sich. Nur Madame nicht!"

Joséphine kann mal wieder die Tränen nicht zurückhalten. –

Aber abgesehen von diesen üblichen Spitzen: Auch die folgende Zeit gehört noch zu der besten dieser Ehe. Joséphine begleitet ihren Mann auf einer – wir würden heute sagen – „Promotion-Tour" durch das Land. (Er braucht das Bad in der Menge!) Sie erregt überall eitel Entzücken durch ihre freundlich-leutselige Art, erträgt lächelnd endlose Ansprachen, küsst junge Mädchen in weißen Kleidern, die Gedichte aufsagen und Blumen überreichen, huldvoll auf die Wangen, lässt sich Geschenke aller Art überreichen, von lebenden Schwänen bis zu Wimpeln und Stadtschlüsseln – jedes einzelne Präsent findet sie bezaubernd! Sie besichtigt Werkstätten und Fabriken, Armenhäuser und Hospitäler, empfängt die Honoratioren der Orte und ihre Damen ... und zeigt nie, wie sehr sie das alles langweilt, sondern repräsentiert mit Geschick und Geschmack. Fast wie eine Königin. Die Zeitung „Le Moniteur" attestiert ihr „jene Liebenswürdigkeit und Sanftmut, welche hohe Persönlichkeiten auszeichnen".

Irgendwo in einer Kleinstadt gibt ihr ein hübsches kleines Mädchen einen Blumenstrauß. Joséphine nimmt eines ihrer Armbänder ab und legt sie um das Handgelenk des Kindes, was daraufhin in aller Unschuld den anderen Arm ausstreckt. Lachend legt sie der Kleinen auch noch ein zweites Schmuckstück um. Solche Gesten bezaubern die Menge mit Recht, denn sie zeigen, dass Madame Bonaparte nicht nur leichtsinnig und verschwenderisch ist, sondern freigebig und herzlich.

Und auch ihr bereits geschilderter taktisch kluger Auftritt vor den Pariser Diplomaten seinerzeit bleibt nicht ihre einzige Pirouette auf diesem Parkett. Oft gelingt es ihr, die Schroffheit ihres Mannes mit einem freundlichen Wort vergessen zu machen, und derjenige, dem der Erste Konsul eben gerade brüsk den Rücken gekehrt hat, lässt sich versöhnen, wenn sie lispelt: „Mein Mann hält große Stücke auf Sie, wie ich von ihm persönlich gehört habe ..." –

So hat also die „kleine Kreolin" ihren Platz an der Seite des Mannes gefunden, der schon jetzt Frankreich dominiert. Sie ist das ausgleichende Element auf den Wogen des eher ungezügelten Temperaments ihres Gatten, und sie hat Gelegenheit, all das einzusetzen, was schon immer ihre starken Seiten waren: Ihre Liebenswürdigkeit, ihre Fähigkeit, mit Menschen umzugehen, sodass jeder meint, sie hätte ganz besonders ihm ihre Aufmerksamkeit gewidmet, ihre geschmeidige Kunst, mit jeder Situation fertig zu werden. Aus der „Salondame" ist eine Diplomatenfrau geworden.

Langsam entsteht so etwas wie ein Hofstaat. Madame Bonaparte hat „Ehrendamen". Unter denen spielt eine besondere Rolle Madame Claire Rémusat, eine hübsche, intelligente und resolute junge Frau, die bald zu ihrer Vertrauten wird und auch bei Napoleon eine Lippe riskieren kann, ohne gleich „eins vor den Bug zu bekommen".

Es muss leider gesagt werden: Empfänge beim Ersten Konsul sind so etwas wie eine Zitterpartie. Man weiß nie, in welcher Laune der große Mann gerade ist. Wenn er eintritt, schreitet er, die Arme im Rücken verschränkt, die Reihen der Gäste entlang, als würde er eine Parade abnehmen, und niemand kann wissen, ob nicht gerade er das Opfer einer bissigen Bemerkung oder eines groben Scherzes wird. Besonders die Damen sind nie sicher davor, angepöbelt zu werden. In der Hinsicht hat Napoleon sich seit dem Gespräch mit Madame de Staël nicht geändert. Nun sind Bemerkungen über die Frisur oder das Kleid der Betreffenden an der Tagesordnung. Äußerungen wie: „Tragen Sie eigentlich immer dasselbe? Das habe ich doch schon zigmal an Ihnen gesehen!", lassen nicht gerade Freude aufkommen.

Und selten ist jemand mutig und schlagfertig genug, so zu antworten wie jene Frau, die er mit der Frage „Lieben Sie noch immer alle Männer?" brutal bloßgestellt hatte und die lächelnd erwiderte: „Ja, Monsieur, wenn sie höflich sind."

Joséphine hat bei solchen Anlässen viel zu glätten und mit Liebenswürdigkeit wieder gutzumachen ... –

Wie üblich nach einem solchen Empfang sinkt sie geschafft in das Fauteuil vor ihrem Putztisch, um sich abschminken zu lassen, und verlangt zunächst nach einem Cognac und dann nach Madame Rémusat. Heute ist sie außerdem enerviert, weil sie erfahren hat, dass ihr Mann seit neuestem häufiger in die Comédie Française geht. Irgendeine Schauspielerin ...

„Claire, ich glaube, ich bekomme meine Migräne!"

Die Rémusat lächelt nachsichtig. „Vom vielen ‚Theaterspielen' beim Empfang heute Abend oder weil Monsieur wieder einer kleinen Schauspielerin so viel Zeit gewidmet hat?"

„Claire!"

„Madame, ich habe doch Augen im Kopf. Ich habe den Ersten Konsul darauf aufmerksam gemacht, dass er dergleichen doch wenigstens in Ihrem Beisein unterlassen solle – Sie wissen, ich nehme kein Blatt vor den Mund ..."

„*Mon Dieu!* Und er?"

„Er hat nur gelacht und gesagt, ich solle mich nicht um Männersachen kümmern."

„Männersachen?" Joséphine kippt empört den zweiten Cognac. „Ich würde sagen, es sind Frauensachen! Erst diese Sängerin aus Mailand, diese Grassini, nun schon wieder eine andere – er sagt doch, er liebt mich?!"

Claire Rémusat massiert ihrer Herrin vorsichtig die Schläfen. „Aber Madame! Sie können es drehen und wenden, wie Sie wollen, aber es ist nun einmal so: Ein Mann in der Position des Ersten Konsuls ist doch geradezu verpflichtet, sich Mätressen zuzulegen! Denken Sie an all die gekrönten Häupter

Frankreichs! Es gehört sozusagen zum guten Ton, wenn man eine gewisse Stellung im Staat einnimmt, sich hier und da eine Geliebte zu leisten! Das tut doch der ehelichen Zuneigung keinen Abbruch!"

Joséphine stöhnt. „Claire, Sie sind frivol!"

„Ich sehe nur die Wirklichkeit, Madame." Unter ihren kreisenden Fingern schließt Joséphine die Augen, entspannt sich. „Eins wundert mich doch", sagt die Rémusat nachdenklich.

„Was denn?"

„Dass Madame so eifersüchtig ist. Ich meine – ganz unter uns – es gab ja Zeiten, wo Madame selbst – Sie verstehen ..."

„Das ist vorbei!", sagt Joséphine, und es klingt fast schroff.

„Ist Eifersucht nicht eine Form von Liebe?"

Joséphine atmet tief durch. „Kann sein, ich liebe ihn jetzt", sagt sie mit einem Lächeln.

Zu Joséphines „Trost": Es ist bekannt, dass Napoleon seine Mätressen bisweilen äußerst schnöde behandelt, noch übler als die Damen auf den Empfängen. So erfährt die Konsulin von Bourienne eine wüste Geschichte, nämlich, dass eine junge Frau, die er zu sich „bestellt" hatte, einmal erst zwei Stunden im Wartesalon saß, dann wurde ihr beschieden, sich schon mal auszuziehen und ins Bett zu gehen. Am Morgen gegen zwei Uhr arbeitet der Erste Konsul immer noch. Mühsam ein Gähnen unterdrückend, erinnert Bourienne an die wartende Dame.

„Ach, die hatte ich vergessen!", wird ihm mitgeteilt. „Sagen sie ihr, sie kann sich wieder anziehen und nach Haus gehen. Ich hab keine Lust mehr."

Sicher hat Joséphine über so etwas eine gewisse Genugtuung empfunden ...

Ernster ist da schon sein Verhältnis zu Mademoiselle George, jener Schauspielerin. Sie ist häufiger im Palast, scheint sich fast hier einnisten zu wollen ... Joséphine beobachtet dies – oder lässt es beobachten – über vierzehn Tage lang, wartet nachts in ihrem Bett und wird immer nervöser. Und wütender! Die eine oder andere Affäre dieser Art ging bald zu Ende, und an der verstärkten Leidenschaft, mit der ihr Mann sich ihr dann wieder zuwandte, erkennt sie: Sie ist immer noch die Nummer eins. Aber das hier stellt ihre Geduld auf eine harte Probe! Eines Nachts hält sie es nicht mehr aus. Sie überredet Madame Rémusat, mit ihr zu kommen: Sie will ihren Mann in seinem Schlafzimmer in flagranti mit der Dame überraschen. Zum Glück findet der peinliche Auftritt nicht statt, die Kerze in der Hand der Rémusat erlischt schon auf der Treppe – oder wird von ihr absichtlich ausgepustet –, und man eilt im Finstern zurück. Aber natürlich erfährt Napoleon davon und macht seiner Frau eine schreckliche Szene.

Doch Joséphine wäre nicht Joséphine, wenn sie nicht ihren speziellen Weg finden würde, mit so etwas fertig zu werden: Sie überspielt es. Immer, wenn er denn wirklich bei ihr war – oder wenn sie es die anderen glauben machen will –, steht sie später auf, kommt im Negligee mit kunstvoll zerzaustem Haar und nur leicht geschminkt ins Vorzimmer und trägt beglückte Ermattung zur Schau. „Mein Mann war bei mir ... darum bin ich heute später aufgestanden ...“ Damit es denn der ganze „Hofstaat“ weiß!

Man sieht, sie versteht es, sich zu arrangieren. Was bleibt ihr auch!

Code Civil

Das Land blüht und gedeiht. Im Jahr 1805 gibt ein Provinzpräfekt folgende nüchterne Einschätzung ab: „Die Bewohner zahlen ihre Steuern, die Kinder gehen zur Schule, von Straßenräubern hört man nichts mehr, die Bauern wenden neue Methoden der Ackerkultur an und haben gute Ernten, die Leute können harte Währung ausgeben. Es herrscht ein ausgezeichneter Gemeinsinn."

Nachdem er also Frankreichs Finanzen in Ordnung gebracht und dem Land seine Prosperität zurückgegeben hat, schart Bonaparte jetzt eine Reihe fähiger Juristen um sich. Und es tut wahrhaftig Not, dass etwas auf dem Felde der Rechtsprechung geschieht.

Es ist im Land übel bestellt um diese Rechtsprechung. Gerichte schieben die Fälle wegen Kompetenzstreitigkeiten einander zu wie faule Fische, und die Advokaten lachen sich ins Fäustchen, denn dabei werden ihre Geldbörsen fett.

Es herrscht ein unbeschreiblicher Wirrwarr – kein Mensch sieht durch. Nach 1789 sind rund 14 000 neue Verordnungen und Gesetzestexte dazugekommen, die sich zum Teil gegenseitig aufheben und in vielen Fällen dem alten Rechtssystem – natürlich – widersprechen. Es herrscht Chaos, und der Bürger ist hilflos. Der kleine Pächter, der versucht, sein Recht an einem Fischteich gegen einen anmaßenden Bauern durchzusetzen, läuft von Gericht zu Gericht und hat am Ende der Prozesse mehr Geld für Anwälte ausgegeben, als ihm seine Karpfen jemals einbringen können.

Nun gilt es, aus dem nahezu unüberschaubaren Gestrüpp von Paragraphen und Normen, von Gesetzbüchern und unabhängigen Gerichtshöfen ein einheitliches französisches

Recht zu schaffen, ein Recht, bei dem das alte überlieferte Gewohnheitsrecht, wie es in den nördlichen Provinzen des Landes praktiziert wird ... das Römische Recht, das im Süden als Richtschnur gilt ... und die neuen Menschenrechte der Revolution zu einem neuen Ganzen verbunden werden.

Wie immer drückt Napoleon aufs Tempo. Er gibt den Juristen sechs Monate Zeit für das neue „Bürgerliche Gesetzbuch". Der Entwurf wird Punkt für Punkt im Staatsrat durchgesprochen, und bis auf wenige Ausnahmefälle führt er selbst den Vorsitz. Unerbittlich zwingt er die Versammlung durchzuhalten, bis ein Problem abgehakt werden kann. Die Sitzungen fordern den Anwesenden das Äußerste ab, sowohl was das Niveau als auch was die Dauer angeht. Bonaparte duldet kein eitles Geschwätz, dringt darauf, dass die Leute zur Sache kommen, und schiebt dem kleinkarierten Hickhack der Beamten einen Riegel vor. Sieben Stunden Konferenz hintereinander, ohne Pause, sind normal. Manchmal sitzt er auf seinem Platz, und es sieht aus, als döse er vor sich hin. Aber dann fährt er mit einer glasharten Frage dazwischen oder bringt die Argumente auf den Punkt. Er tut nie so, als wenn er etwas von vornherein weiß, sondern fragt nach, so einfach, wie es nur geht. Einmal, als die Männer nachts während einer Sitzung kurz vorm Einschlafen sind, fährt er sie an: „Es ist erst zwei Uhr! Bleiben Sie wach, Bürger! Wir müssen unsere Gehälter verdienen!"

Unter so rigorosen Bedingungen wächst ein vorbildliches Gesetzeswerk heran, das die Errungenschaften der Revolution mit dem natürlichen Rechtsempfinden des Volkes und den alten juristischen Traditionen verbindet. Es ist ein solch großer Wurf, dass die wesentlichen Punkte dieses damals in Kraft gesetzten Code Civil noch heute das europäische Rechtssystem bestimmen. Eine unglaubliche Leistung! Werte, die für uns heute selbstverständlich sind, wie die Gleichheit aller vor dem Gesetz, das Ende von feudalen Privilegien, die Gewissens- und Glaubensfreiheit, die Trennung von Kirche und Staat, die Zivilehe anstelle der kirchlichen Form, freie Wahl der Arbeit und (besonders wichtig für die bürgerliche Ordnung) die Unverletzbarkeit des Eigentums, der Schutz des Besitzes ... all dies wurde erst von Napoleon auf die Welt gebracht.

Eine weitaus stärkere Position als bisher nimmt das Familienrecht ein – kein Wunder beim „Clanchef“ und Familienmenschen aus Korsika. Die Verantwortung von Eltern ihren Kindern gegenüber, auch wenn die schon erwachsen sind, das, wie er es kräftig-bildlich nennt, „väterliche Essgeschirr“ ist ihm wichtig. Korse, wie er ist, besteht die Familie bei ihm aus gegenseitiger Verantwortung, und die endet eben nicht damit, dass jemand theoretisch sein Brot allein verdienen kann.

Und natürlich dringt er auf Paragraphen, die die Dominanz des Mannes in der Ehe sichern. Paragraph 213 des Code lautet schlicht und lapidar: „Die Frau schuldet dem Mann Gehorsam.“ Auch die Schulbildung, eine der Folgen aus diesen Verordnungen, ist weitgehend auf Knabenbildung beschränkt. Die staatliche „École Supérieure“, die höhere Schule, ist eine reine Jungenschule. Bei der Gründung einer Lehranstalt für verwaiste Töchter von Soldaten dekretiert er: „Ich glaube nicht, dass wir uns um einen Unterrichtsplan für junge Mädchen bemühen müssen ... Ich möchte, dass dieser Ort nicht charmante, sondern tugendhafte Frauen hervorbringt. Ihr Reiz sollen hohe Grundsätze und menschliche Wärme sein, nicht das Geistreiche oder Amüsante.“

Man meint, aus solchen Worten geradezu eine Ohrfeige für Joséphine, die „Geistreiche und Charmante“ zu spüren!

Dass Frauen kein Wahlrecht haben und keinerlei Stimme in Angelegenheiten der Politik, versteht sich bei so bestellten Sachen ja wohl von selbst ...

Nein, frauenfreundlich ist das neue Gesetzwerk in unserem Sinne gewiss nicht. Aber von diesem Makel (der aus der Zeit heraus verständlich ist und noch verstärkt wird durch die Mentalität des Macho Bonaparte) einmal abgesehen, ist es ein Segen für die Rechtsprechung. Und es ist nicht von ungefähr, dass der Name Code Civil sehr bald in Code Napoleon verändert wurde, denn dieses Werk ist das Kind seines Geistes. Es wurde nicht in Juristen-Kauderwelsch, sondern in klarer, verständlicher Sprache abgefasst, damit auch der einfache Mann wusste, was rechtens ist.

Und natürlich schafft Napoleon auch das Instrumentarium dafür, um das, was auf dem Papier stand, in der Realität umzusetzen.

Und nicht nur Frankreich sollte von diesem Kompendium des Rechts profitieren, denn überall, wo die Franzosen nun ihren Einfluss geltend machen, tritt der Code in Kraft und löst rückständige und menschenfeindliche Gesetze ab.

„Ein Glück für Frankreich, ein Segen für die Welt" wird es überschwänglich genannt. Nicht ganz zu Unrecht.

Und was ist noch zu erledigen in diesen Jahren, die kommendes Großes vorbereiten? Zwischen 1800 und 1804, wo wir uns gerade befinden, gelingt es Napoleon auch auf dem Feld der Verwaltung und Diplomatie, Bemerkenswertes zu stiften. Einiges ist von Dauer, anderes hält nur kurze Zeit, aber auch ein Frieden für kurze Zeit ist ein Frieden.

Er gewährt den adligen Emigranten eine Generalamnestie (alles, was französisch ist, soll innerhalb der Grenzen Frankreichs miteinander leben), der alte Adel darf wieder nach Haus und, wenn auch seiner Privilegien beraubt, gleichberechtigt Bürger unter Bürgern sein mit gleichen Rechten und Pflichten wie alle.

Anstelle des erblichen Adels schafft er einen Verdienstadel für alle, die sich im Staat hervortun: Die „Ehrenlegion", einen Orden, der sowohl für militärische als auch für zivile Leistungen vergeben wird. Denn einen Anreiz braucht der

Mensch! (Der Orden ist übrigens bis heute die höchste Ehrung in Frankreich.)

Und dann macht Napoleon seinen Frieden mit der Kirche, mit dem Papst. Wir wissen, die Revolution hatte die Priesterschaft enteignet, anstelle der Gottesdienste den „Kult des Höchsten Wesens“ gesetzt. Zehn Jahre lang waren die Kirchen in Frankreich geschlossen gewesen. Nun erhält die Kirche in begrenztem Rahmen ihre Rechte zurück. Dazu gehört auch, dass die heiligen Sakramente wieder erteilt werden dürfen, wie Trauung, Begräbnis, Beichte und Kommunion. Ostern 1802 weckt der Klang der großen Glocke von Notre-Dame, der ältesten, ehrwürdigsten Kathedrale von Paris, Joséphine aus dem Schlaf. Sie vergießt Tränen der Freude. Sie war nie fromm. Aber der Glockenklang hat ihr gefehlt. –

Es herrscht Frieden in Frankreich. Frieden und Wohlstand.

Und nun? Es gibt keinen Stillstand für den rastlosen Ersten Konsul. Napoleon glaubt, dass es nun an der Zeit ist, das vorzubereiten, was sein größter Traum ist – sich selbst zum unabhängigen Monarchen dieses Landes zu machen.

Und das ist wieder so ein Punkt, wo ich ihn einfach nicht verstehe. Er hat praktisch die Machtbefugnisse eines Souveräns, eines Königs, und der Titel Erster Konsul bewahrt aufs Schönste die revolutionären Traditionen (er stammt aus der frühen römischen Geschichte und steht für demokratische Verhältnisse). Sicher, es geht Napoleon darum, die Herrschaft für sich und seine Nachkommen festzuschreiben. Aber muss man deshalb König sein?

Mich erinnert dieser Wunsch lebhaft an das bekannte Märchen vom Fischer und seiner Frau. (Wobei in dieser Geschichte ja die Frau die treibende Kraft des Ehrgeizes ist!) Nach dem Motto „Je mehr er hat, je mehr er will!“ verlangt der Glückspilz, der endlich aus seinem Mustopf herausgekommen ist, immer nach einer neuen, höheren Position – bis er schließlich sogar der liebe Gott sein will und zurückgestürzt wird in sein altes Elend. Der Umgang mit Macht bringt offenbar Maßlosigkeit hervor, der Blick für die Proportion geht verloren.

Möglich, dass Bonaparte sich von so einem Titel Anerkennung bei den Herrschern Europas verspricht. Aber er muss doch gewusst haben, dass er bei alledem in den Augen der alten Fürstenhäuser der „Sohn der Fortuna", der Parvenü, der Emporkömmling, bleibt – daran ändert auch eine Krone nichts.

Dem „Ende seines Frankreich", wie Fouché es formuliert, jenes Frankreich, das er geformt hat, glaubt er durch einen legitimen fürstlichen Erben einen Riegel vorschieben zu können – und auch das wird nicht funktionieren.

Und warum muss es gleich das Kaisertum sein? Würde die Königskrone nicht genügen? Nun, dafür zumindest gibt es eine plausible historische Erklärung: Ein König beherrscht ein einziges Land in seinen natürlichen Grenzen. Napoleons europäische Träume gehen weit darüber hinaus, wie wir schon gesehen haben – und noch weiter sehen werden. Daher der Griff nach dem Kaisertitel.

Wie dem auch sei: Es ist sein größter Traum – und gleichzeitig der größte Albtraum seiner Frau. Denn wenn er ein Kaiser ist und seine Erbfolge bestimmen kann, bestimmen muss, ist sie, die „Unfruchtbare", erst recht geliefert. Der schöne Plan, Louis' und Hortenses Sohn zu adoptieren, hat sich in Nichts aufgelöst. Wütend hat Napoleons Bruder die „Zumutung" von sich gewiesen. Joséphine sieht es immer klarer: Sollte Napoleon seine Pläne wahr machen – dann sind ihre Tage an Bonapartes Seite gezählt. Dann braucht er einen legitimen kaiserlichen Nachfolger, der sein Erbe bewahrt. Am besten einen Sohn.

Komplotte und Gegenschläge

Aber bevor Napoleon sein ehrgeiziges Ziel erreicht, gibt es noch einiges zu bereinigen.

Das Attentat vom Jahr 1800 ist zwar missglückt (die Fahrt zur Oper in der Weihnachtsnacht ...), aber die Drahtzieher geben nicht auf. Einer von ihnen ist Georges Cadoudal, ein ehemaliger bretonischer Bauer und Erzfeind der Revolution. Wir erinnern uns, dass die Bretagne und die Normandie – katholisch dominierte Provinzen – von Anfang an Brutstätten der Konterrevolution waren! Nach dem fehlgeschlagenen Anschlag ist er nach England emigriert. 1803 kommt er wieder zurück, gut ausgestattet mit englischem Geld, und gelangt auf Schleichwegen nach Paris. Alte Royalisten geben ihm Unterschlupf, und Unzufriedene gibt es immer, auch im Kreis von Napoleons eigenen Generälen. Diese Männer für eine Verschwörung zu gewinnen ist Hauptaufgabe Cadoudals: Und es gelingt ihm vortrefflich. Anfang 1804 sind sechzig ehemalige Aristokraten in das Komplott verwickelt und erneut unzufriedene alte Jakobiner. (Die Feinde Napoleons von links und von rechts verbünden sich zu einer unheiligen Allianz, solange es darum geht, den Mann zu stürzen, der ihnen missliebig ist. Das ist schon merkwürdig: Denn die einen wollen ihren „echten König“ wiederhaben, und die anderen wünschen überhaupt keinen Alleinherrscher ...) Nach Napoleons Tod, so die Planung der Royalisten, wartet man auf die Rückkehr eines der Prinzen aus dem Hause Bourbon, um die alte Ordnung wiederherzustellen.

Bezeichnenderweise wollen die Verschwörer ihren Anschlag nach bewährtem Muster durchführen: Der „Tyrannenmord“ an dem römischen Staatsmann Gaius Julius Caesar dient ihnen bis ins Detail als Vorlage für die geplante Bluttat, das geht bis zum Datum – Mitte März, wie seinerzeit im alten Rom. Bei einer Parade auf der Place du Caroussel, wenn der Erste Konsul die Reihen abschreitet, soll ihm jemand eine Bittschrift überreichen. Auf dies Zeichen hin sollen sich die Verschwörer mit ihren Dolchen auf ihn stürzen.

Aber anders als sein großer Vorgänger Gaius Julius Caesar ist Napoleon sehr wohl bereit, auf entsprechende Warnungen zu hören. Und außerdem: Die Sache fliegt auf.

Der Polizei gelingt es, die Häupter der Verschwörung aufzuspüren und zu verhaften. Cadoudal und zwölf seiner Komplizen werden hingerichtet.

Aber nun geht es weiter.

Napoleon ist außer sich. Ihm ist klar, dass hauptsächlich die Bourbonen hinter dem geplanten, neuerlichen Anschlag stecken. „Dafür sollen sie blutige Tränen weinen!", ruft er aus. „Ich werde sie lehren, den Mord zu legalisieren!" Und erklärt pathetisch: „Ich bin es, der die Französische Revolution verkörpert." Wobei er da ja so Unrecht nicht hat – alle guten Seiten der Revolution sind in seinen Regierungsjahren tatsächlich bewahrt und zum Nutzen Frankreichs in die Tat umgesetzt worden.

Er sinnt auf Vergeltung.

Also: Ein Prinz sollte kommen nach dem Attentat? Ein Prinz aus dem Hause Bourbon? Welcher genau, das wussten die Attentäter nicht zu sagen. Napoleon hält also Ausschau nach einem greifbaren Bourbonenprinzen, um an ihm ein Exempel zu statuieren. Und da bietet sich als einziger Louis Antoine, Herzog von Enghien an. Der junge Mann ist ein Bourbone, stammt also aus dem Königshaus. Und was das Wichtigste ist – er ist in Reichweite. In der kleinen deutschen Stadt Ettenheim, keine dreißig Kilometer von Straßburg entfernt, lebt er im Exil und gibt sich seiner Lieblingsbeschäftigung, der Schnepfenjagd, hin. Gewiss ist er kein Freund

Bonapartes, aber seine Aktivitäten in Hinsicht Verschwörung sind gleich null.

Was also soll hier ein Exempel? Für Napoleon aber reicht es, dass er Bourbone ist. In einer Nacht-und-Nebel-Aktion lässt er den Herzog entführen und auf französisches Territorium verschleppen. Dort wird ihm ein Schnellprozess gemacht. Bereits eine Woche später wird Enghien standrechtlich erschossen. Beweise gegen ihn lagen nicht vor.

Unser korsischer Konsul hat seine „Vendetta" gehabt – Blutrache nach altem Ehrenkodex.

Bereits die Hinrichtungen der Verschwörer haben bei Joséphine Entsetzen hervorgerufen. Eine derartige Härte und Konsequenz sind ihr fremd, und sie fürchtet sich fast vor ihrem Mann.

Als sie von der Festnahme Enghiens erfährt, eilt sie sofort zu ihrem Mann.

„Bonaparte, um Gottes willen! Warum hast du diesen Mann verhaften lassen? Du willst doch nicht etwa ... ich meine – alle sagen, er hat doch gar nichts getan!"

Er verschränkt die Arme hinterm Rücken, runzelt die Brauen. „Alle? Was sind das für Leute?", fragt er scharf. „Von welchen politischen Neunmalklugen lässt du dir so etwas einflüstern?"

Sie zuckt mit den Achseln – natürlich kann sie nicht verraten, dass sie es von ihrer Kammerfrau gehört hat, da würde er wahrscheinlich erst richtig wütend. „Alle eben ...", erwidert sie vage.

„Dann bestell bitte ‚allen' einen schönen Gruß von deinem Mann, und sie sollen sich hüten, solch gottverdammten Unsinn zu verbreiten!", sagt er ironisch.

„Aber warum hast du ihn denn einkerkern lassen?"

„Verschwörung!", gibt er lakonisch Auskunft. „Würdest du mich jetzt bitte arbeiten lassen?" Er wendet sich seinem Schreibtisch zu. Joséphine bricht in Tränen aus.

„Was denn?“, fährt er nun auf. „Jetzt heulst du wegen dieses Bourbonen, den du gar nicht kennst?“

Ihre Unterlippe zittert. „Nein, ich kenne ihn nicht. Aber er ist ein Bourbone! Wenn du deine Hände mit seinem Blut befleckst, wenn du diesen Gefangenen töten lässt ... vielleicht kommst du dann irgendwann selbst aufs Schafott, wie mein erster Mann – und ich mit dir!“

„Du redest blühenden Unsinn!“, sagt er grob. „Und herzlichen Dank, dass du so ein abgrundtiefes Vertrauen in die Stabilität meiner Regierung setzest! Ich aufs Schafott, weil ich einen Bourbonen hinrichten lasse – was geht nur in deinem kleinen Köpfchen vor! Und jetzt raus, du störst. Du weißt, wie sehr ich es hasse, wenn sich Frauen in Regierungsgeschäfte einmischen!“

Sie verlässt ihn schluchzend. Und natürlich hat er in diesem Fall Recht. Joséphines Vorstellungen von politischen Zusammenhängen gehen nicht über ihr Nähkästchen hinaus. Aber ihr Herz sitzt am rechten Fleck, und das sagt ihr, dass aus einem politischen Mord nichts Gutes entstehen kann.

Als sie am Morgen des 22. März durch Madame Rémusat, ihre Vertraute, von der Hinrichtung erfährt, läuft sie im Negligee, unfrisiert und ungeschminkt, in Bonapartes Zimmer. Er ist bereits bei der Arbeit. Joséphine ist in Tränen aufgelöst, und diesmal sind sie echt, diese Tränen. Sie wirft sich in seine Arme. „Er ist tot!“, schluchzt sie. „Ach mein Freund, was hast du getan?“

Er schließt sie stumm in die Arme. „Hab keine Furcht. Alles wird gut.“

Zunächst sieht es nicht danach aus – zumindest nicht außenpolitisch. Die Hinrichtung Enghiens ruft in ganz Europa einen Sturm der Entrüstung hervor. Bislang war es ruhig, nun wendet man sich wieder gegen Frankreich. Und die zynische Einschätzung Fouchés – der übrigens während dieser

Zeit gerade erneut „in Ungnade“ ist und wie schon einmal sein Ministerium kurzfristig verloren hat – trifft den Nagel auf den Kopf. Als ihm gegenüber jemand behauptet, diese Exekution sei ein Verbrechen, erwidert er kalt: „Schlimmer als ein Verbrechen. Eine Dummheit.“ –

Sie sitzen einander gegenüber am Spieltisch, Joséphine, Madame Rémusat und Fouché, der ungeachtet seiner Misshelligkeiten mit Bonaparte noch immer zu Madame Bonapartes engsten Vertrauten zählt. Die Francs häufen sich, wie fast immer, bei der Konsulin. Sie ist nun mal eine gewiefte Spielerin, der nicht einmal ein Fouché das Wasser reichen kann.

Gesammeltes Schweigen, nur das leise Klatschen, mit dem die Karten auf den Mahagonitisch gelegt werden. Joséphine ist weiter am Gewinnen. Schließlich spielt sie den letzten Trumpf aus, streicht mit einer routinierten Bewegung das Geld in ihren gestickten Pompadour und lächelt die beiden an. „Es ist mir ein Vergnügen, gegen Sie zu spielen! Claire, Monsieur – Sie schummeln wenigstens nicht, wie der Erste Konsul.“

„Der Erste Konsul schummelt vielleicht beim Pharaospiel“, sagt Fouché achselzuckend, „aber anderswo hat er das nicht nötig. Er pokert hoch und gewinnt. Fast immer.“

Joséphine seufzt. „Claire, würden Sie sich wohl kurz kümmern? Wo bleibt der Diener mit dem Kaffee und dem Cognac?“

Die Rémusat versteht den Wink mit dem Zaunpfahl; Madame will mit Fouché allein sprechen. Sie knickst und entfernt sich mit wissendem Lächeln.

„Er gewinnt fast immer, sagen Sie?“, nimmt Joséphine den Faden wieder auf.

Fouché ist aufgestanden und lehnt nun am Kamin, wie das Bonaparte auch gern tut. Sie sieht zu ihm auf. Sein bleiches, langes Pferdegesicht ist wie immer unbewegt. „Wenn überhaupt möglich, dann ist die Unterstützung für den Ersten Konsul hier im Land noch größer als zuvor. Die alten Jakobiner sind auf einmal sehr zufrieden mit ihm. Nun klebt doch auch an Bonapartes Händen das Blut der Bourbonen. Er ist einer von ihnen."

Dass es ihm selbst eine grimmige Genugtuung bereitet, nun den Mann auf seiner Seite zu haben, der noch vor gar nicht langer Zeit dies hässliche Wort vom „Mörder von Lyon" gegen ihn verwendet hat, verschweigt er natürlich.

Joséphine ringt die Hände. „Sagen Sie nicht so etwas Furchtbares, Fouché! Mein Mann ist doch kein Mörder!"

„Das liegt im Auge des Betrachters, Madame."

„Werden die Royalisten ..."

„... ach, die Royalisten! Ich muss schon gestehen, das ist wirklich ein undankbares Pack. Da hat er die Geächteten ins Land zurückgeholt, gibt ihnen die Bürgerrechte – und sie starren nur wie gebannt auf den leeren Thron von Frankreich, in der Furcht, dass ein korsischer Emporkömmling da seinen Allerwertesten hinpflanzen würde!"

„Will er denn wirklich, Fouché? Was meinen Sie?" Es klingt verzagt.

„Er will, und er wird, Madame. Und natürlich wollen wir alle mit ihm. Wir, die wir ihn alle so lieben und verehren." Er verzieht dabei keine Miene. „Heute wurde im Senat der Antrag gestellt, dass der Erste Konsul seinen Ruhm unsterblich machen muss."

„Was soll das denn heißen?"

Fouché hebt seine dürren Hände und drückt sich selbst eine imaginäre Krone auf den Kopf. Und dazu grinst er. Sein Grinsen ist noch Furcht einflößender als sein stoisch unbewegtes Gesicht.

„Wer redet ihm denn so etwas ein? Diese ganzen Geschichten von Kaisertum ... und von Erbfolge ... Das sind doch ... das sind doch meine Feinde!" Ihr Gesicht hat sich gerötet. Die Rémusat kommt zurück, sie bringt das Tablett mit den Getränken gleich selber, setzt es ab. Joséphine greift nach einer Kaffeetasse, der Löffel klirrt, so fahrig sind ihre Hände.

„Ich selbst habe den bewussten Antrag gestellt."

„Wie bitte?"

„Sie haben richtig gehört, Madame."

Joséphine setzt ihre Tasse wieder ab. „Sie, Fouché? Sie arbeiten gegen mich?"

„Nein, Madame. Ich arbeite für mich. Wissen Sie, ich möchte mein Ministerium wiederhaben."

„Cognac?", fragt die Rémusat.

„Ja. Unbedingt." Joséphine kippt das Glas in einem Zug. –

Der kaltherzige Fouché notiert im Hinblick auf die Erbfolgepläne Bonapartes später: „Es wäre zu wünschen, dass Madame stürbe, das würde die Schwierigkeiten beseitigen. Früher oder später muss er sich wohl eine Frau nehmen, mit der er Kinder zeugen kann, denn solange er keine Erben hat, muss er befürchten, dass sein Tod das Ende seines Frankreich bedeutet. Seine Brüder sind von nahezu empörender Unfähigkeit, und man würde erleben, dass eine neue Partei zu Gunsten der Bourbonen aufkommt."

Das ist eine wohl zutreffende Analyse der Zeiten. Doch wie zynisch gegenüber Joséphine, der Frau, mit der er traulich Kaffee trinkt am Kamin! Und Joséphine ist höchst alarmiert ... Aber ihre seit langem vorhandenen Ängste sollen nicht bestätigt werden. Noch nicht.

Ihre Majestäten

Wir halten fest: Napoleon wird Kaiser werden. Und weiter: Er beschließt, seine Frau mitzunehmen auf den Thron, sie zur Kaiserin der Franzosen zu machen. – Nun doch!, möchten wir ausrufen, trotz der Erbfolge-Querelen?

Dieser Entschluss speist sich aus unterschiedlichen Überlegungen.

Zu einem seiner Vertrauten äußert er sich empört über die Forderung seiner Sippschaft (die Familie hetzt weiter gegen Joséphine, natürlich): „Diese gute Frau aufgeben, weil ich in der Welt aufsteige? Sie tut bei Gott niemandem etwas zu Leide. Sie begnügt sich mit Diamanten, mit schönen Kleidern, das sind eben ihre kleinen Schwächen ... Wäre ich ins Gefängnis gekommen oder in die Verbannung geschickt worden, dann hätte sie mein Los mit mir geteilt. Soll ich sie wegschicken, weil ich zur Macht gelange? Ich bin ein Mensch mit den Gefühlen eines Menschen. Ich bin nicht von einer Tigerin geboren."

Es ist die Verbundenheit der gemeinsam durchlebten Jahre, sein Gefühl für Gerechtigkeit und Verantwortung, die ihn zu ihr stehen lassen. Und es kann nicht verschwiegen werden: Trotz dieser und jener Affäre, die er hat, ist er noch immer in sie verliebt.

Ihre Eleganz, ihre zierliche Figur, die Grazie ihrer Bewegungen, ihr geschmeidiger Gang, ihre tiefe, warme Stimme, ihr gurrendes Lachen und vor allem ihre Künste in der Liebe – das sind „Zutaten", denen die Hetzreden nichts anhaben können. Sie ist leichtsinnig, verschwenderisch, nimmt es mit der Wahrheit nicht so genau, flirtet gern – aber sie ist ihm nach der schrecklichen Nacht, in der sie vor der verschlossenen Tür gleichsam um ihr Leben flehte, zutiefst ergeben und hat ihm in den letzten Jahren geschickt geholfen, auf diplomatischem Parkett so gut wie im Umgang mit dem Volke den rechten Ton zu treffen. „Notre Dame de la Victoire" war und ist noch immer seine Glücksbringerin.

Und dann gibt es noch eine ganz „praktische" Überlegung, sie neben sich zur Kaiserin zu machen.

Napoleon ist noch ein junger Mann. Gerade einmal fünfunddreißig Jahre. Und trotz seiner zahlreichen Liebschaften hat er bisher noch keine Nachkommenschaft gezeugt. Was also, wenn das Problem vielleicht doch gar nicht bei Joséphine liegt, die immerhin zwei Kinder geboren hat? Wenn es eine Scheidung gibt, eine andere Frau Joséphines Stelle einnimmt, und es klappt trotzdem nicht mit Nachkommen? Dann ist er vor aller Welt blamiert.

Also lieber beim Altbewährten bleiben ...

Im Mai wird in einer feierlichen Senatssitzung der Beschluss gefasst, Napoleon zum Kaiser der Franzosen zu erklären. Jetzt ist es nicht mehr nötig, die Abgeordneten einzuschüchtern wie am 18. Brumaire 1800. In diesem Senat sitzen nur „seine" Abgeordneten. Eine sich anschließende Volksabstimmung sanktioniert mit überwältigender Mehrheit die Erblichkeit der Kaiserwürde – und auch hier muss man nicht mehr schummeln wie vor vier Jahren bei der Abstimmung über die neue Verfassung, die ihn zum Ersten Konsul machte.

Geschafft – könnte man denken, aber nun geht der Rummel erst richtig los. Denn ein Kaiser, der aus dem Nichts kommt, ein kleiner korsischer General, muss alles daran setzen, seine Macht auf Althergebrachtes, Bewährtes, Anerkanntes zu gründen. Er geht weit zurück in der Geschichte Frankreichs – er beansprucht, in der Tradition des Landesgründers zu stehen: in der Tradition Karls des Großen. Deshalb soll eine feierliche Krönung stattfinden, und deshalb soll das „Outfit" dieser Krönung anknüpfen an die althergebrachten Sitten. Das heißt also: Eine Krönung großen Stils, möglichst mit den alten Insignien, Zepter, Königsschwert und Krone Karls des Großen. Leider hat die Revolution davon wenig übrig gelassen. Krone und Zepter sind futsch (vielleicht eingeschmolzen), dafür gibt es gleich zwei Zeremonienschwerter (eins davon muss also notwendig falsch sein!) – der Kaiser wählt, was ihm am besten in der Hand liegt. Und die Krönung hat stattzufinden in der Hauptkirche von Paris, in Notre-Dame – und unter Beteiligung des Papstes! Ein Glück, dass Napoleon vor nicht allzu langer Zeit seinen Frieden mit der Kirche gemacht hat. Sonst wäre dieser Teil der Zeremonie wohl ein Wunschtraum geblieben, und das hätte unangenehme Folgen haben können. Denn die heiligen Weihen, die Krönung und Salbung durch das Oberhaupt der Kirche, machen letztlich in den Augen der aristokratischen Welt den Herrschaftsanspruch eines Königs oder Kaisers aus. Nur so sind die anderen Souveräne bereit, mit Napoleon als Gleichem unter Gleichen zu verhandeln. Nur so wird der Emporkömmling ebenbürtig. Glaubt Napoleon. –

Die Krönung wird für den 2. Dezember 1804 angesagt. Bis dahin hat man alle Hände voll zu tun! –

Nun, da Joséphine sicher ist, dass sie bleiben wird, stürzt sie sich mit Feuereifer in die Vorbereitungen zum bevorstehenden Ereignis. Die Wutausbrüche des Familienclans kann sie nun erst einmal gelassen ertragen – sie hat's ja geschafft. (Napoleon allerdings muss die über Joséphines bevorstehende Krönung empörte Sippschaft mit jeder Menge Titeln und Ehren beschwichtigen – davon gleich mehr.) Es wird eine große Inszenierung werden, ein Schauspiel, das jedes Theaterspektakel in den Schatten stellen soll, wenn den Franzosen ihr aus der Revolution erwachsener Souverän gegeben wird! Nichts darf dem Zufall überlassen werden, darin sind sich die beiden Eheleute einig.

Ein standesgemäßer Hofstaat für die neue Kaiserin gehört auch dazu. Natürlich will man als Ehrendamen der hohen Frau vor allem Angehörige des Adels gewinnen, aber das ist gar nicht so einfach. Obwohl von Napoleon begnadigt und ins Land zurückgeholt, haben die meisten dieser Aristokraten für den Parvenü, diesen Neureichen, und seine „kleine Kreolin" nur ein Naserümpfen übrig, und es bedarf Geld und guter Worte, um ein paar Vicomtessen und Duchessen zu bewegen, sich unter die zwölf Ehrendamen zu mischen – auf der Höhe der Macht werden es dreiundzwanzig sein.

Eine unüberschaubare Zahl von Kammerdamen und Ankleiderinnen, von Pagen, Garderobenmädchen und Kämmerern, von Leibdienern und Intendanten (Chefs) des Marstalls wird eingestellt, ja, sogar eine Hundemeisterin ist angesagt. Vier Kutscher und acht Postillone, zig Vorreiter und zwanzig Stallknechte sorgen sich um Joséphines hundert Pferde und den riesigen Fuhrpark. Alles nimmt urplötzlich unüberschaubare Dimensionen an. Joséphine ist wie betäubt von dieser aufgeblasenen Hofhaltung. Ihr ist klar, dass ihr kein Stückchen Privatleben mehr bleibt. Diese vielen Menschen werden jede Sekunde ihres Tages mit ihr teilen, keine Beschäftigung, für die nicht irgendwer aus dem Tross zuständig ist. Zuerst möchte sie sich am liebsten verkriechen, traut sich nicht vor die Tür. Aber ihr unbekümmertes Temperament und ihre Freude über ihren Sieg gegen die „Sippe" helfen ihr weiter. Im Juni wagt sie eine erste Ausfahrt mit großem Gefolge und genießt es mit vor Glück geröteten Wangen, dass die Menschen am Wegesrand „Es lebe die Kaiserin!" rufen.

Das hübsche Dekor, die geschmackvollen Kleinigkeiten sind von jeher ihre Domäne. Also kümmert sie sich vor allem um die Äußerlichkeiten für die Krönung: ihre und Napoleons Garderobe, ihren gemeinsamen Auftritt. Der ganze Hofstaat muss durchgestylt werden. Kein Detail darf dem Zufall überlassen bleiben.

Sie wirkt auf ihren Mann ein, damit er sich das bereits schütter werdende Haar kurz schneiden lässt – bis vor kurzem „baumelte“ es ihm immer noch wie „Spanielohren“ zu beiden Seiten des Gesichts herab. Von nun an kennen wir das strenge klare Gesicht Bonapartes mit dem an römische Cäsaren erinnernden Haarschnitt und den lässigen Strähnen, die ihm in die Stirn hängen. So werden die großen Porträtisten sein Bild der Nachwelt überliefern.

Stundenlang sitzt sie mit dem Modeschöpfer Leroy und den Künstlern Jacques-Louis David und Isabey zusammen. Sie entwerfen das szenische Gesamtkonzept für die Krönung. Es ist wie ein großes Theaterspiel – heute: wie das Szenarium zu einem großen Film.

Joséphine ist zu verdanken, dass die Hofdamen nicht wieder in den Reifröcken des Ancien Régime daherrauschen müssen, wie sich die Herren Modeschöpfer das zuerst vorgestellt haben. „Das ist ja Mittelalter!“, ruft sie aus. Schließlich einigt man sich auf schlichte, aber elegante, glatt fallende Kleider aus üppigen Damaststoffen, Ärmel bis zum Handgelenk, mit langem Umhang und Halskrause, einem Kelch, aus der sich der Kopf wie eine Blüte erhebt. Sehr kleidsam, besonders für eine kleine und schlanke Person wie Ihre Majestät ...

Napoleons Krönungsornat allerdings ist voll und ganz „Mittelalter“: Das lang wallende, dick mit Gold bestickte weiße Seidengewand, der schwere Krönungsmantel in rotem Samt und Hermelin. Die Krone (Karls Krone ist wie gesagt verschwunden) hat er in Form eines Lorbeerkranzes schmieden lassen – eingedenk der römischen Cäsaren, die sich ebenfalls mit dem Lorbeer des Sieges bekränzten.

Nun hat ja jedes Königshaus ein Emblem. Die Bourbonen hatten die Lilie. Was soll Napoleon für sein Haus wählen?

Nach langem Hin und Her kommt ein Historiker mit dem Vorschlag, die Biene zu nehmen. Angeblich hatte man im Grab eines alten fränkischen Königs Schmuck in Form einer goldenen Biene gefunden. Napoleon sagt das zu. Die Biene, ein Tier mit Fleiß und Gemeinsinn, arbeitsam für das Wohl des Ganzen bemüht – damit kann er sich durchaus identifizieren. Außerdem wirken diese Tiere zumindest als goldener Schwarm sehr dekorativ.

Die in ihrer Unbedarftheit oft sehr scharfsinnige Joséphine entdeckt, dass die Bienen so aussehen wie die bourbonischen Lilien, wenn sie auf den Kopf gestellt werden (die Flügel sind die sich öffnenden Blütenblätter). Eine äußerst hellsichtige Erkenntnis! Man könnte die alten Vorhänge in den Tuilerien einfach verkehrt herum aufhängen, und alles wäre in Ordnung ...

Das alles läuft ganz gut, und auch der Papst hat nach endlosen Verhandlungen und Beratungen mit dem Vatikan sein Kommen zugesagt.

Eitel Sonnenschein könnte herrschen, wäre da nicht einmal wieder der Familienclan.

Kaum ist die Ernennung zum Kaiser perfekt, kaum haben die Bonapartes begriffen, dass Napoleon sich nicht von seiner Joséphine trennen wird, so spucken sie Gift und Galle. Und wenn „die Alte" nun schon bleibt, soll wenigstens für sie, die Familie, einiges herausspringen an Ehren! Wie gesagt, jeder und jede will etwas anderes vom künftigen Kaiser. Der Älteste will als Thronfolger benannt werden. Madame Letizia beansprucht den Titel Kaiserin-Mutter. Da Bonaparte den Gattinnen seiner Brüder den Rang von Prinzessinnen zuerkennt, toben seine Schwestern. Warum sollen sie zurückstehen? Um des lieben Friedens willen macht er auch sie zu Königlichen Hoheiten – was ein neues Problem auf den Plan ruft. Laut Protokoll sollten sie Joséphines Schleppe tragen. Empörte Weigerung! Wie kommen sie nun dazu – als Königliche Hoheiten? Schließlich einigt man sich: Sie werden lediglich den Krönungsmantel „halten". (Man fragt sich: Wo ist der Unterschied?) Dafür bekommen sie jede einen Kämmerer zugestanden, der ihnen nun wiederum die Schleppe trägt. Es ist ein Zirkus sondergleichen.

Und dann gibt es da noch eine klitzekleine Kleinigkeit: Papst Pius, der inzwischen in Paris ist, erfährt im vorbereitenden persönlichen Gespräch mit der unbekümmerten Kreolin, dass der Mann, den er da nebst Gattin krönen und salben soll, überhaupt niemals mit seiner Frau kirchlich getraut worden ist! Nach den Vorstellungen der Kirche leben sie in Todsünde miteinander.

Pius droht, die sündige Frau nicht mit zu krönen. Am Abend vor der Zeremonie vollzieht schließlich „Onkel Fesch", Madame Letizias Bruder, die Trauung in aller Eile und in aller Stille in der Kapelle der Tuilerien. Damit sind alle Hindernisse beseitigt. Joséphine steht vor dem Höhepunkt ihres Lebens.

Es ist die Nacht zwischen dem 1. und 2. Dezember, die Nacht vor der Krönung. Was für ein Tag liegt hinter Joséphine! Zuerst die kirchliche Trauung durch Kardinal Fesch! Wenn Napoleon das auch mit einem Achselzucken als „Firlefanz" abgetan hatte – für sie war es ein erhebender Moment gewesen, nun auch nach „alter Sitte", wie vor der Revolution, verheiratet zu werden. Ein paar Tränen flossen auch. Aber dann war da keine Zeit mehr gewesen, dem Augenblick nachzuhängen. Die letzten Vorbereitungen zur Krönung liefen auf Hochtouren! Kostümprobe für alle, Schminkprobe, Fragen des Protokolls, Ablauf des Einzugs in die Kathedrale wieder und wieder probieren, lächeln, gute Miene zum bösen Spiel machen, wenn Caroline, die „Königliche Hoheit", erklärt, ihr Spitzenkragen wäre unbequem und sie sähe damit wie ein Hündchen mit Halsband aus (was stimmt), lächeln, stundenlang still stehen, wenn der Krönungsmantel an der Robe befestigt wird, lächeln, lächeln ...

Nun liegt sie im Bett und wartet auf den Schlaf. Aber der will nicht kommen, obwohl sie Laudanum eingenommen hat – nicht zu viel, morgen muss sie schließlich wach und munter sein.

Es ist still um sie. Sie hat das Licht gelöscht und die Hände auf der Bettdecke gefaltet. Sie lauscht auf die Geräusche von draußen – Hufschlag eines Pferdes dahinten bei den Stallungen. Ein geflüstertes Gespräch im Vorzimmer zwischen den Lakaien, die ihren Schlummer bewachen sollen.

Ich muss schlafen!, redet sie sich selbst zu. Ich muss schön sein morgen. Ich bin morgen Kaiserin. Herrscherin über die Franzosen. Sie muss lächeln. Frau Generalin Bonaparte ... nun Kaiserin.

„Du wirst Kaiserin sein!" Das hatte man ihr prophezeit in Martinique. Ja, die Prophezeiungen werden wahr. Was hatte sie noch gesagt, die weise Frau? Du wirst unglücklich sein? Das muss in weiter Ferne liegen. Denn jetzt ist sie glücklich. Glücklich an der Seite des kleinen Generals, der nun die höchsten Ehren und die höchste Macht erreicht hat und der ihr das Geschenk einer Kaiserkrone macht.

„Bonaparte!", flüstert sie, wiederholt den Namen, ungläubig und überwältigt, lächelnd und zärtlich.

Dann kommt endlich der Schlaf.

Die Krönung

Wochen vorher gibt es keine Karten für die Zeremonie mehr, und die Fenster, von denen man den Festzug betrachten kann, sind zu Höchstpreisen vermietet worden. Das gute Volk von Paris erwartet ein großes Spektakel – und das wird ihm geboten werden. Es ist vorgesehen, dass trotz des winterlichen Wetters die hohen Herrschaften in offenen Kutschen und nur im Schritt durch die Straßen fahren werden.

Damit bei der Zeremonie nichts schief geht, hatte Isabey, der „Maître de plaisir" (wir würden ihn heute wahrscheinlich Event-Manager nennen), eine Art Papiertheater gebastelt: Der Grundriss der Kirche Notre-Dame, bevölkert von kleinen kostümierten Pappfiguren, die die einzelnen Akteure darstellen. Dies Kunstwerk aus Papier stand wochenlang auf Bonapartes großem Schreibtisch, und täglich wurden die Abläufe geprobt. Es ging darum, dass jeder wusste, an welcher Stelle er zu welcher Zeit zu sein hatte. Drei Tage vorher durften die Beteiligten dann – zu den Klängen des Krönungsmarschs über ihre eigenen Füße und die Schleppen der anderen stolpernd – den großen Akt live probieren. Es war sehr anstrengend.

Der 2. Dezember ist ein trüber Tag. Matschwetter. Trotzdem sind die Pariser schon ab morgens auf den Beinen und harren der Dinge, die da kommen werden. Würstchen- und Maroniverkäufer machen hervorragende Umsätze, und der Glühwein geht weg wie nichts, damit man sich wenigstens innerlich aufwärmen kann.

Währenddessen macht man in den Tuilerien Toilette. Unter Isabeys Leitung vollbringen Haarkünstler und Visagisten, Kammerfrauen und Diener wahre Wunder an Joséphine.

Isabey schminkt ihr Gesicht und Dekolletee mit Bleiweiß und die Augenbrauen mit Bleischwarz, in die Augen wird Belladonna geträufelt, um den Blick groß und leuchtend zu machen (lauter tödliche Substanzen), Rouge auf die Wangen und Goldstaub aufs Haar. – Augenzeugen berichten übereinstimmend, dass sie mindestens um fünfzehn Jahre jünger wirkt. Die Kaiserin trägt eine weiße Satinrobe, bestickt mit goldenen Bienen und Silberbesätzen. Auch ihre Handschuhe sind goldbestickt. Der Diamantschmuck, den sie an Hals und Ohren, am Gürtel und als Stirnband im sorgfältig gelockten Haar trägt, wird auf mehr als eine Million Francs geschätzt. Ihr Kopf auf dem schlanken Hals wird von dem großen Spitzenkragen wie von einer Gloriole umgeben. Sie ist wunderschön. (Der große Krönungsmantel kommt erst in der Kirche dazu.)

Und Napoleon? Als Sansculotte ist er einst angetreten auf der politischen Bühne. Nun trägt er sie wieder, die Culotten, die Kniehosen des „alten Regimes“ – schließlich will er sich den Fürstenhäusern annähern! – Hosen und Strümpfe aus weißer Seide, ein purpurner Samtumhang, ebenfalls mit goldenen Bienen bestickt! Und während er, so gewandet, in seinem Zimmer auf und ab geht, erinnert er sich an seinen abgeschabten Soldatenmantel und die immer fehlenden Handschuhe, und es fällt ihm etwas ein – eine lange vergangene, aber nie vergessene Beleidigung. Sie liegt vor dem Tag seiner Hochzeit mit Joséphine.

Uns erscheint sie belanglos – aber nicht Napoleon.

„Man bringe mir Raguideau!“

Raguideau? Wer soll denn das sein? Irgendjemand erinnert sich schließlich: Ein kleiner Advokat. Hat er nicht einmal das Vermögen der Familie Tascher de la Pagerie aus Martinique in Frankreich verwaltet? Hat er nicht den Ehevertrag Napoleons mit seiner Frau ausgehandelt? Richtig.

Der alte Herr, noch immer niedergelassener Advokat, wird

gefunden und in die Tuilerien gebracht. Zahllose Lakaien reichen ihn weiter bis ins „Allerheiligste“. Niemand erklärt ihm, zu welchem Zweck er am Morgen der Krönung hier antreten soll. Ihm ist bänglich zu Mute. Völlig verwirrt tritt er vor Seine Majestät. Was kann der Kaiser am Morgen der Krönung von ihm nur wollen?

Und da wendet sich diese blendende Erscheinung, dieser mit allen Zeichen der Hoheit geschmückte Herr über Frankreich an ihn und sagt hämisch: „Nun, Monsieur Raguideau, habe ich wirklich nichts als meinen Mantel und meinen Degen?“

Raguideau starrt ihn mit offenem Mund an. Napoleon winkt herrisch und gibt Befehl, ihn wieder hinauszuführen.

Mantel? Degen? Der alte Advokat braucht eine ganze Weile, bis ihm einfällt, dass er ja damals seiner Mandantin Rose Beauharnais abgeraten hat, den Habenichts Buonaparte zu heiraten, weil der nichts außer seinem Mantel und seinem Degen hatte!

Ich finde diese Geschichte grandios. Zum einen ist sie ein Zeichen für das phänomenale Gedächtnis Napoleons, das nicht nur die Namen seiner Soldaten, sondern vor allem jede noch so geringfügige Kränkung speicherte. Als echter Korse war er nicht bereit zu vergessen, und schon gar nicht zu vergeben. Er musste seine Rache haben, mochte sie noch so klein sein. Und zum anderen zeigt die Geschichte natürlich, welch unbändiger Stolz auf das Erreichte in ihm wohnte. Ja, das war er, der kleine, halb verhungerte Kerl aus der Provinz, mit nichts als ebenjenem abgeschabten Mantel und jenem viel zu großen Degen – und darüber hinaus mit seinem Mut, mit seinem Erfindungsreichtum, seiner Intelligenz, mit seiner Fähigkeit, von der ersten Schlacht bis zu dieser Stunde das Glück beim Schopf zu ergreifen und seine Chance zu nutzen. Und nun stand er hier – auf der Höhe seiner Macht. Kaiser der Franzosen.

Das musste man Monsieur Raguideau einfach noch mal unter die Nase reiben. –

Dann Abfahrt aus den Tuilerien unter Kanonendonner um zehn Uhr. Die offene Kalesche des Kaiserpaars ist mit weißem Samt ausgeschlagen, acht isabellfarbene Pferde, geschmückt mit weißen Federbüschen, davor. Die Brüder Louis und Joseph dürfen in der gleichen Kutsche Platz nehmen. Dem Prunkgefährt folgen in dreizehn sechsspännigen Wagen der Rest der Familie, die Hofdamen und Offiziere, eskortiert von Pagen, hinten und vorne Militär in Prunkuniformen und ein Musikchor, dass einem die Ohren gellen ...

Und das gute Volk von Paris jubelt sich fast die Lunge aus dem Hals. Denn was da so prächtig daherkommt, das ist die Revolution, die es bis zum Kaisertum gebracht hat! Dieser Mann in Samt und Gold und Seide, das ist der tollkühne kleine General Bonaparte, mit dem gemeinsam ihre Söhne die Schlachten für Frankreich geschlagen haben und der später dafür gesorgt hat, dass es ihnen gut geht. Das ist der, der seine Soldaten mit Namen anredet und sich nicht zu fein ist, mit ihnen gemeinsam am Biwakfeuer einen Rotwein zu trinken. Und mit ihm gemeinsam, gleichsam stellvertretend durch ihn, haben sie es alle so weit gebracht. Die Revolution setzt sich auf den Thron. *Allons, enfants!*

Und so bewegt sich der Festzug im Schritttempo von den Tuilerien (den einstigen Palästen des Königs – jetzt des Kaisers!) vorbei am Louvre in Richtung auf die Kathedrale Notre-Dame. Ganz langsam! Man braucht für die Strecke von wenigen Kilometern fast zwei Stunden, damit die Pariser, die bibbernd am Straßenrand stehen, auch alles ganz genau bestaunen können, jedes Detail: Die blendende Pracht des Kaiserwagens, so vergoldet, dass es den Augen wehtut, und die zum Teil bizarren Fantasiekostüme des Hofstaats, mit ihren hohen Kragen oder Halskrausen, den kurzen Mäntelchen für die Herren, den mit wallenden Federn geschmückten Hüten von Herren und Damen. Alles ist ein bisschen wie in einem Märchen. Die „Gesamtausstatter" David und Isabey haben ganze Arbeit geleistet. Nach den Kosten fragt in so einem Moment keiner – es trifft ja wohl auch keinen Armen.

Und Joséphine? Sie sieht überirdisch schön aus – aber sie muss erbärmlich gefroren haben: Man hat die kaiserliche Kalesche zwar mit Bärenfellen ausgelegt, aber leider in der Aufregung die geplanten Wärmflaschen vergessen. In ihren dünnen Schuhchen und ihrem großen Dekolletee muss Joséphine gezittert haben wie Espenlaub! Aber ich denke mir, dass ihr die Kälte nichts anhaben kann in diesem Moment höchsten Stolzes und Glücks. Rose Tascher von der Insel Martinique, der eine Stadt und mit ihr ein ganzes Volk zu Füßen liegt!

Eine Stunde zuvor hat es schon einen anderen „Aufmarsch" gegeben: Papst Pius VII. in seiner Kutsche und mit militärischer Eskorte ist bereits zu seinem Arbeitsplatz aufgebrochen. Seinem Wagen reitet nach gewohntem Brauch ein Nuntius (ein Gesandter des Heiligen Stuhls) voraus, auf einer Eselin, um die Demut der Kirche vor Gott zu demonstrieren – was die Kinder der Revolution am Straßenrand mit Johlen und Pfeifkonzerten kommentieren. Für solche Zeremonien ist ihnen in den letzten zehn Jahren der Sinn abhanden gekommen.

In Notre-Dame verharrt der Heilige Vater im Gebet, bis die Hauptpersonen eintreffen. Der kaiserliche Zug hierher dauert, wie gesagt, der Papst muss fast zwei Stunden verharren – und wird vielleicht eher mit Befremden das Interieur betrachtet haben, statt zu beten. Er wird seinen Augen kaum getraut haben. Denn das Innere der Kirche ist nicht wiederzuerkennen. Auch hier hat der Stilwille der „Regisseure" dieses Spektakels alles umgekrempelt. Pfeiler, Mauern und Fassaden verschwinden hinter Pappkulissen, die dem Raum das Aussehen eines griechischen Tempels verleihen. In der

Mitte des Chores stehen zwei Sessel mit Baldachinen überschattet – der Ort der Krönung. Die eigentlichen Throne stehen auf einer riesigen Estrade, zu der achtzig Stufen hinaufführen. Im Kirchenschiff selbst sind ringsum Tribünen errichtet. Auf ihnen sitzen bereits die Geladenen, Vertreter aus ganz Frankreich, insgesamt achttausend Menschen. Wartend.

Und dann, endlich: Der feierliche Zug betritt unterm Dröhnen der Kirchenglocken und den Klängen des Krönungsmarsches, von dreihundert Musikern intoniert, die Kathedrale. Nun tragen die beiden hohen Protagonisten endlich die gewaltigen Mäntel mit den großen Schleppen, die zu „tragen" oder nur zu „halten" den Damen Bonaparte ein paar hysterische Anfälle wert waren.

Alles verläuft nach Regieplan. Salbung der Majestäten, Segnung der Insignien der kaiserlichen Macht – dann die eigentliche Krönung.

Feierlich erhebt der Papst den goldenen Lorbeerkranz. Er schreitet auf Napoleon zu. Die Menge auf den Tribünen reckt den Hals: Nur nichts verpassen jetzt! Und nun geschieht das Unerwartete: Napoleon nimmt den Kranz dem Papst aus der Hand – und drückt ihn sich selbst aufs Haupt. Nach einem Moment atemloser Stille beginnt der Jubelhymnus des Chors. Vivat Imperator in aeternum! (Der Kaiser lebe in Ewigkeit!) Napoleon ist gekrönt. Er ist fünfunddreißig Jahre alt.

Diese ungewöhnliche Form der Zeremonie, dass Bonaparte sich selbst den Lorbeer auf den Kopf setzt, war nach langem Hin und Her mit Pius VII. abgesprochen worden. Denn nicht von Gottes Gnaden kommt Bonapartes Kaisertum her. Er selbst sieht sich, so seine eigene Formulierung, als „gekrönten Vertreter der siegreichen Revolution". Nicht der Papst, sondern das souveräne Volk von Frankreich hat sich diesen Herrscher gekürt.

Und dann wird Joséphine gekrönt. Sie empfängt ihre hohe Würde aus den Händen ihres Mannes. Die Szene ist von Jacques-Louis David, dem Maler und Mit-Organisator des Spektakels, auf einem berühmten Gemälde festgehalten worden, das die volle Billigung der Kaisers fand. Im Kreis der Hofdamen und der Würdenträger kniet Joséphine auf einem blaugoldenen Seidenkissen, den Kopf gesenkt und die Hände fromm gefaltet. Napoleon steht vor dem sitzenden Papst, kehrt ihm den Rücken zu. Der Maler bildet ihn in dem Moment ab, in welchem er die Krone Joséphines hoch emporhebt und sich anschickt, sie ihr aufs Haar zu setzen. (Das gleichermaßen stimmungsvolle wie monumentale Bild hängt im Louvre und findet noch immer genauso viele Besucher wie die berühmte Mona Lisa.) Und ich denke, man kann nicht hoch genug einschätzen, dass Bonaparte nicht in Auftrag gab, seine eigene Krönung auf diesem Gemälde abzubilden, sondern dass es ihm um diese hoheitsvolle Geste der Verbundenheit zwischen ihm und Joséphine ging. Das schönste Zeichen einer Liebe.

Denn Napoleon macht bei dieser Krönung seiner Frau etwas sehr Privates und sehr Bezauberndes. Er drückt ihr die Krone hinter dem Diamantendiadem ins Haar, nimmt sie kurz wieder ab, platziert sie neu, arrangiert sie, bis ihm scheint, dass sie besonders vorteilhaft aussieht. Eine kleine intime Szene am Rande der „großen Oper".

Aber nicht genug damit – auch das Komische kommt noch zu seinem Recht in dieser Inszenierung. Freilich die ungewollte Komik. Als Nächstes nämlich haben die Majestäten die achtzig Stufen zu ihren Thronen zu bewältigen, hinauf auf die Empore, behindert von der Last ihrer gewaltigen Mäntel, die sie gleichsam nach hinten ziehen.

Hatten die reizenden Bonaparte-Schwestern, die ja diese Schleppen zu „halten" hatten, schon vorher durch ungleichen Schritt, Verzögerungen und Stehenbleiben bewirkt, dass Joséphine nur mühsam vorwärts kommt, so sehen sie nun ihre Stunde gekommen: Sie lassen los. Dreißig Quadratmeter bleischwerer Samt, goldbestickt und mit Hermelin verbrämt, drohen, die Kaiserin rücklings die Stufen hinabzuziehen! Joséphine bleibt stehen, taumelt. Greift mit den Händen in die Luft. Napoleon dreht sich um, hält sie fest, und mit einem scharfen Zischen ruft er seine boshaften Schwestern zur Ordnung. Im letzten Moment, sonst wäre seine Frau wahrscheinlich gestürzt. Ein unvorstellbarer Eklat.

Geschafft! Der Papst liest die Messe, und ich kann mir vorstellen, dass sie an den Ohren des hohen Paars in diesem Augenblick vorbeigerauscht ist, als wenn sie halb im Traum wären. Zu groß ist „der Ansturm erhabener Empfindungen". Danach zieht sich der Papst, das Oberhaupt der Kirche, zurück – mit gutem Grund.

Denn nun leistet Napoleon den zivilen Eid.

„Ich schwöre, die Gleichheit des Rechts und die politische und bürgerliche Freiheit zu erhalten ... Ich schwöre, die Unversehrtheit des Territoriums der Republik zu wahren ..." Und dann der Satz, den der Papst auf gar keinen Fall zur Kenntnis nehmen darf, weshalb verabredet war, dass er sich vorher verabschiedet: „Ich schwöre, die Freiheit des Glaubens zu achten und für ihre Einhaltung Sorge zu tragen!" Glaubensfreiheit war nicht gerade das Ideal der katholischen Kirche.

Der Eid endet mit den Worten: „Ich schwöre, dass ich für das Wohl und das Glück und zum Ruhme des Volks von Frankreich herrschen werde!"

Ein Herold verkündet feierlich: „Der ruhmreiche und erhabenste Napoleon, Kaiser der Franzosen, ist geweiht und hat den Thron bestiegen!"

Musik, Kanonenschüsse, Glockenklang. Es ist inzwischen fast drei Uhr geworden.

Napoleon sieht hinunter von seinem Thron in das bis auf den letzten Platz gefüllte Kirchenschiff. Das sind sie, die

Säulen seiner Macht. Sie, die die großen Ideale der Revolution in die Tat umsetzen. Da ist sein Hofstaat, keine müden Schranzen von altem Adel, sondern (auch in der merkwürdigen Verkleidung der Modeschöpfer) seine Männer und Mitkämpfer, seine Marschälle und Offiziere aus den Feldzügen von Italien und Ägypten, seine Minister, seine Juristen, die mit ihm gemeinsam den Code Civil erarbeitet haben, die Beamten aus den Provinzen, die strebsamen Unternehmer aus dem Bürgertum, die Steuereintreiber, die Präfekten, die kleinen Bürgermeister und und und. Alle haben sie ihre Fehler und Mängel, das weiß er. Manche sind eitel und intrigant, andere geldgierig und skrupellos, aber solange er die Zügel in der Hand hält, sind sie bereit, vor seinem Karren zu gehen, zum Wohl, zum Gedeihen und zum Ruhme von la France. Und zu ihrem eigenen natürlich auch.

Und neben ihm, nein, das heißt, eine Stufe unter ihm, so dass er über die flirrenden Edelsteine von Krone und Diadem und das seidig gelockte Haar hinwegsehen kann, sitzt sie, *Notre Dame de la Victoire*, seine Glücksgöttin. Seine Frau.

Eine Dame des Hofs schreibt über diesen Tag überschwänglich an eine Freundin: „Es war, als seien die Gnade, der Friede, das Gute und Schöne zur Erde herabgestiegen. In Joséphine verkörperte sich die begnadete Anmut, sie betörte die Augen, eroberte die Herzen; der Sieg war ihrer an diesem großen Tag."

Am Abend speist der Kaiser allein mit Joséphine unter den strahlenden Kandelabern des großen Bankettsaals der Tuilerien. Er hat sie gebeten, die Krone auf dem Kopf zu behalten – es steht ihr so gut!

Die beiden sind allein miteinander und auf dem glanzvollen Höhepunkt ihrer Macht.

Noch herrscht Frieden im Land.

Bonapartes und Joséphines Ehe wird noch genau fünf Jahre halten.

Die Ruhe vor dem Sturm

In den nächsten Tagen und Wochen gibt es allüberall Jubelfeiern und Festivitäten, die Ehrungen wollen nicht abreißen. Joséphine steht alles mit gewohnter Liebenswürdigkeit und nie versiegendem Charme durch, auch wenn ihr die Füße wehtun und sie sich stundenlang salbungsvolle Reden anhören muss.

Im März 1805 wird Hortense und Louis der zweite Sohn geboren. Das Kaiserpaar wartet diese Geburt noch ab. Danach geht es mit großem Tross nach Süden, denn Napoleon will sich auch noch zum König von Italien krönen lassen – das bedeutet die Herrscherwürde über all die Gebiete, die Frankreich von Österreich befreit hat. Triumphzug durch die norditalienischen Städte; der Kaiser zeigt seiner Gattin das Schlachtfeld von Marengo und erläutert ihr den strategischen Ablauf der Schlacht. (Sie unterdrückt ihr Gähnen nur mit Mühe.)

In Mailand, Hauptstadt der Lombardei, setzt sich Napoleon selbst die alte eiserne Krone der Könige der Lombarden auf, und er spricht die Worte: „Gott hat sie mir gegeben. Weh dem, der sie mir anrührt!“

Am Abend im Schlafzimmer ist er wieder ganz der Alte, macht seine derben Scherze mit seiner Frau, zieht sie am Ohr, kitzelt sie und klapst sie auf den Hintern, ruft, prustend vor Lachen und auf sie deutend: „Gott hat sie mir gegeben! Weh dem, der sie mir anrührt!“, bis sie wütend wird.

Und dann tut er etwas, was den Bonaparte'schen Familienclan fast zur Raserei bringt: Er setzt seinen Stiefsohn Eugène zum Vizekönig von Italien ein, zu seinem Stellvertreter!

Der junge Mann ist gerade einmal dreiundzwanzig Jahre alt – aber schließlich ist der Kaiser der Franzosen selbst erst fünfunddreißig. Und sein Stiefvater weiß, dass er sich auf ihn verlassen kann. Er hat Eugène ja bereits beim Ägyptenfeldzug dabeigehabt und konnte sich stets auf seine Loyalität, seine Hingabe und seinen Fleiß verlassen. Eugène ist eine glückliche Natur. Ritterlich, freundlich, zuverlässig, ohne krankhaften Ehrgeiz, ist er das genaue Gegenstück zu den Typen aus der Familie Bonaparte, und seine Ernennung zum Vizekönig ist eine kluge Entscheidung.

Die Anweisungen, die Bonaparte seinem Stiefsohn für dessen Tätigkeit gibt, sind so weit schauend und vernünftig, dass ich einiges daraus zitieren möchte. Es heißt darin:

„Das Ziel deiner Regierung muss das Wohl meiner italienischen Untertanen sein. In Italien musst du den Stolz, ein Franzose zu sein, ablegen. Du musst die Italiener davon überzeugen, dass du sie liebst. Sie wissen, dass es keine Liebe ohne Achtung gibt. Erlerne ihre Sprache, misch dich unters Volk, nimm an seinen Festen teil ...

Rede so wenig wie möglich. Du hast zu wenig Übung, und deine Ausbildung reicht nicht aus, um ungezwungen an Diskussionen teilzunehmen ... Übernimm selten den Vorsitz des Staatsrates. Du verstehst zu wenig davon, um es mit Erfolg zu tun. Wenn du es doch tust, dann sage nicht viel. Sie werden dir zuhören und müssen nicht merken, dass du nicht kompetent bist. Die Stärke eines Prinzen, der sich nicht äußert, kann man nicht einschätzen ...

Sei nie übertrieben freundlich zu Botschaftern – sie sind wenig von Nutzen. Ein Botschafter wird niemals gut über dich sprechen, weil es seine Pflicht ist, schlecht über dich zu sprechen. Die ausländischen Botschafter sind – eigentlich – offizielle Spione. Und umgib dich mit jungen italienischen Männern; die alten sind verdorben."

Mir gefallen diese Anweisungen sehr. Einmal zeigen sie,

dass Napoleon weit davon entfernt war, die Vorherrschaft der Franzosen unablässig betonen zu wollen – ihm ging es um ein Miteinander der Völker. Und die klugen Einschätzungen sowohl von Eugènes Fähigkeiten als auch von der Rolle der Diplomaten führen uns vor Augen, was Bonaparte für ein Menschenkenner als Politiker war.

Joséphine ist im siebenten Himmel über die Ernennung ihres Sohnes. Allerdings ein Wermutstropfen: Eugène muss seinen Wohnsitz in Mailand aufschlagen, kann nicht mehr bei ihr sein. Sein Rat war ihr wichtig, und er hat oft bei Streitigkeiten der Eheleute den Vermittler gespielt.

Mal wieder gibt es Tränen, und mal wieder kann sich Bonaparte einen herzlosen Seitenhieb nicht versagen: „Du weinst? Das geht wider die Vernunft. Du weinst, weil du dich von deinem Sohn trennen musst? Wenn dir deine Kinder so sehr fehlen, dann halte dir vor Augen, was ich empfinden muss – das Unglück, kinderlos zu sein!“

Und wieder taucht das Gespenst einer Scheidung vor Joséphines üppig überquellenden Augen auf ...

La Grande Armée marschiert

Dass der Frieden in Europa auf tönernen Füßen stand, das wusste niemand besser als der Kaiser der Franzosen. Was er allerdings als Erstes in dieser – seiner neuen – Eigenschaft erfährt, ist: Die Krönung des Bonaparte war in den Augen der alten Adelshöfe Europas nichts weiter als eine Farce, die größenwahnsinnige Geste eines Kleinbürgers, in keiner Weise dazu angetan, ihn aufzunehmen als Gleichberechtigten im Kreis der Herrschenden Europas. Zwar hören die Attentate auf – irgendwie hat man wohl Scheu vor einem gekrönten Haupt –, aber in den internationalen Beziehungen kriselt es stärker denn je.

Frankreich hat sich – so weit, so gut – starke Bastionen in Europa geschaffen, es hat seine Macht nach Italien ausgebreitet, hat Holland mehr oder weniger okkupiert, hat starken Einfluss in der Schweiz, und die so genannten Rheinbundstaaten – deutsche Fürstentümer – sind feste Verbündete. Das alles sind die Auswirkungen des letzten Krieges, und doch ist es eine künstlich wirkende Ruhe ...

Vor allem England liegt dem Kaiser im Magen. Es ist stark und allein deshalb schon eine ständige Quelle der Verunsicherung, ein „Pfand" für alle antifranzösischen Haltungen und Aktionen: Wer immer etwas gegen Frankreich unternehmen will, findet seine Unterstützung in London, und wenn es auch nur eine „moralische" ist.

Napoleon beschließt zu handeln. Und er agiert nicht aus der Verteidigung. Er greift an. Zunächst versucht er, durch hohe Schutzzölle die Einfuhr englischer Importe zu blockieren. Er streckt seine Fühler wieder nach den englischen Kolonien aus, Indien, Ägypten, der gesamte Orient sind die

Regionen, wo er den Inselgegner mit kleinen Aktionen treffen kann, ohne einen (1801 geschlossenen) Friedensvertrag dem Buchstaben nach zu verletzen. Die Spannungen verschärfen sich.

Am 23. Mai 1803 bereits erklärt England Frankreich erneut den Krieg. Napoleon hat provoziert, der Gegner nimmt den Fehdehandschuh auf. Aber zunächst passiert nicht viel. Man versenkt gegenseitig ein paar Schiffe, Bonaparte marschiert mir nichts, dir nichts in das Land Hannover ein, das (damals) zum englischen Königshaus gehört, und Frankreich sperrt seine Häfen endgültig für englische Waren. Man will die Industrie des Inselreiches treffen.

Und dann verfällt der große General tatsächlich auf den Plan, eine Invasion Englands vorzubereiten. Was ist in ihn gefahren? 1798 hatte er sich die Sache angesehen und weise darauf verzichtet, direkt gegen die Insel vorzugehen. Jetzt schätzt er die Situation völlig anders ein. Er lässt Transportschiffe für die Überquerung des Ärmelkanals bauen, obwohl er noch kürzlich selbst gesagt hat: „Zu glauben, dass Frankreich vor dem Ablauf von zehn Jahren eine der englischen ebenbürtige Flotte haben könnte, ist eine Chimäre (ein Hirngespinst)." Jetzt behauptet er, wenn Frankreich nur sechs Stunden die Kontrolle über den Ärmelkanal hätte, die See zwischen Insel und Kontinent, würde England aufhören zu existieren. Eine ziemlich großmäulige Aussage.

Und bestimmt eine Fehlspekulation. Sie in die Tat umzusetzen blieb den Franzosen erspart, denn jetzt treten die anderen europäischen Großmächte wieder auf den Plan. Wenn Bonaparte am Kanal beschäftigt ist – was für eine Chance, die Friedensverträge auf dem Festland zu brechen! Russland, eigentlich spinnefeind mit den Engländern, nähert sich Großbritannien an, die Habsburger – Österreich – sind mit von der Partie, Schweden sieht nicht ein, warum es sich nicht auch einmischen soll, und der König des süditalienischen

Neapel, ein Bourbone, ist der Fünfte im Bunde. (Nur Preußen hält sich erst einmal vorsichtig zurück.) Die dritte Koalition ist im Jahr 1805 geschmiedet, die Mächte der Reaktion, der Gegenrevolution, sind wieder bereit, dem revolutionären Frankreich die Zähne zu zeigen.

Nun wandelt sich der geniale Politiker Napoleon blitzschnell wieder in einen Feldherrn, vertauscht das Gesetzbuch gegen das Schwert. Dass er auf dem Schlachtfeld genauso souverän agiert wie hinterm Schreibtisch, hätten die Verbündeten eigentlich wissen müssen. Aber wahrscheinlich dachten sie, die Masse macht's, fünf gegen einen, das wird schon klappen. Vier halten ihn auf dem Kontinent in Atem, und England heizt der französischen Flotte im Mittelmeer ein. Ihnen steht mit Admiral Nelson ein hervorragender Stratege zur Verfügung. Und um die französische Seestreitmacht ist es nicht besonders bestellt ...

Dass die Geschichte Europas weitgehend aus Kriegen besteht, das ist eine traurige Wahrheit. Und nichts geht mir mehr gegen den Strich, als von Kämpfen und Schlachten, von Strategien, Manövern und taktischen Schachzügen, von Verwundeten und Toten zu berichten. Aber nun wird es nötig. Schlachten ungeheuren Ausmaßes bereiten sich vor. Doch der Reihe nach:

Die Feldzüge der französischen Armee – die von jetzt an den Namen Grande Armée trägt – sind eine Angelegenheit mit zwei Gesichtern. So mancher Beobachter vom heutigen Standort aus glaubt, in ihnen ausschließlich die Aktionen eines fanatischen Okkupanten zu erblicken: Napoleon, der unaufhörlich angreift, ganz Europa mit Krieg überzieht. Doch wer so denkt, der übersieht einiges – zumindest im Hinblick auf die Ereignisse zu diesem Zeitpunkt.

Zum Ersten: Natürlich ist Bonaparte während der zurückliegenden Jahre der Waffenruhe kein Unschuldslämmchen gewesen, natürlich hat er provoziert. Aber er ist viel zu weit blickend, um nicht zu wissen: Früher oder später werden sich Europas Feudalstaaten, werden sich die Adelshöfe wieder gegen ihn wenden. Der Kampf, der unter Zähneknirschen beigelegt wurde, wird wieder aufflammen, und wenn er selbst den Zeitpunkt bestimmen kann, ist er im Vorteil. Da kommt es ihm sehr entgegen, dass jetzt im Land Prosperität und Ruhe herrschen, dass seine Herrschaft allgemeine Zustimmung beim Volk findet.

Zum Zweiten: Dieser Krieg gegen die europäischen Feudalstaaten ist an seinem Beginn kein Eroberungskrieg gewesen. Frankreich hat seinen Boden und seine Errungenschaften verteidigt. Das Recht eines jeden souveränen Staates.

Zum Dritten: Jede Ideologie, ganz gleich, ob es nun eine Religion oder eine revolutionäre Umwälzung ist, hat einen „Alleinvertretungsanspruch", muss für sich selbst sorgen, wenn sie sich am Leben erhalten will, so tolerant sie sich auch gebärden mag. Natürlich hatte Bonaparte die hehre Absicht, Freiheit, Gleichheit und Brüderlichkeit zu den unterdrückten Völkern Europas zu bringen – doch dies hat auch einen „praktischen" Hintergrund: Gleichen sich die Ordnungen der anderen europäischen Staaten der Frankreichs an, so hat das Mutterland der Revolution von dort keine Angriffe zu fürchten, man sitzt miteinander im gleichen Boot. Und wenn man weiß, dass die alten Mächte einem am liebsten über Nacht an die Gurgel gehen würden (und das auch tun, sobald sie sich stark genug fühlen) – so geht man eben in die Offensive und eröffnet das „Match". Napoleon hat das in den zurückliegenden Jahren sehr rigoros bewerkstelligt, aber er hat auch die anderen Nationen respektiert – vorgeführt zum Beispiel mit den Hinweisen für Eugène, wie der junge Mann sich als Vizekönig zu den Italienern verhalten sollte. Und es geht so weiter.

Der Code Civil, der Code Napoleon, tritt in allen Staaten, die von Frankreich noch erobert werden, in Kraft und behält vielerorts Gültigkeit. Ein Segen! Die Abschaffung von Adelsprivilegien, die Enteignung von Kircheneigentum zu Gunsten des Landes, die Trennung von Kirche und Staat (ein tiefer Schnitt in die Machtausübung des Klerus) – das alles sind Einrichtungen, die durchaus im Sinne des Fortschritts wirken.

Der weit blickende Kaiser hat vor, eine Art Staaten-Föderation zu schaffen, mit gemeinsamer Währung, gemeinsamem Rechtssystem, freiem Reise- und Warenverkehr. „Jeder Reisende", so seine Worte, „soll sich in Europa zu Haus fühlen, ganz gleich, wo er sich aufhält." Das sind, angesichts der Kleinstaaterei in Deutschland und Italien, höchst progressive Ziele. Und so ist es nicht übertrieben, Napoleon (auch!) als einen Wegbereiter der bürgerlichen Freiheiten in einem vereinten Europa anzusehen – freilich ein vereintes Europa unter französischer Vorherrschaft. Also, die Völker „wie Schwestern geschart um Frankreich, das Mutterland der Freiheit". – Doch wir werden auch die Kehrseite der Medaille sehen, es ist nicht nur die neue Freiheit, die er bringt. Irgendwann kippt die Sache.

Auf die Kriegserklärung der dritten Koalition hin bricht Napoleon seine Pläne gegen die Briten augenblicklich ab. In Eilmärschen begibt sich die Grande Armée in Richtung Rhein, diesmal will er Österreich direkt angreifen – und an Napoleons Rockschößen klebt Joséphine! Sie, die sich sonst mit Händen und Füßen geweigert hat, ihm nachzukommen, wenn er auf einem Feldzug war, hat diesmal gebeten und gebettelt, ihm zumindest bis Straßburg folgen zu dürfen!

Obwohl gekrönt an der Seite des Kaisers, hat ihre Angst, verlassen zu werden, sie längst wieder eingeholt, und sie klammert, was das Zeug hält. Also nimmt Napoleon sie mit bis Straßburg, bevor er sich zur Truppe begibt, und sie residiert im renovierten erzbischöflichen Palais, einem wunderschönen Bau am Ufer der Ill, wo man für die Kaiserin ein vierzehn Räume umfassendes Appartement eingerichtet hat.

Und während ihr Mann sich am 1. Oktober 1805 von Straßburg auf den Weg macht, den „kürzesten und glanzvollsten Feldzug, der je geführt wurde" (seine eigenen Worte) vorzubereiten, tut Joséphine die Dinge, die sie am besten kann: Repräsentieren, die Leute bezaubern, Konzerte sponsern, Essen veranstalten, Spenden und Almosen verteilen – und so ziemlich alles kaufen, was ihr angeboten wird. Sogar Tiere, Pflanzen und Samen für ihr geliebtes Malmaison lässt sie sich aufschwatzen.

Napoleon schreibt ihr von seinem „Blitzkrieg" alle vier bis fünf Tage. Es geht in rasantem Tempo voran. Ettlingen, Stuttgart; am 10. Oktober hat er bereits die Donau überquert und befindet sich in Augsburg, am 12. in München. Am 19. Oktober kapituliert die dortige Heeresgruppe der österreichischen Armee.

In diesen Tagen gibt es allerdings eine Angelegenheit, die dem Feldherrn der siegreichen Armee einiges an Bauchschmerzen bereitet: Während zu Land alles läuft wie am Schnürchen, gibt es Probleme zur See.

Das Wetter ist schlecht. Und noch schlechter sind die Nachrichten, die eine verschwitzte Ordonnanz mit durchgerittenem Hosenboden ins Feldlager bringt.

„Depeschen für Seine Majestät!"

So, wie der Kerl aussieht, beschließen die Herren Adjutanten, soll er seine Depeschen lieber selbst überbringen. Das kann nichts Gutes sein. Und die Wutausbrüche der Majestät sind unangenehm.

Der junge Mann wird also mit einem Glas Wein gestärkt und dann von Hand zu Hand zum Zelt des Kaisers weitergereicht. (Ihm wäre viel lieber gewesen, wenn man ihm die Sache abgenommen hätte.)

Es ist schon dämmrig. In dem großen Zelt brennen Petroleumlampen, und über einem riesigen Tisch beugen sich ein halbes Dutzend Männer in dunklen goldbetressten Uniformröcken über ein paar Kartenblätter und reden halblaut und heftig miteinander. Welcher ist der Kaiser? Alle tragen sie die gleichen verdreckten hohen Reitstiefel, alle die gleichen Hosen, die vormittags vielleicht noch weiß aussahen.

Aber da ist nur einer, der den Hut aufhat: einen verbeulten Zweispitz aus Filz ohne Kokarde oder Rangabzeichen. Sein blauer Militärmantel hängt ihm über den Schultern. In der einen Hand hält er einen Becher mit Wein, mit dem er so lebhaft gestikuliert, dass das Getränk sowohl über die Karten als auch über die Uniformen der anderen Herren schwappt, ohne dass diese irgendwie protestieren. Den Daumen der Linken hat er in die Weste gehakt, die über einem ansehnlichen Bauch spannt, und das Haar hängt ihm unordentlich ins Gesicht. Er redet schnell und leise.

Dem jungen Mann klopft das Herz. Das muss er sein!

Andere Ordonnanzen drängen an ihm vorbei, hin zu dem kleinen Mann mit dem Weinbecher, nehmen Haltung an, lassen eine Order abzeichnen, halten ihm ein Stück Papier hin, auf die er schnell ein paar Zeilen kritzelt. Der namenlose junge Bote, Korporal seines Zeichens, hat gehört, dass die Handschrift des Mannes, den er sucht, nur von wenigen entziffert werden kann ... Prompt stehen da auch zwei Adjutanten an einem Schreibpult, die diese Papiere lesen und dann offenbar „dolmetschen", ins Leserliche übersetzen. Die kennen sich eben aus.

Der Korporal fasst sich ein Herz. Er tritt vor, salutiert und sagt mit angestrengter Stimme: „Eure Majestät! Depeschen von Admiral Villeneuve!"

Auf einmal herrscht Stille im Raum.

„Ah! Sehr gut!" Der Kaiser greift nach der Tasche mit den Papieren, und die Generäle drängen sich um ihn.

„Majestät!“

„Was ist, mein Sohn?“

„Diese Nachrichten ...“

Napoleon sieht ihm einen Moment starr ins Gesicht, in dies müde, abgekämpfte, verzweifelte junge Gesicht. Er versteht, Gesichter zu lesen und Situationen einzuschätzen.

„Sie sind für mich allein bestimmt, ja?“

Der Korporal nickt. Man hat es ihm nicht aufgetragen, aber jetzt kommt es ihm so vor, als hätte man ihm dergleichen gesagt. Er weiß ja, was für Botschaften er bringt ...

„Messieurs, bitte lassen Sie mich einen Moment allein!“ Der Weinbecher wird achtlos auf einer der Karten abgestellt. Die Generäle verschwinden schnell und lautlos. Napoleon nimmt dem Jungen die Tasche aus der Hand. „Schlechte Nachrichten vom Admiral?“, fragt er beiläufig.

„Majestät! Es steht alles darin!“

„Nun sag schon!“

„Bei Trafalgar – unsere Flotte – Admiral Nelson ...“

„Der verdammte Nelson! Schon bei Abukir ...“

„Er ist in der Schlacht gefallen, Majestät.“

Napleon nickt grimmig. „Aber erst, nachdem er gesiegt hat, *maledetto*!“ Er erbricht die Siegel der Depeschen. Wirft noch einen Blick auf den Boten. „Geh, mein Sohn. Sie sollen dir Essen geben und dich schlafen lassen. Ich brauch jetzt keinen, der mir zuschaut.“

Er sinkt in den Feldstuhl, überfliegt die Botschaften. Schlimmer kann es nicht kommen. Von den über 30 Schiffen der französischen Flotte sind zwei Drittel vernichtet worden. Weit über 4 000 Soldaten haben den Tod gefunden, mehr als 2 500 sind verwundet. Eine Bilanz des Schreckens.

Draußen rauscht der Regen. Der Krieg gegen England, das weiß er: Hiermit ist er verloren. Denn wenn England zur See nicht besiegt werden kann, dann überhaupt nicht.

Seine Fingerknöchel sind weiß, als er die Depeschen in

der Hand zerknüllt. Also vorwärts. *Allons, enfants!* Erobern wir Europa. Nie war es so nötig wie jetzt.

Und die Grande Armée stürmt weiter ins Herz des Feindes, nach Wien, Sitz der Habsburger und Hort der Reaktion. Die mit Österreich verbündeten und dort stationierten Russen suchen spornstreichs das Weite, der Wiener Hof wird eilends evakuiert, doch noch ist Wien nicht geschlagen.

Und dann, oh Seligkeit, wird Joséphine nachgeholt. Sie darf dem Siegreichen bis München hinterherreisen. Als sie am 3. Dezember in der Stadt einzieht, erreicht sie bereits die Nachricht ihres Gatten: Am Tag vorher hat er bei dem Dorf Austerlitz, nordöstlich von Wien, die vereinigten Heere Russlands und Österreichs glänzend besiegt.

Lakonisch berichtet er ihr: „Jetzt herrscht wieder Ruhe auf dem Kontinent, und hoffentlich bald auf der ganzen Welt; die Engländer können uns auf die Dauer nicht die Stirn bieten. Adieu, meine liebe Freundin, ich bin wohlauf und sehne mich inbrünstig danach, dich in die Arme zu schließen."

Die Grande Armée hat bei Austerlitz gegen einen zahlenmäßig weit überlegenen Gegner gesiegt; Napoleons militärisches Genie hat sich wieder einmal bewährt ... Wie gesagt – keine Schlachten im Detail in diesem Buch über Napoleon und Joséphine, deshalb wollen wir dem zusammenfassenden Urteil eines Fachmanns glauben, das ich hier zitieren möchte. General de Gaulle, Frankreichs Verteidiger gegen die Faschisten im Zweiten Weltkrieg und langjähriger Staatspräsident, dürfte qualifiziert sein, ein kompetentes Urteil abzugeben. Es lautet: „Die Feldzüge Napoleons sind für die Fachleute unsterbliche Vorbilder von Konzeptionen erhabener Einfachheit, von genauester Vorbereitung, wo nichts dem Zufall überlassen wird, von Ausführung des Geplanten mit einer gewaltigen Kraft, das Ganze umgeben von Prestige, Autorität und Energie." Ein blendendes Zeugnis fürwahr.

An dieser Stelle vielleicht ein paar Worte zu dem Thema: Wie ging man zu Haus mit der Tatsache um, dass nun wieder gekämpft wurde – abgesehen von dem cleveren Einfall, die Parade der glanzvollen Siegesmeldungen dieses eben beendeten Krieges als tägliche Bulletins ins Heimatland zu senden und zu veröffentlichen!? Wie also hielt man das Volk bei Laune?

Zumindest in den ersten Jahren der kriegerischen Auseinandersetzungen kann man davon ausgehen, dass Napoleons Politik breite Zustimmung findet. Die Feldzüge belasten die Bürger weniger, als man zunächst annehmen würde. Zwar sind alle jungen Männer zwischen zwanzig und fünfundzwanzig wehrpflichtig, aber das Reservoir ist so groß, dass man das Los entscheiden lässt, wer zur Truppe muss und wer nicht. (Wohlhabende Bürger können auch gegen einen Preis von ungefähr 2 000 Francs einen Ersatzmann kaufen; es trifft – dies nebenher – also mehr die Bauern und kleinen Handwerker.) Außerdem hat Bonaparte von Anfang an die Kosten des Unterhalts der Truppe den Ländern auferlegt, in denen sie gerade operiert, und die Besiegten zahlen außerdem hohe Reparationen. Im Lauf der kommenden Jahre geht er nach dem Vorbild des antiken Rom mehr und mehr dazu über, den Besiegten militärische Hilfskontingente abzuverlangen, sodass die Zahl der Franzosen im Heer sich verringert – eine europäische Streitmacht! Nein, das Mutterland spürt kaum eine Bürde. –

Der Friede von Pressburg als Frucht der Schlacht von Austerlitz macht der Fehde zwischen Frankreich und Österreich ein Ende. Entgegen den Warnungen des vorsichtigen Talleyrand diktiert Napoleon Österreich harte Bedingungen, nimmt ihm Gebiete fort und schanzt sie anderen, mit ihm verbündeten Fürsten zu. Er weiß: Er kann jetzt schalten und walten, wie er will. Europa ist für ihn ein Schachbrett, auf dem er seine Spielfiguren willkürlich hin und her schieben kann. Er ist ein Königsmacher (anders als mit gekrönten Potentaten lassen sich die Staaten nun einmal nicht regieren zu dieser Zeit), und er drückt den neuen Herrschern das Siegel Frankreichs auf, den Code Civil, der verhindert, dass sich feudale Willkür erneut breit macht. Er macht die Kurfürsten von Bayern und Württemberg zu Königen (was ihnen schmeichelt und ihn nichts kostet), und Joséphine schwebt im höchsten Glück, als ihr Sohn Eugène mit der Prinzessin Auguste von Bayern verheiratet wird. Die Ehe, obwohl aus dynastischen Gründen geschlossen, erweist sich als ein Glücksfall. Die beiden mögen sich. Nicht, dass davon ausgegangen wurde. Im Gegenteil. Als die Erzieherin der Prinzessin einmal Napoleon von den Gefühlen Augustes erzählen will, bricht der in Hohngelächter aus. „Madame, Sie scherzen wohl! Seit wann heiraten Fürsten aus Liebe? Sentimentales Gefasel! Politik und Staatsinteresse sind die einzigen Gründe für solche Ehen."

Recht hat er. Herzlos ist es trotzdem. Aber wie gesagt, die beiden jungen fürstlichen Eheleute haben Glück.

Eigentlich könnte Madame doch nun zufrieden sein. Hortense mit Louis, dem Bruder des Kaisers, verbunden, ein Kind der beiden ist da, ihr Sohn fürstlich vermählt und eingebunden in die Pläne Napoleons. Das Gespenst der Scheidung sollte gebannt sein. Wäre da nicht die Sippschaft!

„Die Monarchien nehmen ein böses Ende ...“

Hortense ist glücklich. Allein mit der Mutter und ihren Söhnen in Malmaison!

Sie ist ausgelassen wie ein Kind. Endlich unbeschwert sein! Entflohen der quälenden Gegenwart ihres eifersüchtigen und stets missgelaunten Mannes!

Sie hat die Kinderfrau weggeschickt und ihr Schleppkleid gerafft, um mit den Jungen ungestört Ball zu spielen, wobei allerdings der Kleinere, „Petit“ genannt, mit seinen gerade mal zweieinhalb Jahren eigentlich nur quietscht, in die Hände klatscht und hin und her rennt.

Joséphine, die ungeliebte Handarbeit, den Stickrahmen, in den Fingern, sitzt am Rand des Springbrunnens und schaut zu.

Schließlich fliegt der Ball in hohem Bogen über eine Hecke.

„Oh!“ Der kleine Napoleon-Charles zieht ein langes Gesicht. „Und nun?“

„Wir wollen nach einem Diener rufen, damit er uns den Ball holt. *Maman*, würdest du ...?“

Joséphine hebt die Hand, um nach dem silbernen Glöckchen zu greifen und jemanden herbeizuholen, lässt sie dann wieder sinken. „Nicht nötig, wie man sieht!“

Hinter der Hecke taucht das schiefäugige Katzengesicht Talleyrands auf, dann der ganze Mann. Er hält den Ball in der Hand.

Hortense schießt das Blut ins Gesicht. „Haben Sie unser Spiel – belauscht, Monsieur? Und zu welchem Zweck?“

„Aber Madame!“ Der hoch aufgeschossene Minister, gestützt auf seinen Stock mit Silberbeschlag, hinkt zunächst auf

Joséphine zu und küsst ihr die Hand, dann verbeugt er sich vor der jungen Frau. „Verzeihen Sie mir – aber ich war so gefesselt von der Anmut und Grazie Ihrer Bewegungen, von dem Temperament der Knaben – und Sie so beschäftigt ..."

Er wirft den Ball dem älteren Jungen zu, so schnell, dass der nur hinterherlaufen kann.

„Sicher wollen Sie meine Mutter sprechen", sagt Hortense kurz angebunden. „Ich werde mit den Kindern gehen." Sie kann diesen aalglatten Kerl nicht leiden.

„Ganz im Gegenteil, Madame – ich habe die Ehre, Ihnen eine Botschaft zu überbringen, die mir tiefinnere Freude bereitet. Darf ich Sie darauf vorbereiten, dass Ihnen in Kürze der Titel Majestät verliehen wird?"

„Ich verstehe nicht."

„Seine Majestät der Kaiser haben in seiner Güte geruht, die Königliche Hoheit Prinz Louis, Ihren Gemahl, zum König von Holland zu machen." Er verbeugt sich noch einmal, und seine grünen Augen glitzern vor – boshaftem? – Vergnügen.

Von Joséphine kommt ein leiser Ausruf.

„Louis – zum König von Holland? Aber das ist doch – das ist doch absurd! Louis kann doch nicht ..."

Es ist ihr nur so herausgerutscht, aber Talleyrand lacht plötzlich laut auf. „Sie bringen es auf den Punkt, Madame – aber sagen Sie es nicht dem Kaiser weiter", sagt er, plötzlich leise und vertraulich.

„Und überhaupt – diese Monarchien", Hortense schüttelt angstvoll den Kopf, „wir haben es doch hier in Paris gesehen – die nehmen ein böses Ende!" Sie bedeckt ihre Wangen mit den Händen. Ihre Augen stehen voll Tränen.

Talleyrand zuckt die Achseln. „Zweifellos", sagt er grinsend. „Aber für den Anfang ist es meistens ganz hübsch. Blicken Sie auf unsere verehrte Kaiserin, Ihre Frau Mutter." Er verbeugt sich wieder. „Ich sehe, wie ungemein Sie sich freuen. *Mesdames* – ich habe die Ehre."

Und eilig humpelt er davon.

„Spielen wir weiter, *Maman*?“ Der Junge zupft an ihrem Kleid, aber sie beachtet ihn nicht. Sie geht auf Joséphine zu, die aufgestanden ist. Der Stickrahmen liegt achtlos am Boden.

„*Mon Dieu, Maman!* Wie entsetzlich! Ich muss fort von hier, muss mit diesem – diesem Narren nach Holland! Muss dich verlassen! Ach, ich sterbe!“

Sie liegt schluchzend im Arm ihrer Mutter. Aber Joséphine, bleich wie ein Leintuch, sieht mit großen Augen über den Kopf ihrer verzweifelten Tochter ins Leere.

Das hat ihr gegolten, sie weiß es. Diese Formulierung: für den Anfang. Für den Anfang ist es ganz hübsch. Dieser Teufel! Und wie wird das Ende sein?

Nun bricht auch sie in Tränen aus. –

Blut ist dicker als Wasser, sagt der Volksmund. Das Blut des Bonaparte-Clans muss eine besonders dickflüssige Konsistenz gehabt haben. Wie lässt sich wohl sonst erklären, dass Napoleon, der sich in hellsichtigen Augenblicken der charakterlichen und intellektuellen Schwächen seiner Brüder und Schwestern sehr wohl bewusst ist (von ihren mangelnden Führungsqualitäten ganz zu schweigen) – dass er also dennoch bereitwillig die Throne Europas unter die Mitglieder dieser Sippe verteilt, wie ein Konzernchef die Posten der Chefetage an seine Verwandtschaft vergibt? Ist sein Misstrauen gegen all und jeden in seiner Umgebung wirklich so tief, dass er niemanden für kompetent hält, in seinem Sinne zu agieren und zu regieren?

Nepotismus (Vetternwirtschaft) nannte man so etwas im Mittelalter, wo es vor allem in Kirchenkreisen gang und gäbe war, Pfründe der weit verzweigten Familie zuzuschanzen. Aber Napoleon ist ein aufgeklärter Mann, er hat sich geistig meilenweit von solchen antiquierten und schädlichen Praktiken entfernt – und dennoch?

Zum Teil hatten sie ja auch gar keine Lust zum Regieren, die Lieben! Joseph, der Älteste, sträubt sich mit Händen und Füßen dagegen, nach der Vertreibung des bourbonischen Königs von Neapel (1806) dessen Nachfolge anzutreten – faulenzen und sich lediglich mit Königliche Hoheit anreden zu lassen, ist nämlich angenehmer, als tatsächlich Verantwortung zu übernehmen. Aber da wird der kaiserliche Clanchef böse: „Ich kenne nur solche Verwandten, die mir nützen. Diejenigen, die nicht mit mir zusammen aufsteigen, gehören nicht mehr zu meiner Familie!"

Verzweifelt wehrt sich auch Louis dagegen, in Holland die Regentschaft zu übernehmen. Holland, das von Napoleon in beispielloser Arroganz zu „einer Anschwemmung französischer Flüsse" erklärt wird (weil viele der Wasserwege Frankreichs hier ins Meer münden), muss es sich gefallen lassen, diesen Psychopathen als Souverän aufgedrückt zu bekommen. Für die arme Hortense, nun auch noch fern der mütterlichen Fürsorge, beginnt ein beispielloses Martyrium; sie soll nach Meinung ihres halb verrückten Mannes hinter jeder Hofintrige stecken und mit jedem Kerl, der sie auch nur von ferne anguckt, eine Liebschaft betreiben – schließlich ist sie so weit, dass sie sich in ihrer Verzweiflung tatsächlich einen Galan zulegt und mit ihm sogar einen Sohn hat ... Die Schwestern Napoleons mit ihren Männern bekommen ganze Herzogtümer zugeschanzt, und der absolute Taugenichts der Familie, Jérôme, der Jüngste, wird am Ende gar König von Westfalen, und er errichtet dort eine Lotterwirtschaft, die ihm von seinen Untertanen den wenig schmeichelhaften Beinamen „König Lustik" einträgt.

In diesen dynastischen Fehlentscheidungen manifestiert sich einmal wieder der Korse in Bonaparte: Vendetta ist erlaubt, Frauen haben zu gehorchen, und die Sippe geht über alles!

Ich denke, abgesehen davon, dass Joséphines Kinder sie

stärker „anbinden" an ihren Mann – über diese „monarchischen" Praktiken muss sie entsetzt gewesen sein. Das Machtpotenzial der Bonapartes nimmt zu. Allerdings, einen Vorteil hatten diese Maßnahmen für sie dann doch: Die furchtbare Familie sitzt ihr fortan nicht mehr in Paris vor der Nase.

Weit gescheitere Entscheidungen trifft Napoleon gemeinsam mit einigen deutschen Fürsten, die sich (natürlich nicht immer freiwillig) an seine Seite gestellt haben: Er gründet mit ihnen die Allianz des Rheinbundes. Die Souveräne erklären ihren Austritt aus dem uralten Verband des Heiligen Römischen Reichs Deutscher Nation, ohnehin seit Jahrhunderten von wackligem Bestand, und schließen einen Beistandspakt mit Frankreich. Im Kriegsfall haben sie ihrem Verbündeten nunmehr insgesamt 63 000 Mann zur Verfügung zu stellen. Daraufhin legt Franz II. von Österreich die deutsche Kaiserkrone nieder, einfach so, ganz sang- und klanglos. Eine Epoche geht zu Ende, und kein Huhn und kein Hahn kräht danach ...

Aber nun tritt Preußen auf den Plan – Preußen, das sich in einem Geheimabkommen mit Russland verbündet hat. König Friedrich Wilhelm III. findet, Frankreich sitzt ihm zu dicht vor der Tür. Es hat deutsche Fürstentümer auf seine Seite gezogen, und auf Österreich ist nun auch kein Verlass mehr. Er kriegt es mit der Angst und hält Angriff für die beste Verteidigung. Ohne auf die alliierten Russen zu warten, schlägt er los. –

Nie soll sich ein Monarch gründlicher verrechnet haben.

Napoleon reagiert wie immer blitzschnell. Die sieg gewohnte Grande Armée erledigt in zwei vernichtenden Schlachten den Gegner. Die einst so stolze Armee Friedrichs des Großen flieht kopflos, ein verängstigter Haufen, verfolgt von der französischen Reiterei. Am 1. Oktober 1806 hatte Friedrich Wilhelm den Krieg erklärt. Am 24. bereits zieht

Bonaparte an der Spitze seiner Truppen in Berlin durchs Brandenburger Tor. Der Hof nebst König und Königin ist vorsichtshalber nach Königsberg abgehauen.

Die Monarchien nehmen ein böses Ende ... Die alten wanken stark. Was mit den neuen wird, muss man sehen.

Bevor der Kaiser aber ins Feldlager gen Berlin ausrücken kann, gibt es mal wieder eine „Joséphine-Szene“: Napoleon will bei Nacht und Nebel nach Mainz, um sich mit den Fürsten des Rheinbunds für den bevorstehenden Krieg kurzzuschließen. Er hat nicht die Absicht, seine Frau mitzunehmen! Aber da hat er die Rechnung ohne sie gemacht.

Sie wacht mitten in der Nacht auf, und ein Blick aus ihrem Fenster macht ihr deutlich, was der Lärm soll: Die achtspännige Reisekutsche ihres Mannes, sein „Schlafwagen“, ist startklar gemacht worden. Er will fort, und ohne sie!

Sie greift sich das erstbeste Kleidungsstück, schlüpft in ihre Pantoffeln und nimmt sich nicht einmal Zeit, Rouge aufzulegen. Constant, Bonapartes Kammerdiener, weiß zu berichten: „Laut weinend, wie ein kleines Mädchen, das man gegen seinen Willen ins Pensionat zurückbringen will, läuft sie durch die Appartements, die Treppen hinunter und stürzt sich dem Kaiser in die Arme, genau in dem Moment, als er sich anschickt, den Wagen zu besteigen.“

Was bleibt ihm übrig? Er muss sie mitnehmen. Dass ihn diese ewigen Tränenströme auf die Dauer unendlich genervt haben müssen, kann man sich vorstellen. Aber die „kleine Kreolin“ kann und will nicht aus ihrer Haut. Impulsiv und berechnend zugleich, strapaziert sie das Mittel „Heulkrampf“ bis zum Äußersten.

Dabei sind es ja nur ein paar Tage, die sie auf diese Weise herausschindet. Dann ist ihr Mann endgültig im Felde, gegen die Preußen ...

Um sie abzulenken und zu trösten, erlaubt Napoleon ihr, Hortense nach Mainz einzuladen. Aber zur Aufheiterung trägt das nun wahrlich nicht bei. Die Königin von Holland klagt ihrer Mutter ihr Leid, und die beiden Frauen weinen sich beieinander aus. Als der Kaiser davon erfährt, reagiert er unwillig. „Talleyrand kommt an und sagt mir, liebe Freundin, dass du immerzu weinst", schreibt er. „Was willst du eigentlich? Du hast deine Tochter, deinen Enkel und gute Nachricht von mir – du müsstest doch glücklich und zufrieden sein! Lebensmut und Heiterkeit, das ist das Rezept!"

Man sieht, die Stimmungslagen der Ehegatten klaffen weit auseinander. Bonaparte strotzt vor Energie und Tatendrang, er ist auf Erfolgskurs, alles gelingt ihm – und diese weinerliche, von Verlassensängsten und Vorahnungen geplagte Frau, die ihm mit ihrem Gejammer die Laune verdirbt!

Und es stimmt: Die Krönung zur Kaiserin ist nun zwei Jahre her – und diese Verlassensängste, so tief in ihr verwurzelt, lassen sich nicht beherrschen, brechen immer wieder auf.

„*Maman*, was ist das denn?"

Verwundert betrachtet Hortense die Stapel von bunten Päckchen, die sich an der Wand neben dem Spieltisch türmen.

„Ich habe mir ein paar neue Kartenspiele kommen lassen!", erklärt die Kaiserin. „Habe Benjamin, meinen Kammerdiener, beauftragt, alles aufzukaufen, was im Moment auf dem Markt ist."

„Und Benjamin hat das wörtlich genommen?" Hortense lächelt.

„Wie sollte er es denn sonst nehmen?", fragt Joséphine verwundert.

„Aber *Maman* – weißt du, wie viele das sind?"

Joséphine zuckt mit den Achseln. „Wir können ja Benjamin fragen ..."

Benjamin weiß es. „Es sind 148."

Hortense wartet, bis der junge Mann den Raum verlassen hat. „Was um Himmels willen hast du damit vor?"

„Natürlich Patiencen legen! Wir können auch gemeinsam ..."

Hortense fasst ihre Mutter bei den Händen, zwingt sie, ihr ins Gesicht zu sehen. „*Maman*! Wir können immer nur ein einziges Spiel nehmen, wenn wir uns Patiencen legen, nicht wahr?"

„Ja, sicher. Aber so haben wir doch Auswahl. Vielleicht ist das eine hübscher als das andere, und so ..."

„148 Kartenspiele!" Hortense sieht: Ihre Mutter lächelt. Aber in ihren Augen unter den silbern geschminkten Lidern flackert die Angst. Die Angst vor der Zukunft.

„Du glaubst an so etwas, nicht wahr? Du glaubst, dass dir die Karten die Zukunft sagen?"

„Nicht alles, was vor uns liegt, *chérie*. Das wäre auch – vielleicht gar nicht so gut. Nur so ein Stückchen davon. Also, wenn meine Patience aufgeht, kommt vielleicht am nächsten Tag ein Brief vom Kaiser."

Sie gießt aus einem Kristallkrug zwei Gläser voll, schiebt der Tochter eins zu. „Was ist das?"

„Probier nur!"

„Schmeckt wie Wasser."

Joséphine lacht. „Ist auch nur Wasser. Hysteriewasser!"

„Wie bitte?"

„Hat du schon vom Magnetismus gehört, *chérie*!?", fragt sie geheimnisvoll. „Dies Wasser ist magnetisiert. Es führt dem Körper Kräfte zu, die ihn stärken und beruhigen."

Hortense weiß: Ihre Mutter fällt auf jeden Quacksalber herein. Wahrsager, Kartenschläger, Propheten – alle haben bei ihr ein leichtes Spiel. Und alle werden fürstlich belohnt. Nun also Hysteriewasser! Was sie wohl dafür wieder ausgegeben hat! Sie schüttelt den Kopf: „Warum glaubst du nur an jeden Hokuspokus?"

Joséphine reckt den Kopf. „Weil es kein Hokuspokus ist, sondern Wahrheit! In Martinique hat man mir geweissagt: Du wirst Witwe werden. Und dein Vater ist gestorben, wie du weißt. Als Zweites: Du wirst Kaiserin sein. Und ist es nicht eingetroffen?“ Sie verstummt und stürzt den Rest des Wassers hinunter. Was ihr in diesem Augenblick einfällt: Die Wahrsagerin hatte (wir wissen es auch) noch ein Drittes gesagt: Du wirst unglücklich sein.

„Lass uns eine Patience legen! Aus einem von 148 Spielen!“ Sie lacht, und es gelingt ihr, dass es ausgelassen klingt. –

Ja, manchmal funktioniert es. Wenn sie dann am Abend eine „große Patience“ gelegt hat und die ist aufgegangen, kommt doch tatsächlich ein Kurier mit einem Brief ihres Mannes. Und wenn sie Glück hat, stehen darin so zärtliche Worte wie diese: „Für mich gibt es nur eine einzige Frau. Kennst du sie vielleicht? Ich würde sie dir gern schildern, doch ich müsste dir allzu viele Schmeicheleien sagen, damit du dich wiedererkennst; wahrhaftig, mein Herz weiß nur das Schönste von dir. Lang sind diese Nächte, ganz allein ...“

Doch bevor es zu einer entscheidenden Wendung im Leben unserer beiden Hauptpersonen kommt, noch einmal zurück zur Politik, zum Kriegsgeschehen.

Am 21. November entschließt sich Bonaparte nun doch zu einem weiteren Schritt gegen England. Wenn er das Inselreich schon nicht auf dem Meer oder zu Lande besiegen kann, will er ihm wenigstens weiteren wirtschaftlichen Schaden zufügen, und das aber richtig!

Ab sofort sollen alle Häfen des Kontinents für englische Schiffe gesperrt sein, englische Waren dürfen nicht mehr eingeführt werden. Staaten, die sich dieser so genannten „Kontinentalsperre“ nicht anschließen, werden als Feinde angesehen. Die Maßnahme, die vor allem die britische Wirtschaft schädigen soll (und es auch tut!), hat allerdings ebenso empfindliche Folgen für Europa. Vor allem Luxusgüter – feine Baumwollgewebe wie Musselin, aber auch Tee, Kaffee, Zucker – sie werden zur Mangelware. Aber wie immer ruft eine Mangelwirtschaft den Einfallsreichtum der Menschen auf den Plan. Not ist die Wiege der Erfindung, sagt ein Sprichwort. Da der Import von Rohrzucker aus den englischen Kolonien in Übersee gestoppt war, kam man darauf, einheimischen Rübenzucker zu destillieren, und ansonsten blühte der Schmuggel mit allem und jedem, was man nicht entbehren wollte! Joséphine jedenfalls hat niemals auf die kostbaren Musselinkleider verzichten müssen. Ihrem misstrauischen Mann machte sie weis, es handle sich um ein französisches Produkt ...

Nach dem so leichten Sieg über Preußen schickt sich Napoleon an, den Koalitionspartner des besiegten Landes, nämlich Russland, in die Knie zu zwingen. Aber es wird Winter, das Terrain ist ungünstig, die Franzosen sind weit von ihrem Nachschub entfernt. Der Kaiser beschließt, in Warschau Winterquartier zu nehmen.

Polen war in der europäischen Geschichte der letzten hundert Jahre der Pechvogel par excellence. Eingekeilt zwischen bedrohlichen Großmächten, war das Land der kriegerischen Habgier seiner Nachbarn zum Opfer gefallen. 1795, bei der so genannten dritten Teilung Polens (zwischen Preußen, Österreich und Russland), hatte das Land seine Unabhängigkeit völlig verloren.

Nun, da Preußen und Österreich am Boden liegen, sind die Grande Armée Frankreichs und der Kaiser der Franzosen die Befreier Polens. Und sie werden überschwänglich begrüßt, denn mit wachsender Unterdrückung ist auch das Nationalbewusstsein des polnischen Volkes gewachsen.

Der Feldherr ruht sich also aus in der Stadt an der Weichsel – und hat zuvor eine folgenschwere Begegnung. Folgenschwer für Joséphine.

Die Schöne im Pelzhäubchen

Es ist der Neujahrstag des Jahres 1807, und es herrscht klirrende Kälte. Natürlich ist weder die Witterung noch ein Feiertag Grund genug für einen Mann wie den Kaiser, eine Pause einzulegen. Es geht nach Warschau, und es soll schnell sein.

Napoleon ist schlechter Laune. Eingehüllt in seine Pelze, den Hut tief in die Stirn gezogen, versucht er gar nicht mehr, einen Blick durch die dick mit Eisblumen beschlagene Scheibe des Kutschfensters zu werfen. Wozu auch? Was er da draußen sieht, ödet ihn an. Endlose, frostklirrende Felder, unter Schneehauben hingeduckte Katen, kläffende Dorfköter, die seinen Tross begleiten und versuchen, den Gäulen in die Beine zu beißen. Misthaufen, Gänseherden, zerbrochenes Ackergerät. Könnte man alles vergessen, wenn nicht bei jedem Gutshof, bei jeder größeren Ortschaft eine Ehrendelegation bereitstehen würde, ihn, den großen Mann, den Befreier vom russischen Joch mit markigen Worten hochleben zu lassen – er nimmt jedenfalls an, dass sie das tun, denn er versteht kein Wort Polnisch und hat keine Lust, deswegen einen Übersetzer zu bemühen. Er winkt huldvoll, müht sich um ein Lächeln. Weiter.

Der nächste Ort heißt Kiernozia. Schon verlangsamt die Kutsche ihr Tempo.

Duroc, sein Adjutant und „Mädchen für alles", öffnet den Schlag des Wagens.

Napoleon schält sich stöhnend aus den Felldecken. „Das Übliche?"

„Das Übliche, Euer Majestät."

Soll er überhaupt aussteigen? Aber vielleicht brauchen die Pferde ja eine Pause, und irgendwo lässt sich ein Becher heißer Tee auftreiben – obwohl man ihm hier bisher immer nur Wodka angeboten hat.

Er lässt sich von Duroc aus der Kutsche helfen, drückt den Hut fester in die Stirn, verschränkt die Arme gegen die Kälte – und erstarrt.

Vor ihm steht ein Wesen wie aus einer anderen Welt. Es ist gekleidet wie die Bäuerinnen hierzulande in ihrer Festtracht. Mit Schnüren besetzte Samtjacke, weiter Rock, Lederstiefel. Aber unter einer Haube aus schwarzem Pelz quellen üppige blonde Locken hervor, die ein zartes Gesicht umrahmen, so zart und fein wie das einer Elfe. Wie alt kann dies Mädchen sein? Siebzehn? Sechzehn? Und wieso gibt es hierzulande solche Bäuerinnen?

Ihm ist auf einmal gar nicht mehr kalt. Wie gebannt starrt er dies Mädchen an, das nun vor ihn tritt und ihm mit einem tiefen Knicks auf ausgestreckten Händen Brot und Salz überreicht, die Gaben des Willkommens.

Und nun geschieht das nächste Wunder: Dies Wesen tut den Mund auf und spricht reinstes, makellosestes Französisch.

„Willkommen, Sire, tausendmal willkommen auf unserer Erde, in unserer Heimat, die dabei ist, sich zu erheben gegen die Unterdrücker. Ganz Polen ist überwältigt, Ihren Schritt auf seinem Boden zu fühlen."

Blaue strahlende Augen, vor Aufregung gerötete Wangen. Ihre Stimme zittert.

Er streckt die Hand aus, eigentlich, um nach einem Stück Brot zu greifen, wie es Sitte ist, es in das Salz zu tauchen und zum Munde zu führen. Aber dann tut er etwas ganz anderes.

Er nimmt den Hut ab.

Geraune ringsum. Als gekrönter Monarch, so will es die Etikette, darf er in Gegenwart jeder Person, die rangniedriger ist als er selbst, den Hut aufbehalten ...

Das Wesen, das junge Mädchen, die junge Frau, errötet noch tiefer als vorher. „Sire, was tun Sie?“ Sie weiß also um die Bedeutung dieser Geste. Das ist kein Bauernmädchen – das ...

„Wer sind Sie, Mademoiselle?“, hört er sich selbst sagen. Seine Stimme klingt heiser.

Sie schluckt. „Eine polnische Patriotin“, sagt sie. Fügt hinzu: „Und eine glühende Verehrerin von Euer Majestät.“ Sie knickst, wendet sich plötzlich ab. Der allgemeine Jubel bricht los, und er steht da wie vom Blitz getroffen.

Napoleon hat die zweite große Liebe seines Lebens gefunden. –

Es dauert, bis er sich so weit gefasst hat, dass er Duroc beauftragen kann, das „Bauernmädchen“ wiederzufinden.

Der Aufenthalt in Kiernozia gestaltet sich also etwas langwieriger.

Duroc wird schnell fündig.

Nein, natürlich ist das bezaubernde Wesen kein Bauernmädchen.

Sie heißt Maria Walewska, erfährt er, und ist die Tochter eines verarmten polnischen Edelmanns, der gegen die übermächtigen russischen Nachbarn gekämpft hatte und auf dem Schlachtfeld den Tod fand.

Maria ist eine leidenschaftliche polnische Patriotin, eine junge Frau von hoher Bildung und großem Engagement. Vor einem Jahr hat ein reicher Provinzgouverneur um ihre Hand angehalten – die einzige Chance für die Familie, drückender Armut zu entgehen. Maria wird die Frau eines fünfzig Jahre Älteren. Nun lebt sie hier auf diesem Schloss, düster und voller Fledermäuse, weiß Duroc zu berichten. Und die Wände ihres Zimmers seien geradezu gepflastert mit Bildern ihres „Helden“ – Napoleon Bonaparte, der Befreier Polens.

Napoleon glüht vor Begeisterung und Ungeduld. „Ich

will sie wiedersehen! Lade sie nach Warschau ein!", befiehlt er.

Duroc fällt es nicht schwer, zu arrangieren, dass Maria in Warschau zu einem Ball eingeladen wird. Napoleon ist hin und weg. Eine Leidenschaft wie in der ersten Zeit seiner Liebe zu Joséphine packt ihn.

Nach dem Ball schickt er ihr ein Briefchen: „Ich habe nur Sie gesehen, bewundere nur Sie, begehre nur Sie. Antworten Sie unverzüglich, stillen Sie die unruhevolle Sehnsucht von N."

Aber so leicht ist die Walewska nicht zu haben. Sie sagt zunächst Nein.

Das spricht sich in Windeseile herum, und halb Polen ist außer Rand und Band ob dieser Weigerung. Wie kann eine Patriotin einen Mann wie den Kaiser, der als Befreier kommt, zurückweisen?! Die führenden Männer, Mitglieder der provisorischen Regierung, der neu installierten Duma, fordern sie sogar in einem Schreiben auf, sich fürs Vaterland hinzugeben!

Schließlich geht Maria zu ihm. In ihren Memoiren schildert sie uns eine Szene von so grotesk übersteigertem Gefühl, dass es uns schwer fällt, sie für bare Münze zu nehmen. Bonaparte soll seine Uhr auf den Boden geworfen und mit den Füßen darauf herumgetrampelt haben, schreiend: „Wenn Sie weiter mein Herz zurückstoßen und mir Ihre Liebe verweigern, werde ich Polen so zermalmen wie diese Uhr unter meinem Stiefelabsatz!"

Auf Anhieb fällt einem dazu die Geschichte mit dem österreichischen Gesandten ein, dessen kostbares Teegeschirr er zerdepperte – „so wie er Österreich zerschlagen werde". Also vielleicht doch glaubwürdig? Sozusagen eine Wiederholung eines bekannten Musters? Dass er jemals vorgehabt hätte, Polen zu zerschlagen, daran war gar nicht zu denken – er war ja (auch) gekommen, um es als Staat wiederherzustellen.

Wie dem auch sei, er macht der jungen Frau unheimlich Angst. Halb ohnmächtig will sie sich ihm schließlich hingegeben haben.

Und dann geschieht etwas, das diese Beziehung tatsächlich zu etwas Besonderem macht: Sie verliebt sich. Erwidert Napoleons Gefühle leidenschaftlich, ernsthaft und mit beständiger Treue. Und natürlich sieht die Zwanzigjährige in dem Siebenunddreißigjährigen mehr als nur den Mann. Sie liebt ihn auch als den Befreier Polens.

„Meine kleine Patriotin" nennt er sie. Und verspricht ihr eine Wiedergeburt ihres Landes – ein Versprechen, das er einlösen wird.

In den kommenden Jahren werden die beiden jede Gelegenheit nutzen, einander zu besuchen, in Frankreich oder in Polen. Im Gegensatz zu Joséphine jammert Maria nicht. Sie macht ihrem Geliebten keine Szenen, wenn die Pflicht ihn ruft, sie versteht es, dass sie nicht ständig bei ihm sein kann. Ihre feurige und zärtliche Liebe, ihr Temperament bindet den großen Korsen fest an sie. Maria wird dem Kaiser der Franzosen auch dann die Treue halten, wenn er ins Exil geht. Sie wird nie einen anderen Mann erwählen. – Und da wir gerade dabei sind, einen Vorgriff zu tun: Das Allerwichtigste – Maria wird ein Kind bekommen. Sie wird Napoleon einen Sohn gebären! Das wird den Bann brechen und die „heimischen Dinge" in Bewegung bringen. Der Kaiser wird spätestens dann wissen, dass es nicht an ihm liegt, wenn die Ehe mit Joséphine kinderlos geblieben ist ... Es wird Folgen haben. Die Kaiserin, wenn sie dann davon erfährt, wird diese Folgen fürchten.

Doch zurück in die Chronologie. In diesem Frühling 1807 bleibt Joséphine noch etwas nicht erspart. Der kleine Napoleon-Charles, ihr Enkel, erkrankt schwer an Kehlkopfdiptherie und stirbt qualvoll nach wenigen Tagen ... Dieser Tod des Enkels (im Zusammenhang mit der – späteren – Geburt des Napoleon-Sohnes) wird ihr Ruin, das kann sich jeder ausrechnen! Denn immer noch, trotz der gescheiterten Adoptionspläne, hat auch Bonaparte in Hortenses Kind so etwas wie seinen Thronerben gesehen. Immer noch war da also eine Bindung zwischen Joséphines Familie und der ihres Mannes, eine Bindung, die schwindet.

Napoleon betrauert den Tod des kleinen Charles aufrichtig. Er hat das Kind sehr gemocht. Seinem Bruder Louis, dem Vater des Kindes, fällt angesichts dieser Trauer nichts Besseres ein, als zu vermuten: „So war es doch sein Sohn!" Wahrlich ein kranker Mensch.

Aber im Übrigen machen die räumliche Distanz zu Joséphine, die sich nun wieder in Paris aufhält, die unablässige harte Arbeit als Feldherr und Politiker und die neue Liebe zu Maria, dass er mit seinem Schmerz um das Kind schnell fertig wird.

Die Briefe, die er an seine Frau schickt, empfehlen ihr immer wieder „Charakterstärke". Und noch etwas empfiehlt er ihr: „Würde". Er meint natürlich die Würde der Kaiserin angesichts dieses familiären Schicksalsschlages; in ihren Ohren muss dies Wort indes ganz andere Wirkungen haben. Er hat gut reden – angesichts seines Seitensprungs ... den er im Übrigen versucht, vor ihr zu vertuschen.

Später einmal wird er seiner Frau „Verlogenheit" nachsagen. (Womit er ja auch Recht hat: Die Schulden und Hippolyte!) Seine Briefe allerdings, die er im ersten halben Jahr 1807, auf der Höhe seines Glücks mit der Walewska, nach Haus schickt, sind wahre Highlights der Heuchelei und Lüge.

Und natürlich hat Joséphine von der „polnischen Liebschaft" erfahren. Auf ihre Anmerkung „Ich habe mir einen Gatten genommen, um mit ihm zu leben!" antwortet er herablassend und spöttisch: „In meiner Unwissenheit dachte ich, die Frau sei für den Mann geschaffen, der Mann fürs Vaterland, für Familie und Ruhm. Verzeih meine Ignoranz, von unseren schönen Damen kann man immer was dazulernen!“

Oder – in direkter Anspielung auf seine Liebschaft: „Wie gewohnt setzt du dir etwas in dein hübsches Kreolinnenköpfchen und bist zu Tode betrübt. Sprechen wir nicht mehr davon!“

Am 18. Mai: „Ich verstehe nicht, was du mir von Damen erzählst, die angeblich mit mir in Verbindung stehen. Ich liebe doch nur meine kleine Joséphine, gut, leicht gekränkt und launisch. Sie ist immer liebenswert, außer dann, wenn sie eifersüchtig ist, dann wird sie zur Teufelin. Doch kommen wir auf gewisse Damen zurück. Wenn ich mich mit einer von ihnen abgeben sollte, müsste sie ja so liebreizend wie deine Gartenrosen sein. Könnte das wohl der Fall sein?“

Napoleons Briefe an Joséphine – ein Kapitel für sich. Es fällt uns schwer, auseinander zu halten, wann er heuchelt, wann seine Gefühle echt sind. Und vielleicht ist es auch gar nicht immer auseinander zu halten. Was ihn an diese Frau band, das ist eine sehr komplexe Angelegenheit. Gewohnheit, erotische Abhängigkeit, Faszination, Zärtlichkeit – alles ging durcheinander. Aber natürlich gibt es auch Fälle von kaltherziger Heuchelei. So einen haben wir hier.

So also führt man seine Frau an der Nase herum. Nun, es wird nicht mehr lange vonnöten sein. Er hat seinen Entschluss gefasst.

Das Kapitel Joséphine muss abgeschlossen werden.

Zar und Kaiser

Die Kämpfe gegen die russische Armee erweisen sich als äußerst schwierig. Bei dem Städtchen Eylau bleibt das Geschehen unentschieden; die Grande Armée ist erschöpft und brauchte dringend frische Kräfte. Erst im Juni 1807 bringen die Franzosen den Russen die entscheidende Niederlage bei.

Im gleichen Monat treffen sich auf einem Floß inmitten des Flusses Njemen bei Tilsit der Kaiser der Franzosen und Zar Alexander von Russland zu Friedensverhandlungen.

Alexander kommt mit Misstrauen, aber als der kleine Mann mit dem Zweispitz und dem einfachen Militärrock mit ausgebreiteten Armen auf ihn zukommt, ist dies Gefühl wie weggeblasen. Die grauen Augen des Kaisers üben eine merkwürdige Anziehungskraft auf ihn aus, eine Macht, und der junge Zar hat das Gefühl: Diesem Menschen kann man vertrauen. (Das Suggestive in Napoleons Blick, sein Vermögen, Leute in seinen Bann zu zwingen, haben viele vor dem jungen Zaren erlebt – manch einer fürchtet sich davor ...) Die beiden Potentaten beginnen nun also mit einem Länderpoker. Napoleon beansprucht Unabhängigkeit für Polen und sichert dafür dem Zaren freie Hand in Finnland zu, worauf der Russe schon lange erpicht ist, denn das bedeutet gute Häfen. Natürlich kommt man dabei auch auf England zu sprechen. „Sire, ich hasse die Engländer, so wie Sie sie hassen!", sagt der Zar am Ende der Unterredung beider über die Rolle dieses britischen Inselstaates in Europa. Worauf Napoleon das Herz aufgeht und er mit den Worten „In diesem Fall lässt sich alles regeln, und der Friede wird gemacht!" eine Ära zwischen Frankreich und Russland einläutet, die ihm, dem Kaiser, seit langem vorschwebte: Beides sind große mächtige Länder des Kontinents, und beide ziehen an einem Strang, Garanten für den Frieden ... Vor allem im Augenblick: Denn nun sind auch die Russen Partner der Blockade. Die Potentaten umarmen sich.

Trotzdem werden sich die Gespräche mehrere Wochen hinziehen. Das hat unter anderem seinen Grund darin, dass sich die beiden Alleinherrscher gegenseitig äußerst anziehend finden. Sie lassen sich Zeit. Napoleon ist regelrecht hingerissen von dem schüchternen, fast knabenhaften blonden Mann von dreißig Jahren.

„Wäre Alexander eine Frau, ich glaube, ich würde mich leidenschaftlich in ihn verlieben!“, sagt er. Er setzt alles daran, den jungen Souverän auch „emotional“ für sich zu gewinnen, und entfaltet all den Charme, zu dem er durchaus fähig ist, obwohl er sich dergleichen im Umgang mit seiner nächsten Umgebung gründlich abgewöhnt hat.

Zu diesem Zeitpunkt dürfen wir uns Bonaparte nicht mehr als den schlanken Mann mit dem ebenmäßigen Gesicht vorstellen, der er einmal gewesen ist. Er ist in die Breite gegangen, beziehungsweise er hat sich ein Bäuchlein angefuttert – er nimmt seine Speisen unregelmäßig zu sich, oft hastig, und verzehrt viel Ungesundes (was man im Felde so kriegt: fettes Fleisch, dicke Mehlspeisen, wenig Grünzeug). Aber das allein ist es nicht. Die ständige Anspannung, der mangelnde Schlaf, der Zwang, stets alles im Griff zu haben und auf der Höhe des Tages zu agieren, fordern zunehmend ihren Tribut. Er ist permanentem Stress ausgesetzt, und das macht sich bemerkbar. Sein schmales Gesicht ist auf dem besten Weg, schwammig zu werden, die früher bräunliche Haut nun von einem ungesunden Gelb. Aber die Ausstrahlung seiner Persönlichkeit reicht immer noch aus, Menschen an sich zu ziehen; seine Energie, sein ungestümer Tatendrang, seine Art, auf jemanden zuzugehen – sei es nun eine Frau wie die Walewska oder ein Herrscher aller Russen.

„Warum bin ich ihm nicht früher begegnet?", schwärmt auch Alexander. „Jetzt ist der Schleier zerrissen – wir sind verwandte Seelen!" Er lädt den Kaiser zu sich zum Tee ein, und unter vier Augen erarbeiten sie endlich die Bedingungen des Friedens. „Ich will Ihr Sekretär sein, und Sie sind der meine!", flirtet Napoleon.

Als es dann zur Sache geht, kommt Russland auch wirklich sehr glimpflich weg. – Im Gegensatz zu den ehemals mit Alexander verbündeten Preußen, die Napoleons ganze Härte zu spüren bekommen haben. (Preußen werden alle Gebiete westlich der Elbe weggenommen, und daraus bastelt Napoleon das Königreich Westfalen, damit sein kleiner Bruder Jérôme auch sein Unterkommen als König hat ...)

Allerdings: Auf der Selbstständigkeit eines Großherzogtums Warschau, das ein Großteil des ehemaligen polnischen Gebietes umfasst, besteht Napoleon. Das hat er seiner Geliebten Maria und damit dem polnischen Volk versprochen.

Alexander, nach seiner militärischen Niederlage, ist trotzdem überwältigt. „Gott hat uns gerettet! Statt Opfer bringen zu müssen, gehen wir geradezu glänzend aus diesem Krieg hervor!"

Doch wie schon dargestellt: Keiner darf so blauäugig sein, anzunehmen, dass das alles nur ein Akt der Freundschaft ist. Bonaparte liegt eben sehr viel an einer funktionierenden Beziehung zu Russland. Deshalb spart er auch in Zukunft nicht mit Geschenken und Gesten des Zuvorkommens gegenüber Alexander. Und der Plan einer noch engeren Verbindung mit Russland liegt in der Luft – davon werden wir noch hören.

Auf der Höhe der Macht

Napoleon kehrt im Herbst 1807 nach Paris zurück und widmet sich innenpolitischen Aufgaben. Der Hof residiert seit neuestem in Fontainebleau, in dem idyllisch gelegenen Schloss 60 Kilometer von Paris entfernt, in einem wunderschönen Wald. Hier hat schon der berühmte König Henri IV. Hof gehalten, Staatsmann, Humanist und Liebling des Volks. Napoleon bewegt sich also nach wie vor in den Fußstapfen großer Vorgänger. Mit viel Aufwand hat er das ganze Ensemble renovieren lassen, und Joséphines geschmackvolle (und keine Kosten scheuende!) Hand hat dafür gesorgt, dass alle Möbel, alle Vorhänge und Leuchter, alle Draperien und Teppiche vom neusten Stil sind.

Wir erinnern uns, wie sie mit ihrem Mann gemeinsam Einfluss auf die Kleidung bei Hof genommen hatte und dass sie in der Mode Trendsetterin ist. Zusammen mit Innenarchitekten und Modeschöpfern, mit Kunsttischlern und Gärtnern, mit Dekorateuren, Malern, Bildhauern und Juwelieren entwickelt sich zu dieser Zeit eine neue Stilrichtung, die bald von der ganzen Welt kopiert wird: Der Empire-Stil (*empire* (franz.) – Kaiserreich). Eine bewusste, „antikisch" anmutende Geradlinigkeit der Grundform verbindet sich nun mit wertvollem Material und reichen Details. Man fühlt sich nur noch formal der Antike verpflichtet (auch in der Damenmode), aber von dieser hergebrachten Schlichtheit hält keiner mehr etwas. Man will herzeigen, was man hat, in der Bekleidung und in der Ausstattung der Palais. Samt und Seide, feines Leder, Gold und Elfenbein, edle Hölzer aus Übersee, alles erhaben, alles kostbar. Antikisch anmutende Säulen und Pfeiler auch an den schmalen und geradlinigen

Möbelstücken, dazu reiche Verzierungen mit mythologischen Figuren, mit Greifen und Sphinxen, mit Lorbeer, Eichenlaub und antiken Waffen sollen die Illusion erwecken, man wäre noch im Land der alten Griechen oder Römer oder gar Ägypter – aber auf modernem Niveau. Ägypten mit seiner Kunst ist mehr und mehr das Modeland ... –

Es sollte in Fontainebleau das Paradies auf Erden sein für Joséphine und den Hof – und es ist die Hölle.

Vor allem die Hölle der Langeweile. Der Kaiser der Franzosen hat sich gewandelt in den letzten Jahren, und nicht zum Vorteil für seine Umgebung. Die Zeiten, in denen er ausgelassen mit Hortense und Eugène im Garten von Malmaison Ball spielte oder spontan mit am Kartentisch zockte, die sind vorüber. Seine negativen Eigenschaften – sein Jähzorn, sein Misstrauen aller Welt gegenüber, seine hochfahrende Art – haben in der eisigen Höhenluft der Macht Auftrieb bekommen. Eine unerträgliche Steifheit im Umgang soll diesem „jungen" Hof ein königliches Flair geben. Man redet sich auch in der Bonaparte-Familie nur mit „Sie" an und beachtet die albernsten Auswüchse der Etikette – so, dass sich keiner setzen darf, bevor nicht die Königlichen Hoheiten sitzen. Also: Bevor sich Napoleons Schwester Pauline nicht niedergelassen hat, darf der Erste Minister nicht Platz nehmen. (Das erinnert an Neureich und Piefke, und man kann verstehen, dass man sich an den alten Höfen Europas darüber einen Ast gelacht hat.) Alles ist bis ins Detail vorgeschrieben, sogar die Kleidung bei einem Jagdausritt ist reglementiert.

Vergnügen – man stutzt – findet auf Befehl statt, und das ist alles andere als vergnüglich. Es gibt Theateraufführungen dreimal die Woche, aber gespielt werden fast nur steife und gestelzt daherkommende Tragödien, bei deren endloser Aufführung man hinter vorgehaltener Hand gähnt. Komödien hält Seine Majestät für Zeitverschwendung!

Manchmal verlangt Bonaparte, dass ein anderes Stück gegeben wird als das vom Ensemble vorgesehene. In echter Cäsarenmanier braucht er nur zu sagen: „Ich will es!" Und schon werfen die armen Komödianten ihr Programm über den Haufen, besorgen die neuen Requisiten, halten in aller Eile eine Stellprobe ab, proben hektisch die anderen Texte oder holen per Kurier die passenden Schauspieler herbei, wenn die gerade nicht in Fontainebleau sind, also „bei Hofe".

An einem Abend empfängt die Kaiserin (es gibt Kartenspiel, aber nicht um Geld, das hat Napoleon zu Joséphines Leidwesen verboten – wie langweilig!), am anderen Abend ist der Kaiser dran.

Die Empfänge bei Seiner Majestät sind die reinsten Zitterpartien, weil alle wissen, dass der hohe Herr sich darin gefällt, Beleidigungen auszustoßen, und also wartet alles, wer heute dran ist – hoffentlich der Nebenmann und nicht man selbst. Dreht er den Rücken, atmet man auf.

In seinem krampfhaften Bestreben, ja nicht als Emporkömmling zu gelten, sondern so ein „richtig legitimer" Herrscher zu sein, zieht dieser Mann nun auch den alten Adel, die Amnestierten und Zurückgeholten, an diesen öden Hof. (Mir kommt es so vor, als würde er sich immer mehr von seiner Vergangenheit entfernen und auch wirklichkeitsfremd werden – denn er muss doch gemerkt haben, wie lächerlich das alles war. Erinnert er sich überhaupt noch an seine republikanischen Wurzeln, oder ist er wirklich schon der Royalist, als der er sich aufführt? Das ist schwer zu sagen ...) Allerdings – die Herrschaften danken es ihm wenig. Immerhin sind sie die Einzigen, die ihm bei seinen Grobheiten Paroli bieten. Eine Duchesse, die funkelnd vor Diamanten (bestimmt ins Exil gerettet) zum Empfang erscheint, wird von ihm angepöbelt: „Was für prachtvolle Juwelen! Sind die alle echt?" Darauf die Dame: „*Mon Dieu*, Sire, das weiß ich wirklich nicht. Aber für diese Gelegenheit hier sind sie auf alle Fälle gut genug."

Ein andermal fragt er den Marchese Massimo, einen Mann des uralten italienischen Hochadels, ob es denn wahr sei, dass seine Familie von dem großen römischen Feldherrn Fabius Maximus abstammen würde. Massimo mit der ganzen Herablassung, die ein Hochadliger für einen Emporkömmling aufbringt: „Beweisen kann ich es natürlich nicht, Sire. Man erzählt diese Geschichte in unserer Familie erst seit zwölfhundert Jahren."

Das sind Kröten, die er schlucken muss! In solchen Fällen wendet er sich meistens schroff ab und geht zu jemand anderem, und Joséphine muss einmal mehr mit Charme und Höflichkeit die Wogen glätten.

Zum Glück hat der Kaiser hin und wieder auch außerhalb Frankreichs zu tun.

Er reist ab, und der Hof atmet auf.

Sohn Eugène ermahnt seine Mutter brieflich: „Schikaniere den Kaiser nicht mit deinen Launen, und versuche, deine Finanzen in den Griff zu bekommen. Geh mit deiner Umgebung nicht allzu gutmütig um, man führt dich sonst an der Nase herum!"

Ein guter Rat, erteilt in Hinsicht auf einen – vielleicht doch? – weiteren Fortbestand dieser Ehe. Aber dann stürzt jemand Joséphine in tiefste Verzweiflung. Dieser Jemand ist Joseph Fouché.

Ein „Vorschlag zur Güte“

Es ist ein schöner Sonntag im September, und Joséphine ist gerade von der Messe zurück, die sie mit ihren Hofdamen fromm besucht hat, als ihr ein Besucher gemeldet wird: Es ist der Herzog von Otranto.

Einen Moment weiß sie nicht so recht, wer das sein soll, dann fällt ihr ein: Richtig, Bonaparte hat ja seinem Polizeiminister Fouché (längst hat der Spitzelkönig sein Amt zurück) im vorigen Jahr diesen protzigen Titel verliehen. Sie lässt bitten, arglos und fröhlich. Schließlich gehört der Mann zu ihren ältesten Vertrauten – jemand, auf den sie glaubt, sich verlassen zu können.

Fouché hat sich etwas vorgenommen. Der erste Akt zu einem Stück, in dem er selbst zu einem gut Teil die Regie führen wird. Er trägt eine ernste Miene zur Schau, küsst Madame die Hand; sein langes bleiches Gesicht mit dem rötlichen Haarschopf nimmt sich merkwürdig deplatziert aus im Rahmen des steifen goldbestickten Kragens der Galauniform. Die angebotene Erfrischung weist er zurück. Als müsse er Napoleon imitieren, lehnt er sich mit auf dem Rücken verschränkten Armen an die Konsole des Kamins.

„Majestät“, beginnt er voller Pathos. „Es geht um das Glück des Kaisers!“

„Nichts liegt mir mehr am Herzen als das Glück meines Mannes!“, erwidert Joséphine lebhaft. „Sagen Sie mir, was ich tun soll!“ Sie ist arglos.

Fouché seufzt tief. „Das öffentliche Wohl ist nur gewährleistet, wenn diese Dynastie gefestigt ist, das weiß Seine Majestät so gut wie Sie, Madame.“

Joséphine nippt an ihrem Champagnerglas. Auf einmal

schmeckt ihr das Getränk nicht mehr. Worauf will er hinaus? Fouché misst sie mit einem kalten Blick und fährt fort: „Wir beide wissen, dass das nur geschehen kann, wenn der Kaiser einen Erben hat."

Jetzt weiß sie, worauf es hinausläuft. Und tatsächlich fährt Fouché fort: „Madame! Springen Sie über Ihren Schatten! Sie wissen sehr wohl, wie sehr Ihr Gemahl Sie liebt. Er bringt es nicht übers Herz, Ihnen ..." Er holt tief Luft und sagt dann ruhig mit seiner krächzenden Stimme: „... Ihnen die Scheidung anzutragen."

Ihr ist, als schwanke der Boden unter ihren Füßen. Das ist ungeheuerlich! „Was sagen Sie da?"

„Ich appelliere an Sie! Wenden Sie sich an den Senat, damit er Sie in Ihrer Bitte unterstützt, vom Kaiser dies Opfer zu verlangen."

Was hat dieser Mann da eben gesagt? Sie soll den Senat bitten? Diese Unverschämtheit verschlägt ihr zunächst einmal die Sprache. (Fouché beschreibt diesen Moment in seiner Autobiografie – ein kalter und akribischer Beobachter: „Zunächst schoss ihr das Blut ins Gesicht, dann erbleichte sie, ihre Lippen schwollen an, und sie begann zu zittern, sodass ich eine Nervenkrise fürchtete.") – Aber Joséphine fasst sich so weit, dass sie, äußerlich ruhig, fragen kann: „Haben Sie Order vom Kaiser, ein solches Ansinnen an mich zu stellen?"

Der Herzog von Otranto windet sich. Er hat nicht damit gerechnet, dass sie so geistesgegenwärtig bleibt. „Ich habe keine direkte Order, Madame, doch ich ahne zukünftige Notwendigkeiten voraus. Ein solches Opfer ..."

„Ein solches Opfer zu verlangen steht nur meinem Mann zu!", erwidert sie heftig.

Fouché merkt, nach diesem Paukenschlag kann er heute nicht weitergehen. Er verneigt sich, schützt eine Besprechung mit anderen Ministern vor. Joséphine bleibt fassungslos zurück und sinkt auf ihren Diwan. Fast eine Stunde bleibt sie so, starrt vor sich hin, ohne Tränen, ohne Gedanken. Dass ausgerechnet ein Mensch, den sie für ihren Freund hält, ihr so einen Vorschlag macht, zeigt ihr mit einem Mal, wie weit die Dinge schon gediehen sein müssen. Das Glück des Kaisers? Und was wird mit ihr? –

In Wirklichkeit ist dem eiskalten gewissenlosen Rechner Fouché das „öffentliche Wohl“, von dem er hier eben sprach, genauso egal wie das Glück des Kaisers. Von der etwaigen Freundschaft der Kaiserin ganz zu schweigen – sie, wir wissen es ja, war eine Zeit lang seine Zweck-Verbündete, und er hat diese Zweckverbindung zynisch genutzt, horchte sie über ihren Mann aus und erklärte einige Atemzüge später in einem Brief, das Beste sei, sie würde sterben ... Ihm geht es, wie immer, um seine eigene Haut.

Er hat dem Kaiser vor dessen Abreise ein Schreiben vorgelegt, in dem er ihm „die zwingende Notwendigkeit“ vor Augen hielt, diese Ehe im Interesse von Politik und Staat aufzulösen. Dabei geht es ihm darum, das Eisen zu schmieden, solange es heiß ist: Die nahezu schwärmerische Freundschaft mit Zar Alexander legt nahe, dass Bonaparte eine Schwester Alexanders zur Braut wählt. Und genau dies will er mit aller Macht befördern. Denn natürlich hat Fouché noch weitere Informationen. Wenn nämlich eine Erzherzogin von Österreich – die, wie er weiß, auch im Gespräch ist – die neue Kaiserin wird, hat er, Fouché, schlechte Karten. Er, der Schlächter von Lyon und Helfer der Königsmörder, als Minister am Hof einer Nichte von Königin Marie-Antoinette – das geht wohl kaum zusammen.

Im Gespräch mit Napoleon war er mit seinem Vorschlag einer raschen Scheidung nicht unbedingt auf Gegenliebe gestoßen. Napoleon äußerte sich eigentlich gar nicht zu dem ihm vorgelegten Schreiben, er sagte nur (laut Fouché): „Ich hänge außerordentlich an Joséphine, sowohl aufgrund meiner Gewohnheiten als auch wegen eines gewissen Aberglaubens. Sie hat mir immer Glück gebracht. Der Schritt, der mir am schwersten würde, wäre, ihr die Scheidung nahe zu legen."

Man sieht an dieser Antwort aber auch: Immer noch will Napoleon sich nicht festlegen, versucht, die Verantwortung von sich abzuwälzen. Seine Haltung in dieser heiklen Angelegenheit ist sehr zwiespältig.

Fouché nun interpretierte das auf seine Weise. Wenn Napoleon sich ziert, nun, dann musste man eben bei Madame eine Bresche schlagen! Und es bleibt nicht bei dem Gespräch, das er mit der Kaiserin hatte.

Er schreibt einen langen Brief an Madame, in dem er ihr nahe legt, wie wunderbar ihr doch die Rolle der Opferbereiten, der Märtyrerin, stehen würde! Und wie dankbar die Nation ihr wäre für diesen Verzicht! „Man darf sich nicht täuschen, Madame, die politische Zukunft Frankreichs ist gefährdet, da dem Kaiser der Erbe fehlt. Als Polizeiminister ist es meine Pflicht, die öffentliche Meinung zu kennen, und ich weiß, dass man sich um die Erbfolge eines so großen Reiches sorgt. Machen Sie sich bitte klar, wie viel sicherer der Thron Seiner Majestät wäre, stützte er sich auf die Existenz eines Sohnes!" Er drängt mit Lüge und Behauptung, er intrigiert – und wieder alles nur, um die eigene Stellung zu behaupten.

Zum Abschluss – Gipfel der Niedertracht – bittet er Joséphine um strengste Geheimhaltung. Der Kaiser würde nichts von diesem Vorstoß wissen.

Joséphine ist außer sich. Sie zieht ihre Vertraute, Madame Rémusat, zu Rat. Die schlägt ihr vor, alles sofort dem Kaiser mitzuteilen. Aber offenbar hat die Kaiserin Angst, das heikle Thema anzurühren. Sie wartet ab und schweigt, Angst im Herzen.

Und der Intrigant spinnt seine Fäden noch weiter. In den

Bulletins, die er Napoleon nachschickt, wird das ganze Register von Gerüchten, Halbwahrheiten und Verleumdungen gezogen, und die öffentliche Meinung wird bemüht – natürlich, die kennt er ja genauestens.

Ein paar Beispiele: „Man sprach allgemein von der Auflösung der Ehe der Kaiserin und einer Verbindung des Kaisers mit einer Schwester des Zaren Alexander. In allen Klassen der Gesellschaft wurde diese Nachricht als Garantie für eine dauernde Ruhe im Staat aufgenommen ..."

„In der kaiserlichen Familie herrscht nur eine einzige Meinung. Sie ist einstimmig für die Scheidung. In den Pariser Adelskreisen, welche den dynastischen Gedanken vertreten, gibt es ebenfalls nur eine Meinung: Einzig Kinder des Kaisers können der Dynastie die Dauer sichern."

„Die allzu moralischen Damen des Faubourg Saint-Germain stoßen spitze Schreie gegen die Scheidung aus ... Sie wüssten, dass die Kaiserin keine Schuld an der Unfruchtbarkeit ihrer Ehe treffe; dass der Kaiser niemals gezeugt habe ..."

Er lässt, wie man sieht, kein Mittel aus. Aber nun hat Napoleon genug von den Intrigen. Er pfeift seinen Polizeiminister zurück: „Ich habe Ihnen bereits meine Meinung über das Wahnwitzige der Maßnahmen, mein Privatleben betreffend, zur Kenntnis gegeben. Wenn Sie sich so verhalten, verwirren Sie die öffentliche Meinung und verlassen den Pfad, auf dem sich ein anständiger Mensch bewegt."

Nun, ein anständiger Mensch war Fouché ja auch nicht ...

Später, Jahre später, wird Napoleon sagen: „Fouchés Verhalten erschütterte mich tief. Ich hätte ihn fristlos abgesetzt, weil er sich in das einmengte, was in meinem Bett passierte, hätte ich damit nicht den Anschein erweckt, eine Meinung von mir zu weisen, die zu teilen mir mehr oder minder wichtig war."

Bedeutend klarer drückt es der zynische Intrigant selbst aus: „Für mich war offensichtlich, dass er mich davongejagt hätte, statt mir nur einen Tadel auszusprechen, wäre die Scheidung nicht insgeheim schon beschlossene Sache gewesen."

Immerhin, er hat den Boden bereitet. Dass es dann doch keine Zarentochter, sondern eine Erzherzogin wurde, die Napoleon wählte – Pech für ihn.

„Ich bin ein Usurpator!“

Das Jahr 1808 bringt wenig Gutes. Sozusagen mit Klauen und Zähnen versucht Napoleon, die europäischen Staaten zur Einhaltung der Kontinentalsperre zu bewegen. Und um dies Ziel zu erreichen, geht er weit über das hinaus, was man bisher – auch bisweilen schon mit viel gutem Willen – immer noch als einen Verteidigungskrieg ansehen konnte. Wie schon angemerkt, irgendwann kippt „die Sache“, und das ist jetzt der Zeitpunkt. Also, es klappt nicht mit der Einfuhrsperre, und das gleich an mehreren Orten.

Vom florierenden Schmuggel einmal abgesehen – die Briten haben bereits 1807 Dänemark erobert, sich die dänische Flotte einverleibt und haben somit Zugang zur Ostsee. Über deren Häfen gelangen nun die englischen Warenladungen auf den Kontinent.

Auch in Italien geht alles drunter und drüber. Der Hafen von Livorno lässt ungerührt englische Waren ins Land, bis der Kaiser der Franzosen eingreift und ganz Oberitalien besetzt. Da der Papst keine Lust hat, an der Blockadepolitik teilzunehmen – der Kirchenstaat hat schließlich den Hafen Ostia an der Westküste Italiens –, marschieren die Franzosen in Rom ein. Neapel ist zum Glück fest in bonapartischem „Familienbesitz“.

Schon will der Kaiser aufatmen, da macht Portugal Ärger, beginnt, mit den Engländern zu kooperieren, und wie ein wild gewordener Feuerwehrmann, der, wenn der eine Brandherd gelöscht ist, den nächsten bekämpfen muss, saust er los und verspricht Spanien, falls es ihm Truppenpassage und Hilfe gewährt, die Hälfte des Nachbarreiches. – Alles Dinge, die mit der Verteidigung der Revolution nicht viel gemein haben, aber nun kommt diesbezüglich noch eins drauf: Er entdeckt, dass Spanien eine richtig fette Beute sein kann! In der spanischen Königsfamilie gibt es nämlich einen Streit um die Thronfolge. Mit einer Intrige, wie sie abgefeimter und skrupelloser auch einem Fouché nicht einfallen könnte, bewegt Napoleon schließlich die spanische Königsfamilie dazu, ihre Krone „vertrauensvoll" in seine Hände zu legen. Und Napoleon hat nichts Eiligeres zu tun, als damit jemanden aus seinem Clan zu beglücken. Schnell wird ein bisschen umdisponiert, ein bisschen „Schach" gespielt auf dem politischen Brett: Joseph, bisher König von Neapel, darf jetzt auf den Thron von Spanien hüpfen (er will nicht!), dafür übernimmt Reitergeneral Murat nebst Gattin Caroline Bonaparte jetzt das Neapolitanische Reich am Golf von Sorrent.

„Die Spanier werden wie die anderen Völker nur allzu glücklich sein, die kaiserlichen Institutionen anzunehmen", vermutet Bonaparte zuversichtlich. Er irrt gewaltig.

In Warschau war er das erste Mal mit einem Phänomen konfrontiert worden, das ihm in Zukunft zum Verhängnis wird: dem Nationalbewusstsein unterdrückter Völker. Was ihm in Warschau zupass kam, wofür er seine „kleine Patriotin" Maria Walewska liebte und bewunderte, das kehrt sich nun das erste Mal gegen ihn.

Die Spanier, traditionsbewusst bis zum Reaktionären, fest in der Hand von Aristokraten und Priestern, pfeifen auf den Code Napoleon und die bürgerlichen Freiheiten und greifen zu den Waffen, um ihre nationale Identität zu verteidigen. Neue Kampfstrategien zermürben das sieggewohnte französische Armeekorps: Es ist das, was wir heute als Guerillataktik bezeichnen. Nicht die offene Feldschlacht, der Kleinkrieg macht den Gegner fertig. Da werden Brunnen vergiftet und Armeeeinheiten auf falsche Wege umgelenkt, da stürzen in einem Hohlweg Felsbrocken auf die Soldaten herunter, da wird der Nachschub überfallen und die Waffen erbeutet, da werden ganze nächtliche Biwaks überfallen und die Soldaten im Schlaf abgeschlachtet. Am 22. Juli muss sich General Dupont am Fuß der Sierra Morena ergeben. König Joseph von Bonapartes Gnaden packt die Koffer und gibt Fersengeld.

Und des Unglücks nicht genug! Im August bereits gehen in Portugal die Engländer an Land und zwingen die nächste französische Heeresgruppe aufzugeben. Napoleon schäumt vor Wut. Die Kontinentalsperre hat ein riesiges Loch.

Aber schlimmer als die Niederlagen selbst ist der Verlust des Rufs der Unbesiegbarkeit, der bisher der Grande Armée vorausgeeilt ist. Überall besinnen sich die Völker auf sich selbst – und immer stärker empfindet man die französische Besatzung mit ihren Kontributionen, ihren Einquartierungen und ihrer Forderung nach landeseigenen Heereskontingenten als schweren Druck. Die Besatzer ruinieren die Wirtschaft mit ihren Forderungen, und sie lassen die Länder ausbluten, indem sie die jungen Männer als Kanonenfutter benutzen. „Ich habe die Franzosen geliebt", sagt die Frau eines bayrischen Ministers zu Talleyrand, „aber ich verabscheue die, die auf Kosten meines Vaterlands leben und zu Blutsaugern werden."

Natürlich wird Bonaparte die Schlappe in Spanien nicht hinnehmen! Aber bevor er selbst mit der Grande Armée aufbricht, muss er sich den Rücken freihalten, absichern, dass ihm nun Österreich – ermutigt – nicht erneut entgegentritt. Seine ganze Hoffnung setzt er dabei auf seinen Freund, den Zaren Alexander. Man trifft sich in Erfurt, gemeinsam mit den Rheinbundfürsten, um die Liaison gegen die Habsburger zu festigen. Wieder bietet Napoleon seinen ganzen Charme auf, um sich der Unterstützung des Zaren zu vergewissern. Aber Alexander wirkt dieses Mal bedeutend kühler, bringt nicht mehr diesen Enthusiasmus für die große Freundschaft auf wie seinerzeit in Tilsit. Der junge Mann, aufgezogen und noch immer unter der Fuchtel einer dominanten Zarinmutter, hat zu Haus eine Gehirnwäsche verabreicht bekommen. Wie könne er sich nur mit dem „Monster auf dem Thron" einlassen!

Und unglücklicherweise hat Napoleon seinen Außenminister Talleyrand nach Erfurt mitgenommen, der sich erneut in unglaublicher Eindeutigkeit gegen seinen Herren engagiert und Alexander in einem Geheimgespräch warnt: „Retten Sie Europa, indem Sie Napoleon die Stirn bieten!" Ein starkes Stück, finde ich. – Und vielleicht hat es der junge Zar ja ebenso gesehen, aber: Er wird schwankend, hält sich bedeckt.

Seine Zugeständnisse, seine Versprechen, gegen Österreich im Angriffsfall zu Felde zu ziehen, klingen denn auch lau und halbherzig.

Trotzdem, Napoleon will nun der Welt zeigen, dass Widerstand gegen ihn zwecklos ist. Mit 200 000 Mann, seinen besten Truppen, darunter die elitäre Garde, bricht er über die Pyrenäen auf, nach Spanien. Bruder Joseph wird sozusagen am Schlafittchen gepackt und samt Gepäck auf den spanischen Thron zurückbefördert.

Dass er mit dieser Übermacht in offener Feldschlacht siegreich ist, bedarf kaum einer Erwähnung. Aber auch er wird mit dem Phänomen der Guerilla nicht fertig, mit diesen kleinen Einheiten, die aus dem Hinterhalt operieren und dem Heer so wenig Ruhe lassen wie ein Hornissenschwarm einem Bären. (Wir gewinnen eine Vorstellung, mit welcher Bestialität dabei beide Seiten vorgingen, wenn wir uns die Bilder des berühmten Malers Francisco Goya, seine „Desastres de la guerra" ansehen.) Der Krieg zieht sich hin, ein Ende ist nicht abzusehen. Und ein Rückzug kommt für Napoleon nicht in Frage. Nicht zu Unrecht erklärt er einem Diplomaten gegenüber: „Ich bin ein Usurpator (Usurpation: eine widerrechtliche Machtergreifung); um dahin zu gelangen, wo ich jetzt bin, muss ich den besten Kopf und den besten Degen Europas haben. Und um mich nun zu halten, muss jedermann weiter davon überzeugt sein. Ich darf das Ansehen dieses Kopfes und dieses Degens niemals sinken lassen!"

Trotzdem verlässt er am 17. Januar 1809 überstürzt Spanien und kehrt nach Paris zurück. Was ist geschehen?

Zum einen hat er Mitteilung erhalten, dass nun auch die Kriegsvorbereitungen der Österreicher auf Hochtouren laufen. Zum anderen hat er über seine Zuträger in Erfahrung gebracht, dass sich Fouché und Talleyrand, die Erzfeinde, jetzt miteinander verbündet haben. (Nur indem er sie gegeneinander ausspielte, konnte er sie „gefahrlos" für sich nutzen.) Für den Fall, dass der Kaiser nicht zurückkommt aus Spanien, dass er fällt in diesen blutigen Kämpfen, sind sie beide auf der Suche nach einem Nachfolger! Irrwitzigerweise denken sie dabei an Joachim Murat, den Reitergeneral und Gatten der Caroline, der jetzt in Neapel residiert. Aber vielleicht ist es auch gar nicht so irrwitzig. Sehen wir uns diesen Murat einmal kurz an. Sein Name fiel schon oft – aber was ist das für ein Mensch? Seine Tapferkeit, ja, Tollkühnheit im Felde steht außer Zweifel. Dabei allerdings ist er so eitel, dass er eine Kavallerieattacke mit Brillanten am Hut und im Samtanzug reitet. Er steht völlig unterm Pantoffel der energischen Caroline und ist nicht gerade ein großer Denker. Das macht ihn beeinflussbar. Er gehört zu den Menschen, bei denen immer der Letzte, der rausgeht, Recht hat. Und es gibt genug Leute, die so etwas ausnutzen.

Als Napoleon in Paris lebend auftaucht, weiß Fouché einmal wieder im letzten Moment die Kurve zu kriegen. Talleyrand nicht – und ihm ist es wohl auch egal. Im Kreise seiner Vertrauten macht Napoleon seinen (nunmehr) ehemaligen Außenminister in einem furchtbaren Wutanfall „zur Schnecke". „Sie sind nichts als ein Dieb! Sie würden sogar Ihren eigenen Vater verkaufen!", schreit er.

Talleyrand, durch nichts zu erschüttern, lehnt mit blasierter Miene, auf seinen Stock gestützt, an der Wand, erwidert nichts, lächelt verächtlich. Das bringt den Kaiser immer mehr in Wut. Schließlich schreit er außer sich „Sie sind nichts als ein Stück Scheiße in Seidenstrümpfen!“ und verlässt den Raum.

„Wie schade, dass ein so großer Mann so schlecht erzogen ist“, bemerkt der Beschimpfte gelassen. Er bietet übrigens – es ist unglaublich – noch am gleichen Tag seine Dienste den Österreichern an, als Zuträger von Informationen über Kaiser, Gott und die – französische – Welt. Für eine Million Francs ist er ihr Mann.

Das Ende des Glücks

Während ihr Mann also nun erneut gegen Österreich Krieg führt, reist Joséphine noch einmal ins Bad nach Plombières.

Ich kann mir das nicht vorstellen: Glaubt sie allen Ernstes immer noch an Kindersegen? Weiß sie wirklich nicht, dass Bonaparte seine „polnische Frau" sogar nach Wien nachkommen lässt, um ständig mit ihr zusammen zu sein – während er ihr strikt verweigert hat, ihm weiter als bis Straßburg oder München nachzureisen? Und weiß sie wirklich nicht, dass Maria Walewska schwanger ist? – Wie gesagt, ich kann es mir nicht vorstellen.

Die Angst sitzt ihr im Nacken. Sie zwingt sich, so zu tun, als sei alles zum Besten bestellt, lebt ihr Leben inmitten des Hofstaats, der sie begleitet, verwöhnt ihre Enkel (auch Eugène ist schon mehrfacher Vater) mit teurem Spielzeug und wirft wie immer mit dem Geld um sich. Dabei verschenkt sie genauso viel, wie sie für sich selbst ausgibt: Einem jungen Offizier, der ihr einen Brief des Kaisers überbringt, schenkt sie einen Diamantring von hohem Wert. Jedem Bettler, der am Straßenrand sitzt, wird ein Goldstück in die Mütze geworfen. Gibt es in der Gegend um Plombières irgendwo eine Bauernhochzeit, beglückt sie das junge Paar mit wertvollen Gaben. Ob Posthalter oder Kommandant einer Eskorte, ob Provinzbürgermeister oder Gastwirt – für alle hält sie eine goldene Uhr oder eine fein gearbeitete Schnupftabaksdose bereit. Großzügig verteilt sie abgelegte Kleider an ihre Kammerfrauen und Bediensteten – ich nehme an, dass diese die Garderoben möglichst bald zu Geld gemacht haben, denn wer in ihrem Stand stolziert schon in blauem Samt mit Schwanenpelz oder vergoldeter Atlasseide daher?

Auch sich selbst lässt es die Kaiserin an nichts fehlen. Das beweisen die Rechnungen über 524 Paar Schuhe und geschlagene 3 600 Francs für Schminke im Jahr 1809 ...

Im August kehrt sie nach Malmaison zurück. Da steht die Walewska bereits kurz vor der Entbindung. Das Todesurteil ihrer Ehe ist gesprochen.

Unterdessen ist der Kaiser durchaus nicht so erfolgreich bei seinem Krieg wie sonst immer – jedenfalls nicht auf Anhieb. Was unter anderem daran liegt, dass Zar Alexander die versprochenen Hilfstruppen viel zu spät und in viel zu geringer Menge losgeschickt hat. Napoleon ist tief enttäuscht von dem „Freund" – hält aber noch immer an dem Bündnis fest. Schließlich, im Oktober, wird mit dem erneut besiegten Österreich Frieden geschlossen.

Im Oktober 1809 kehrt Napoleon, nach einem halben Jahr Abwesenheit, zurück nach Frankreich, das Bild der Geliebten in Warschau im Kopf, ihre Schwangerschaft. Die Zeit des Schwankens ist vorbei. Er hat nur einen Gedanken: Die Scheidung so schnell wie möglich über die Bühne zu bringen. Er weiß, dass er außenpolitisch ein Zeichen setzen muss: Die Dynastie Bonaparte wird gegründet! Schon von Wien aus hat er den Befehl gegeben, die Verbindungstür zwischen seinen Gemächern und dem Appartement Joséphines zumauern zu lassen – als wolle er sich selbst zwingen, sozusagen durch vollendete Tatsachen, die Trennung durchzuziehen. Auch er will, dass er nicht mehr zurückkann.

Der letzte Akt beginnt.

Am 21. Oktober kündigt Napoleon seiner Frau seine Rückkehr an. Gewiss werde er am 26. oder 27. in Fontainebleau sein. Und er schreibt ihr doch tatsächlich: „Das Wiedersehen mit dir wird für mich ein Fest der Freude sein, und mit Ungeduld sehne ich den Augenblick herbei." Dabei ist, wie gesagt, die Verbindungstür schon zugemauert.

Ich finde das ungeheuerlich. Wiederholt er einfach gedankenlos die Phrasen, mit denen er Frauen generell abspeist – oder ist es vielmehr Bosheit? Macht er sich über die arme Person auch noch lustig?

Joséphine, die nach jedem Strohhalm hangelt, nimmt seine Freundlichkeit natürlich für bare Münze. „Gott ist mein Zeuge", vertraut sie einer ihrer Kammerfrauen an, „ich liebe ihn mehr als mein Leben – und viel mehr als diesen Thron." Jetzt, wo es zu spät ist ...

Am 26. macht sie sich auf den Weg nach Fontainebleau – und erfährt unterwegs, dass der Kaiser bereits eingetroffen ist.

Die Kaiserin lehnt in den Polstern ihrer Kutsche, und ihr Herz hämmert wild. Nur allzu sehr erinnert sie diese Situation an jene unselige Szene, als sie den aus Ägypten Heimkehrenden verpasst hat und dann stundenlang vor seiner Tür um Vergebung gefleht hat. Aber damals liebte er sie. Liebte sie bis zum Wahnsinn. Und jetzt?

Nervös streichelt sie ihren Lieblingsmops, der in einem mit Atlas ausgeschlagenen Korb auf dem Sitz neben ihr schläft. Das Tier grunzt im Schlaf und dehnt sich unter ihrer Hand. Auf Tiere kann man sich wenigstens verlassen ...

Die Rémusat sitzt ihr gegenüber und hat die Augen geschlossen. Schläft sie wirklich – oder will sie bloß unliebsamen Fragen ausweichen?

„Claire? Kann ich Sie etwas fragen?"

Die Hofdame schlägt die Augen auf, lächelt. „Natürlich, Madame."

Joséphine seufzt. „Ich kann aus diesen Briefen nicht schlau werden. Meint er das wirklich, was er da schreibt?"

Die Rémusat ist viel zu diplomatisch, um auf so etwas direkt zu antworten. „Das müssen Majestät selbst am besten wissen."

Sie stöhnt auf. „Weiß ich eben nicht!" Sie schlägt ungeduldig mit dem Fächer in ihre hohle Hand. Der Mops flüchtet erschrocken aus dem Korb und kriecht unter die Sitzbank.

„Und was ist mit der Polin?"

„Madame, Sie machen sich bestimmt unnütz Sorgen!" Claire hat keine Lust auf so eine Diskussion. Sie nimmt an, ihre Herrin erfährt noch früh genug, was los ist, wenn sie ankommt.

Die Kutsche rollt weiter. Claire schließt lieber wieder die Augen, und Joséphine knetet ihr Taschentuch in den Händen.

Um sechs Uhr abends erreichen sie Fontainebleau, und Joséphine steigt aus dem Wagen. Ihre schlimmsten Befürchtungen scheinen sich zu bewahrheiten.

Niemand nimmt sie in Empfang. Sonst pflegte ihr Mann ihr entgegenzueilen, Kuss und Umarmung. Ein Diener teilt ihr mit: „Seine Majestät arbeitet in der Bibliothek!"

Mit fliegenden Hutbändern und wehendem Umhang eilt Joséphine durch das Erdgeschoss.

Ihr Mann blickt nur kurz von seinen Papieren auf: „Ach, da sind Sie ja, Madame! Ich wollte schon weiterreisen nach Paris."

Kein Willkommenskuss, keine Umarmung! Seine Kälte schnürt ihr die Kehle zu.

„Darf ich mich zurückziehen, Sire? Ich möchte mich frisch machen, die Garderobe wechseln ..." Ihre Stimme klingt erstickt.

Napoleon nickt, sieht sie nicht an.

Sie stürzt in ihre Gemächer, und dann entdeckt sie es: Die Verbindungstür ist vermauert! Sie steht wie gelähmt. Was soll sie nur tun? Sie kann doch den Kaiser nicht zur Rede stellen! Vielleicht gibt es ja auch einen anderen Grund ... Noch immer versucht sie verzweifelt, gute Miene zum bösen Spiel zu machen.

Alle um sie herum tun so, als wäre überhaupt nichts geschehen ...

Schnell lässt sie sich umkleiden von ihren Zofen, wählt ein besonders schönes Kleid aus dunkelblauem Satin mit weißem Pelzbesatz, lässt sich das Haar mit künstlichen Kornblumen und silbernen Ähren drapieren. Schminkt sich neu. Betrachtet sich kritisch im Spiegel. Sie sieht doch noch immer gut aus!

Dann macht sie sich aufs Neue auf den Weg in die Bibliothek.

Bei Napoleon sind inzwischen zwei Minister eingetroffen, mit denen er arbeitet. Zu viert sitzt man zu Tisch. Unter Zeugen tut das Ehepaar so, als sei alles in Ordnung, und Joséphine, mit einem Kloß im Hals, versucht, die hinreißende Gastgeberin zu mimen.

„Wie mundet Ihnen dieses Soufflé, Monsieur? Mein Koch hat das Rezept aus der Provence bekommen!"

„Ausgezeichnet!", entgegnet der gequälte Minister. Dabei hat er noch keinen Bissen berührt. Und Joséphine auch nicht.

„Und der Wein, wie ...?", will sie fortfahren, aber Napoleon wirft die Serviette auf den Tisch und erhebt sich abrupt. „Keine Zeit für große Diners!", sagt er grimmig. „Wir haben zu arbeiten. Sie entschuldigen uns, Madame."

Er zieht sich mit den Herren zur Arbeit zurück.

Joséphine hebt müde die Hand und klingelt den Haushofmeister herbei. „Sie können abräumen lassen."

Alles bleibt unausgesprochen. Ihr ist das Herz in der Brust so schwer wie ein Stein.

Dieser unhaltbare Zustand zieht sich ganze drei Wochen hin.

Wie es scheint, hat sich Napoleon erhofft, dass sie ihm gleich zu Beginn, nach dem Entdecken der zugemauerten Tür, eine tränenreiche Szene macht und er dadurch die Gelegenheit hat, die Katze aus dem Sack zu lassen. Ihr Schweigen bringt ihn aus dem Konzept, und wenn er aus dem Konzept kommt, wird er wütend. Nun lässt er seine Frau zappeln, provoziert sie immer weiter, um sie endlich aus der Reserve zu locken, peinigt sie mit System. Er veranstaltet abends Empfänge – ohne sie! Es sind Feste, zu denen seine Schwester Pauline boshaft besonders schöne Frauen einlädt: Nichts ist den Bonapartes lieber, als „der Alten" eins auszuwischen! Er fährt mit schönen Schauspielerinnen in der Kutsche spazieren, zwingt aber seine Gattin, ihn auf Jagdausritten zu begleiten, obwohl oder weil er weiß, wie sehr ihr die Jagd und das Abschlachten von Tieren verhasst ist. Zu allem Übrigen lädt er auch noch seine Brüder Jérôme und Louis zu diesen Hetzjagden ein – offenbar sollen sie sich daran weiden, wie die Kaiserin leidet.

Er springt mit ihr derart mitleidlos um, dass die empörte Hortense ihrer Mutter schließlich selbst zur Scheidung rät: „Mach dieser entwürdigenden Situation ein Ende, *Maman*."

Und wie sollte es anders sein – der Hof fasst das Verhalten Napoleons als Signal auf. Man meidet die Kaiserin, geht ihr aus dem Weg, lässt es an Respekt ihr gegenüber fehlen ...

Und Nacht für Nacht weint sie sich allein in den Schlaf in ihrem Boudoir, diesem Raum, den sie gerade noch neu hat einrichten lassen, in Weiß und Fliederviolett, die Bettpfosten geziert mit Federbüschen.

Steckt vielleicht noch etwas hinter diesem kaltschnäuzigen Manöver Napoleons? Ich habe so meine Vermutung.

Es gibt ein romanisches Sprichwort: „Die Rache ist ein Gericht, das kalt genossen am besten schmeckt." Übt der Korse jetzt vielleicht späte Rache an der Person, die ihn zu Beginn so skrupellos betrogen hat? Ganz von der Hand zu weisen ist es nicht. Nun kann er sich Genugtuung holen für vergangene Qualen.

Und dann geht alles ganz schnell.

Mitte November kehrt der Hof nach Paris zurück – man reist getrennt.

Am 27. November hält Napoleon um die Hand einer anderen an.

Die Kandidatin für seine neue Ehe ist niemand anders als Anna, die erst sechzehnjährige Schwester des Zaren von Russland. Bonaparte ist überzeugt, dass ihm sein Freund Alexander „diesen Bauch" nicht verweigern wird. Von seinem Gesandten lässt er sich genauestens über die Zarenschwester unterrichten. Ob sie denn mit ihren süßen sechzehn überhaupt schon reif genug sei, Kinder zu bekommen? Er hätte keine Lust, noch lange zu warten! Der Gesandte versichert ihm, Anna sei erwachsen genug – aber das nützt ihm nichts. Denn mal wieder hängt sich die Zarinmutter in die Sache rein, so wie sie schon ihren Sohn beeinflusst hat, sich Napoleon gegenüber zurückzuhalten. Sie bestimmt, ihre Tochter werde keine Verbindung eingehen, bevor sie achtzehn ist. Napoleon bekommt einen Korb.

Der Kaiser ist beleidigt und enttäuscht. Zar Alexander ist zu willensschwach, sich gegen seine Mutter durchzusetzen! (Welche Probleme er, Bonaparte, im Umgang mit seiner eigenen Mutter, der herrischen Madame Mère, hat, sei einmal dahingestellt ...) So ein Weichei! Mit ihrer Freundschaft ist es aus.

Aber über die persönliche Kränkung hinaus zerschlägt dies Nein seine politischen Pläne. Schließlich sollte die Verbindung mit dem mächtigen Zarenreich eine große europäische Allianz für immer zusammenschmieden, den Kontinent gegen alle Bestrebungen der anderen Mächte einigen – vor allem Österreich und England. Nun muss er sehen, dass es anders weitergeht. Aber an der Scheidung ändert diese Absage nichts. Die ist beschlossene Sache.

Am 30. November sitzt man stumm wie die Fische beim gemeinsamen Abendessen. Joséphine trägt einen großen weißen Hut, der ihre verweinten Augen beschattet. Sie bekommt keinen Bissen herunter.

Nach dem Essen präsentiert der Diener das Tablett mit dem Kaffee für den Kaiser und seine Gemahlin – es war ein Brauch zwischen den beiden, dass sie ihm die Tasse einschenkte und zuckerte. („Kaffee von meiner eigenen Plantage, Bürger General!" – ach, das war einmal!) Diesmal nimmt Napoleon selbst die Kanne, schenkt sich ein und zuckert. Dabei sieht er sie bedeutungsvoll an. Dann winkt er die Offiziere und die Diener vom Dienst fort. Nun ist er mit ihr allein.

(Dass sowohl Kammerdiener Constant als auch Kämmerer Bausset nichts Besseres zu tun haben, als das Ohr an die Tür zu halten, versteht sich von selbst ...)

Sie hören Bruchstücke. Die Stimme von Madame, bebend vor Tränen: „So ist denn alles aus?"

Wortfetzen des Kaisers: „Die Staatsraison ... die Dynastie ..."

Ihr Aufschrei: „Du kannst mich doch nicht töten!"

„... Ich gebe dir fünf Millionen jährlich und ein Fürstentum ..."

„... Ich beschwöre dich – lass mich in Frankreich ..."

Dann ein durchdringender Schrei.

Napoleon erscheint in der Tür, die Weste offen, das Haar verwirrt. „Bausset, kommen Sie her!"

Joséphine krümmt sich schluchzend auf dem Teppich. Dann fällt sie in Ohnmacht.

„Bausset, können Sie die Kaiserin über die Innentreppe in ihre Räume tragen?"

Der Kämmerer hebt mit Napoleons Hilfe die bewusstlose Frau auf. Napoleon öffnet die Tür und übergibt den Leuchter, den er in der Hand hält, einem der wachhabenden Offiziere. „Leuchten Sie, Monsieur!", befiehlt er und fasst selbst die Beine seiner Frau.

Und dann ist Joséphine noch einmal Joséphine, die „kleine Kreolin“, die Unverbesserliche. Als Bausset sie nämlich die schmale Treppe herunterbugsiert, stolpert er über seinen Säbel und drückt die Kaiserin fester an sich, aus Angst, er könne sie fallen lassen. Und in dem Augenblick hört er sie flüstern: „Nicht so fest, Monsieur!“

Von wegen Ohnmacht! Sie spielt ihre Rolle noch immer ganz hervorragend.

Scheidung ist gar nicht so einfach

Die Ereignisse rufen die Beauharnais-Kinder auf den Plan. Napoleon selbst hat Eugène bereits per Chappe-Telegrafen (jenes optische Telegrafensystem mit einem „Alphabet" von Rauch- und Feuerzeichen) von Mailand nach Paris beordert. Hortense, die schon in der Hauptstadt eingetroffen ist, fährt ihm entgegen, und die Geschwister verabreden eine gemeinsame Vorgehensweise.

Fair und loyal, wie sie beide sind, stehen sie treu zu ihrer Mutter. Andererseits wissen sie, was sie Napoleon zu verdanken haben – Eugène sowieso, und auch Hortense hat sich langsam an ihre königliche Position und die damit verbundenen Annehmlichkeiten gewöhnt. Hortense ist schon einmal allein bei ihrem Stiefvater vorstellig geworden, und der hat sie zunächst sehr abweisend empfangen, weil er dachte, dass sie sich aufs Bitten und Flehen verlegen würde. Aber Hortense hat kühl und ruhig erklärt, dass sie und ihr Bruder sich der Mutter anschließen und den Hof verlassen wollten.

Nun, als Eugène nach seiner Ankunft tatsächlich in das gleiche Horn stößt, bricht Bonapartes Strategie zusammen. Damit hat er nicht gerechnet! Diese Kinder sind ihm wichtig; nicht nur als Menschen, sondern auch als Teile seines „Netzwerks". Er braucht sie. Eugène leistet hervorragende Arbeit als sein Stellvertreter, als Vizekönig von Italien, und er hat in den europäischen Hochadel eingeheiratet (wichtig für das Bonaparte-„System"), Hortense ist immerhin die Frau eines Bonaparte, und obwohl ihr erstes Kind gestorben ist, hat sie weitere Söhne zur Welt gebracht. Das also will er nicht! Aber die Geschwister sind entschlossen.

Eugène erklärt gelassen: „Weisen Sie uns einen Ort zu, wo wir fernab der Intrigen des Hofs unserer Mutter helfen können, ihr Unglück zu ertragen."

Es fließen ringsum Tränen, auch von Napoleon. Schließlich findet der Kaiser die richtigen Worte – so, wie sie uns von Hortense überliefert sind: „Was ihr vorhabt, verstößt gegen den Wunsch eurer Mutter. Bleibt – wenn ihr nicht wollt, dass es dereinst heißt: Die Kaiserin wurde verstoßen, verjagt; vielleicht verdiente sie es! Spielt sie nicht eine würdigere Rolle, wenn ihr bei mir bleibt, wenn wir beweisen, dass die Trennung rein politischer Natur war, wenn sie weiter die Achtung, die Liebe und Wertschätzung einer Nation behält, für die sie sich opfert?"

Schließlich bleiben die Beauharnais-Kinder bei Napoleon und spielen ihre Rollen weiter. Vizekönig von Italien, Königin von Holland.

Für die „Urteilsverkündung" ist der Abend des 14. Dezember angesetzt. Die Würdenträger des Reiches sind angetreten.

Voller hämischer Begeisterung ist die Bonaparte-Sippschaft von allüberallher angereist, um der „Hinrichtung" der „Alten" beizuwohnen. Sie strahlen vor Siegesfreude. Ihnen gegenüber sitzen bedrückt, aber aufrecht, die Beauharnais.

Sie haben ihrer Mutter geholfen, einen Text abzufassen, der sich nicht nur in trockenen Redensarten erschöpft. „Stolz", will sie erklären, und „zum Wohle des Vaterlands" bringe sie ihr Opfer.

Sie erscheint in einem einfachen weißen Kleid ohne jeden Schmuck, wie ein Opfer, eine Märtyrerin; ihr Stilgefühl hat sie auch an diesem schrecklichen Abend nicht verlassen.

Zunächst gibt Napoleon eine Erklärung ab. Er findet warme und herzliche Worte, die Schikanen der letzten Wochen scheinen vergessen. „Sie wurden hier versammelt, um den Beschluss zu vernehmen, den zu fassen die Kaiserin und ich gezwungen sind: Wir trennen uns. Gott allein weiß, wie schwer ich meinem Herzen diesen Entschluss abgerungen habe. Doch es gibt kein Opfer, das ich nicht leisten würde, wenn es dem Wohle Frankreichs dient. Ich muss betonen, dass ich niemals im Geringsten Grund hatte, über meine Gattin zu klagen, dass ich mich im Gegenteil nur glücklich schätzen kann ob der Liebe und Zärtlichkeit meiner innig geliebten Gemahlin. Sie hat fünfzehn Jahre meines Lebens verschönt. Die Erinnerung daran bleibt immer in meinem Herzen."

Dann will Joséphine ihre vorbereitete Rede halten. Aber bereits nach den ersten Worten versagt ihr die Stimme. Sie kann vor Schluchzen nicht mehr weiter. Ein Staatssekretär verliest das Papier bis zum Ende.

Es folgen die Unterschriften. Für einen Grafologen, einen Schriftkundigen, sicher von unendlichem Interesse: Napoleon haut seinen Namen gleichsam wutentbrannt aufs Papier. Zieht einen Federstrich darunter wie einen fetten Querbalken. Als würden diese Schriftzeichen eine Wiederholung seiner Worte sein. „Gott allein weiß, wie schwer es mir fällt!"

Joséphines zittrige Schriftzüge darunter, ganz hingehaucht, ganz versteckt, als würde sie sich immer noch in den Schutz des Gewaltigen begeben.

Die anderen Anwesenden zeichnen gegen.

War's das also? Mitnichten. Denn mitten in der Nacht stürmt Joséphine weinend das Schlafzimmer Napoleons. Kammerdiener Constant sieht, wie sie sich auf den Kaiser stürzt, ihm die Arme um den Hals schlingt.

Bonaparte, selbst zu Tränen gerührt, drückt die Zitternde an sich, redet beruhigend auf sie ein. „Meine gute Joséphine, sei doch vernünftig! Mut, Mut, ich bin doch dein Freund!"

Und dann schickt er den Kammerdiener fort. –

Viel, viel später verlässt sie das Schlafzimmer ihres Mannes. Sie brauchte ihren letzten Triumph.

Den Senat dazu zu bringen, der Trennung zuzustimmen, Joséphine weiter den Titel „Kaiserin" und eine monatliche Jahresrente von zwei Millionen Francs aus der Staatskasse zuzugestehen, ist ein Kinderspiel. (Die Rede war ja einmal von fünf Millionen, aber da hat Majestät einen Rückzieher gemacht. Zwei Millionen sind ja auch ganz nett.) Diese Herren sagen schon seit Jahren zu allem, was der Kaiser will, Ja und Amen. Aber damit allein ist noch gar nichts getan.

Nun wird der Amtsschimmel gesattelt! Denn bei gekrönten Häuptern ist das mit einer Scheidung nicht so einfach wie bei Zivilpersonen. Die Juristen beginnen, die Historie nach ähnlichen, vergleichbaren Fällen zu durchforschen. Es sieht nicht so gut aus. Solche Ehen zu scheiden ist eigentlich nur der Papst bevollmächtigt. Aber der Kaiser hat bei einem seiner Feldzüge in Italien den zur Kurie gehörenden Kirchenstaat (ein nicht unbedeutendes Territorium in Mittelitalien) kurzerhand annektiert; seither liegt Seine Heiligkeit mit Seiner Majestät im Clinch. Der Kaiser hat das geistliche Oberhaupt der katholischen Welt einfach nach Savona im Piemont „verbannt", und dass der Gefangene seinem Kerkermeister einen Gefallen erweist, ist kaum anzunehmen.

Also muss man sich jetzt etwas anderes ausdenken. Man kommt auf den „Dreh", die Rechtmäßigkeit der kirchlichen Trauung des Paars anzuzweifeln, die ja – wir erinnern uns – in aller Eile vor der Kaiserkrönung von Bischof „Onkel Fesch" vorgenommen wurde. Ein einziger Eiertanz beginnt: Es werden nun alle möglichen geistlichen und weltlichen Stellen angerufen, um herauszufinden, dass diese Art der Eheschließung nicht rechtens war. Die befragten Herrschaften winden sich wie die Mehlwürmer an der Angel. Natürlich will jedermann Seine Majestät zufrieden stellen. Aber ganz einfach ist das nicht, hatte doch seinerzeit der Papst selbst diese Eheschließung angeordnet – andernfalls hätte er die Krönung ja nicht durchgeführt.

Schließlich kommt man auf den Einfall, die kirchliche Heiratsurkunde sei „nichts wert", weil kein Priester der Gemeinde des betreffenden Arrondissements als Zeuge bei der Zeremonie dabei gewesen sei. Ein ziemlich fauler Kompromiss.

Böswillige hätten allerdings darauf hinweisen können, dass beide Eheleute ihre zivile Trauung mit falschen Papieren durchgeführt hatten und infolgedessen eigentlich nie verheiratet gewesen sind. Aber wer würde sich dessen wohl erkühnen?! –

Am Freitag, dem 15. Dezember, reist Joséphine ab nach Malmaison. Tief verschleiert besteigt sie ihren hohen vergoldeten Wagen, diese Prunkkutsche, die der Kaiser selbst den „Opal" getauft hat – dem abergläubischen Korsen ist der Opal der Stein des wechselhaften Glücks und der Hoffnung.

Ob Bonaparte wohl, verborgen hinter den Vorhängen, ihre Abreise beobachtet hat? Sein Talisman, Unsre liebe Frau vom Siege – sie wird ihm nicht mehr den schicksalhaften, den glücksbringenden Abschiedskuss geben, bevor er zu Felde zieht ...

Es regnet. Was für ein Wetter ist so einem Anlass gemäßer! Und draußen vor dem Tor steht eine schweigende Menge und wohnt dem Exodus dieser Frau bei – ihrer „guten Kaiserin Joséphine".

Alles vorbei?

Bereits am Abend des nächsten Tages wirft Napoleon plötzlich sein Kartenspiel aus der Hand, springt auf und befiehlt seinen Wagen. Nach Malmaison!

Im kalten, regennassen Park sitzt er mit Joséphine auf der Bank, hält ihre Hand, küsst sie zärtlich, redet auf die Weinende ein. Er „will wissen, wie sie zurechtkommt". Wie wohl?

Am nächsten Tag folgt einer seiner unleserlich hingekritzelten Briefe: „Meine Freundin, ich fand, dass du schwächer warst, als du sein solltest. Du darfst dich nicht so einer unheilvollen Melancholie hingeben. Finde Zufriedenheit, und achte auf deine Gesundheit, an der mir so viel liegt.

Wenn du an mir hängst und mich liebst, musst du beweisen, dass du stark bist. Zweifle nicht an meiner zärtlichen und unwandelbaren Freundschaft. Du verstehst mich nicht, wenn du denkst, ich könnte glücklich sein, wenn du nicht in Frieden lebst.

Adieu, meine Freundin, schlafe gut, denke daran, dass ich es will. N."

Das ist die erste einer ganzen Reihe von Episteln, in denen Napoleon seiner Exfrau mit immer stärker werdendem, kaum verhohlenem Unmut „befiehlt", glücklich zu sein, Stärke zu zeigen, nicht ständig zu weinen, Würde an den Tag zu legen – Zeugnisse von der Ungeduld und dem Ärger, den er empfindet, wenn nicht alles glatt läuft. Gewiss empfindet er immer noch etwas für diese Frau, aber sie soll es doch nun endlich gut sein lassen und nicht – Himmel noch mal! – versuchen, ihm ein schlechtes Gewissen zu machen! Dergleichen kann er nicht leiden. Dass seine brieflichen Ermunterungen zu Mut und Charakterstärke aus der sanften und sentimentalen Joséphine keine Heldin machen würden, hätte er sich eigentlich denken können. Sie bleibt in einer Stimmung der Verzweiflung. Und so kommt es, dass er – obwohl auf Freiersfüßen wandelnd – bis in den Januar hinein die Verlassene immer wieder in Malmaison besucht. Und der alte Zauber wirkt noch immer – es bleibt nicht dabei, dass sie im Park spazieren gehen ...

Als zusätzliches „Drachenfutter" versucht er einmal mehr, die unentwirrbar problematischen Finanzen der Exkaiserin zu sanieren: Zu ihrer Apanage, den Bezügen für das Jahr 1810, gibt es zusätzlich 400 000 Francs, um einen kürzlich gekauften Rubinschmuck zu bezahlen und damit Joséphine „in Malmaison anpflanzen könne, was sie wolle", und gibt noch eins drauf mit einem hübschen Sümmchen für Silberzeug, Wäsche und Porzellan. Alles in allem stehen der verschwenderischen Unglücklichen runde drei Millionen in diesem Jahr zur Verfügung – ein Trostpflaster.

Nun, da Joséphine frei ist, darf sie empfangen, wen sie will. Alte Freunde und Freundinnen kehren zurück. Unter anderem auch Theresia Tallien, deren Umgang ihr Napoleon streng untersagt hatte. Die beiden großen Damen der Zeit des Direktoriums, „Notre Dame de Thermidor" und „Notre Dame de la Victoire", liegen sich in den Armen, und die Tränen fließen strömend.

Übrigens ist Polizeiminister Fouché dank seines hervorragend ausgebauten Spitzelsystems nicht nur über jeden Besucher in Malmaison unterrichtet – er weiß auch, worüber man geredet hat. (Die Dienstboten in allen Häusern, die für ihn interessant waren, wurden von ihm gut bezahlt.) Und er gibt an den Kaiser weiter, was er für richtig hält.

Zum Glück interessiert sich Napoleon wenig für diese kriecherischen Denunziationen, die ihn da beständig erreichen. Es ist aber so, dass er sich nun doch, nach der Hochzeitsabsage aus Russland, für eine Österreicherin entschieden hat.

Und Fouché bangt um seine Stellung, wenn die wienerische Prinzessin kommt, wir wissen ja! – Für Napoleon ist diese österreichische Variante allerdings viel einfacher als die vorherige. Schließlich ist Österreich ein von ihm unterworfenes Land. Er muss nicht bitten, er kann befehlen. Am 7. Februar wird dem österreichischen Gesandten eröffnet, der Kaiser habe beschlossen, die Erzherzogin Marie-Louise zu heiraten. Auf eine Antwort muss er nicht warten. Sein Wunsch ist Befehl. So einfach geht das – jedenfalls zu diesem Zeitpunkt.

Franz I., der Herr Papa und Kaiser von Österreich, ist auch überhaupt nicht abgeneigt, wie man hört: Er hofft insgeheim auf einen Kuhhandel – vielleicht kriegt er ja im Tausch gegen die Tochter ein paar verlorene Provinzen zurück.

Eigentlich könnte Joséphine jetzt triumphieren, denn Napoleon entzieht seinen Brüdern und deren Nachkommen zu Gunsten seines zu erwartenden leiblichen Erben die mögliche Nachfolge. Aber das ist nicht ihre Art. Sie ist froh, dass sie die ganze Sippe in ihrem Leben nie mehr wiedersehen muss.

Die Stimmung in Paris freilich ist alles andere als positiv, wie aus Fouchés Berichten hervorgeht. Eine Österreicherin, eine Nichte der verhassten Marie Antoinette! Und dafür wurde „die gute Kaiserin Joséphine" in die Wüste geschickt! Napoleon hat im wortwörtlichen Sinn schlechte Presse. Die Zeitungen ergehen sich in Mitleidsorgien mit der Verstoßenen, sie „gebärden sich" (laut Bericht von Fouché), „als müssten sie die gewesene Kaiserin vor der künftigen schützen".

In der Hinsicht kennt Napoleon keine Gnade. Er macht kurzen Prozess und verbietet einfach die Gazetten, das macht ihm nichts aus ...

Nun also wartet er auf die junge Dame aus Wien. Sie ist achtzehn, im Kloster erzogen, gilt als engstirnig und dümmlich – aber was tut das schon? Sie ist blond und blauäugig, hat ein sinnliches Katzengesicht, liebt Süßigkeiten und schweres Essen. Viel mehr weiß ihr Bräutigam nicht von ihr. Aber er ist fest entschlossen, ihr als junger und feuriger Liebhaber gegenüberzutreten. Sogar seine Tanzkünste frischt er wieder auf – die arme Hortense muss ihm Walzer beibringen!

Eins allerdings steht für Napoleon fest: Wenn die Neue dann wirklich in Paris ist, muss die Alte weg. Sonst schlachtet nicht nur die Presse diese Situation genüsslich aus, es könnte – zusätzlich angeheizt von den Zeitungen – auch Ärger mit den guten Parisern geben, deren Sympathien nach wie vor Joséphine gehören.

Also bekommt Joséphine ein weiteres Geschenk: Das Herzogtum Navarra in Südfrankreich. „Meine Freundin", heißt es da im kaiserlichen Handschreiben, „ich hoffe, dass es dich freut, was ich für dich mit Navarra getan habe. Du kannst darin einen weiteren Beweis meines Wunsches erblicken, dich glücklich zu machen. Nimm Navarra in Besitz; am 27. März kannst du hinfahren und dort den April verbringen."

So ein napoleonischer Wunsch ist natürlich ein Befehl – zumal, wenn man weiß, dass die junge Marie-Louise aus Wien genau am 27. in Paris eintreffen soll ... Nennen wir den Vorgang ruhig als das, was er ist: eine Verbannung. Joséphine gehorcht ohne Widerspruch, was soll's auch noch!

Halten wir Bonaparte zugute, dass er das Schloss von Navarra niemals selbst zu Gesicht bekommen hat! Vielleicht hätte er sonst doch davon Abstand genommen, dies Gebäude einer Frau zuzumuten, deren Geschmack und ästhetisches Feingefühl so ausgeprägt sind und deren Lebensqualität so davon abhängt, dass sie schöne Dinge umgeben. Navarra gilt gemeinhin als das hässlichste Schloss ganz Frankreichs, ein quadratischer Bau, der im Volksmund „der Kochtopf" genannt wird.

Was sie da erwartet, weiß Joséphine noch nicht.

Der Empfang im Departement Eure, in dem das Schloss liegt, wird jedenfalls enthusiastisch ausfallen. Der Präfekt hat sich gut vorbereitet, er hat eine Ehrengarde aufstellen lassen, man mietet Karossen, die, mit Ehrenjungfrauen voll gestopft, der Kaiserin entgegenfahren sollen. – Dem guten Mann ist nicht einmal im Traum eingefallen, dass so ein Rummel überhaupt nicht im Sinne der kaiserlichen Majestät Napoleons ist, der am liebsten möchte, dass seine Ex erst einmal sang- und klanglos verschwindet. Der Rüffel, den der übereifrige Präfekt von seinen Dienstherren in Paris einstecken muss, als die Kunde von diesem Aufwand dorthin dringt – er kommt zu spät. Man hat den Brief, in dem Joséphines Ankunft mitgeteilt wird, öffentlich ausgehängt, und das halbe Departement ist an dem Tag schon auf den Beinen.

Die Ehrengarde bildet Spalier, es wird Salut geschossen, Glocken läuten, die Leute brüllen: „Es lebe die Kaiserin!", und Mädchen in Weiß überreichen Blumen an die liebenswürdig lächelnde schöne Frau, die sich aus ihrem „Opal" neigt.

Dann fährt die Kavalkade weiter: Unzählige Kutschen und Kaleschen, ein ganzes Gestüt und natürlich die Möpse und dann die Wagen und Lastkarren mit der Garderobe von Madame: 673 Kleider, 73 Korsetts, 400 Schals, 498 Hemden aus feinem Musselin und Batist, 198 Paar seidene Strümpfe, 685 Paar Schuhe, 87 Hüte, 980 Paar Handschuhe (die Möbel kommen später nach) – so zieht die Exkaiserin in ihr trauriges Exil. Nun ja. –

Als sie sich dann ihrer neuen Residenz nähert, glaubt sie, in einen Albtraum geraten zu sein. Dieser Würfel da mit dem abgeflachten Dach und den bröckeligen Schornsteinen, ringsum von einem Gürtel aus Tümpeln, Kanälen und Sümpfen umgeben – das soll ihr neues Zuhause sein?

Verzagt steigt sie aus dem Gefährt, betritt die Eingangshalle. Da drin ist es dunkel und trist, von den Wänden tropft es. Die Holzverkleidung fault, durch die schlecht schließenden Fenster pfeift der Wind, und ein Mobiliar ist so gut wie nicht vorhanden. Joséphine ist sogar zu deprimiert zum Weinen. Sie sitzt, eingehüllt in ihre Schals, am lodernden Kaminfeuer, inmitten des Chaos eines Einzugs – inmitten von hin und her hastenden Leuten, die sich gegenseitig Anweisungen zuschreien und diese widerrufen –, und trinkt einen Lindenblütentee, den ihr eine Kammerfrau in aller Eile gebrüht hat, und starrt vor sich hin.

Auch die Schlafzimmer sind klein und feucht, die Betten klamm. Am nächsten Tag erst beginnt man mit Heizen. Um die Bude warm zu bekommen, werden täglich sieben Sack Kohlen und fünfzehn Wagenladungen Holz verbrannt.

Joséphine hat ihren Friseur und ihren Leibschneider verloren, die sollen der neuen Kaiserin zur Verfügung stehen; ihr Arzt verlässt Paris ebenfalls nicht, und ihr Gefolge ist zusammengeschrumpft – viele von denen, die mit ins Exil müssen, verfluchen ihr Los, in diese Einöde versetzt worden zu sein, verfluchen ihre Herrin.

Als die Möbel nachkommen, sieht es schon ein bisschen besser aus.

Aber bald ... erträgt Joséphine diese ganzen Widrigkeiten mit mehr Fassung, als man ihr zutrauen würde, und das hat seinen guten Grund ... Denn wenige Tage nach ihrer Abreise aus Paris sind ihr auch ihre drei Kämmerer gefolgt. Und einer von denen ist der Grund, warum ihre Tränen seltener fließen. Kämmerer Lancelot Turpin-Crissé! Er ist groß und glänzend gebaut, hat lachende blaue Augen unter schön geschwungenen Brauen, braunes Haar und ein fröhliches Herz. Der schöne Kerl, verführerisch, leidenschaftlich und neunzehn Jahre jünger als Joséphine, wird ihr neuer Liebhaber. Er vermag die Verlassene zu trösten – was will sie mehr? Und was wollen wir mehr? Sie hat ein bisschen Glück verdient.

Der neue Freund – übrigens ist er ein begabter Maler und

Zeichner – ist wirklich leidenschaftlich in die Kreolin verliebt. Und wir sollten uns vielleicht über den Altersunterschied nicht allzu sehr wundern. Joséphine ist eine Frau, die noch immer verführerisch wirkt, nicht nur, weil sie alle Künste der Kosmetik beherrscht, sondern weil ihr Charme, ihr Takt, ihre Kunst, auf Menschen einzugehen, niemals verwelken. Außerdem ist der Nimbus nicht zu unterschätzen, der sie umgibt, wo sie geht und steht. Wie ein unsichtbares Diadem trägt die „Kaiserin" den Status mit sich, über fünfzehn Jahre Tisch und Bett mit dem mächtigsten Mann Europas geteilt zu haben.

Und so findet nach langer Enttäuschung und Verzweiflung die Rose aus Martinique zu ihrer Lebenslust zurück, hat wieder einen Partner, den sie lieben, mit dem sie lachen und weinen kann. Die Geschichte breitet den Mantel der Diskretion über die Einzelheiten dieses Verhältnisses – und wir tun es auch.

Leben jenseits der Macht

Doch zurück vom kleinen privaten „Glück" zur großen Politik. Napoleon hat Sorgen, und nicht zu knapp. Die Absage aus Moskau auf seine Brautwerbung läutete den Anfang vom Ende der „Liebesheirat" zwischen Russland und Frankreich ein. Hinzu kommt: Den Zaren reut es plötzlich, seine Zustimmung gegeben zu haben, dass Napoleon den polnischen Staat wiedererstehen lassen könne. Es rumort in den Gängen der Diplomatie, und wenn einer davon Wind bekommt in Frankreich, so ist es – außer Fouché vielleicht – der Exaußenminister.

„Ich habe Sie nicht gerufen, Monsieur!" Die Stimme des Kaisers klingt eisig.

Er hat Talleyrand drei Stunden im Vorzimmer warten lassen, eine eindeutige Aussage über ihrer beider Beziehungen.

Aber der „hinkende Teufel" lächelt sein verbindliches Lächeln und verbeugt sich geschmeidig, als sei alles in bester Ordnung.

„Sire, ich weiß, dass ich nicht zu Ihren Favoriten gehöre. Aber alte Anhänglichkeit und die Sorge um das Wohl Frankreichs bewegen mich, Ihnen eine Nachricht zu überbringen, die Ihnen vielleicht noch nicht zu Ohren gekommen ist."

Napoleon geht im Raum auf und ab, die Arme hinterm Rücken verschränkt. „Wenig glaubhaft", blafft er. „Fouché hat seine Quellen."

„Davon bin ich überzeugt. Aber Sie verzeihen, Sire – die habe ich auch. Und möglicherweise sind es andere als die Ihres Polizeimannes." Er verzieht verächtlich den Mund.

Napoleon sieht ihn starr an. „Und es sind bestimmt schlechte Nachrichten, nicht wahr – sonst würden Sie sich nicht die Mühe machen, sie persönlich zu überbringen. Also los, spucken Sie schon aus, Sie Schleimer."

Der andere lässt die Beleidigung mit ungerührter Miene über sich ergehen. Er sagt mit betrübtem Tonfall: „Ja, Majestät. Natürlich sind es schlechte Nachrichten. Natürlich ist es der Zar, natürlich ist es Russland."

Er genießt es, dass Napoleon das Blut ins Gesicht steigt. Der Hieb sitzt!

„Was ist mit dem Zaren?", fragt der Kaiser zwischen zusammengebissenen Zähnen hindurch.

Talleyrand zuckt mit den Achseln. „Nun ja, mir ist zu Ohren gekommen, dass er seine Häfen wieder für Schiffe geöffnet hat. Für neutrale Schiffe, versteht sich. Allerdings sind die oft mit englischen Waren beladen." Er lauert aus den Augenwinkeln auf die Reaktion des Kaisers. „Es tut mir so Leid, Sire! Ihr Herzensfreund, nicht wahr? Wie falsch Menschen doch sein können!"

„Sparen Sie sich die Kommentare, Monsieur! Die Fakten! So, wie Sie gucken, haben Sie noch mehr zu bieten!"

Talleyrand lächelt. „Kann schon sein. Es gibt neuerdings auch hohe Steuern auf französische Produkte da oben im hohen Norden. Ein unfreundlicher Akt, wenn ich mir erlauben darf, das zu interpretieren. Und, Sire, bis zu einem gewissen Grad verstehe ich den Zaren. Wenn Majestät schon nicht bereit sind, auf Polen als Pufferstaat zwischen Russland und Europa zu verzichten – ich verstehe, Sire, Sie sind im Wort gegenüber Madame Walewska ! –, so versucht er wenigstens jetzt, seine Hölzer, seine Pelze, sein Korn wieder auszuführen und Luxusgüter ins Land zu bekommen. Und nicht aller Luxus geht von uns aus, wie Sie sicher wissen, Sire. Auch die Engländer ..."

„Raus!"

Die Vase aus Sèvres-Porzellan fliegt haarscharf an Talleyrands Kopf vorbei. Er verbeugt sich, greift zu seinem Stock ... Auch ein Loch im Kopf hätte er in Kauf genommen für den Triumph, diese Nachricht zu überbringen ...

Inzwischen beruft Napoleon sein Kabinett ein, Minister und Berater. Er wird zum Krieg rüsten. Der „Geist von Tilsit“ ist gestorben.

Schließlich darf Joséphine wieder zurück nach Malmaison; der Kaiser und seine Neue sind in Belgien, und Bonaparte hat andere Probleme, wie man sieht. Die strengen Auflagen gegenüber seiner ersten Frau beginnen sich langsam zu lockern.

Es ist Mai, und der Park, ihre Schöpfung, grüßt sie grünend und blühend. Beschwingt – diskret begleitet von Lancelot, dem Herzensfreund – besichtigt sie ihre Gewächshäuser mit den exotischen Pflanzen, stellt fest, dass die Magnolie und der Oleander den Winter gut überstanden haben, und amüsiert sich mit wehmütigem Lächeln in der Vogelvoliere über den Papagei, der ständig „Bonaparte! Bonaparte!“ ruft.

Bonaparte, Bonaparte! Bestimmt ist es nicht nur die Stimme des wortgewandten Vogels, der durch Malmaison schallt. Da die Katze aus dem Haus ist, tanzen die Mäuse auf dem Tisch. Mit anderen Worten: Da Napoleon nicht in Paris weilt, kommen die Besucher in hellen Scharen zu seiner Ex, und es wird geklatscht, was das Zeug hält.

Natürlich erfährt Joséphine alles, was Napoleons junge Ehe angeht, bis in die Details. Dass er seiner Braut bis an die Grenze zu Frankreich entgegengefahren und dort bereits, vor der offiziellen Eheschließung, mit ihr ins Bett gegangen sei. Dass sie Angst vor Gespenstern hat und nur bei hellem Licht einschlafen kann, weshalb der Kaiser sie immer sofort verlässt, nachdem er sie geliebt hat – denn er schläft, wie Joséphine weiß, nur in völliger Dunkelheit ein. Dass das Schlafzimmer der jungen Kaiserin stets eiskalt ist. (Bonaparte liebt es warm.) Dass sie sich weigert, Tragödien im Theater anzusehen, sondern nur in Komödien geht (die Napoleon bekanntlich als Zeitverschwendung bezeichnet und in denen der Kaiser auf dem Stuhl einschläft).

Und sie nennt ihn „Popo". Popo? Ihre Muttersprache ist Deutsch. Sollte sie wirklich ...? Eigentlich undenkbar, aber wer weiß ...

Und Joséphine kann ihr Gesicht in gespielter Empörung hinter dem Fächer verbergen – voller Genugtuung, dass ihre Nachfolgerin so unvollkommen ist.

Und ihren intimsten Freundinnen zeigt sie einen Brief ihres Verflossenen: „Ich sehne mich zutiefst danach, dich wiederzusehen. Nichts fehlt mir als das Wissen, dass du froh und wohlauf bist. Zweifle niemals an der völligen Echtheit meiner Gefühle für dich; sie werden dauern, solange ich lebe. Ungerecht wärst du, würdest du daran zweifeln."

Das hört sich nicht an, als wäre es wieder nur vorgespielt – es muss also nicht so weit her sein mit der Österreicherin. Aber trotz der langen Mängelliste: Im März 1811 wird der heiß erwartete Thronfolger geboren, François Charles Joseph, der gleich bei seiner Geburt einen gewichtigen Titel erhält: König von Rom.

Auch der lange Leidensweg von Hortense nähert sich nun dem Ende. Sie hat dem verrückten, sie stets und ständig quälenden Louis drei Söhne geboren (von denen der Erstgeborene gestorben ist, wir wissen, wie schwer dies auch Napoleon und Joséphine getroffen hat); sie hat unsäglich unter den Eifersüchteleien und Unterstellungen ihres Mannes leiden müssen, sie hat Napoleon mehrmals fußfällig angefleht, die Ehe annullieren zu lassen. Aber ihr Stiefvater fürchtete, das gesamte Kaiserhaus dem Gespött auszusetzen, wenn eine

Scheidung der anderen folgte. So schlimm wird es schon nicht sein! Louis, sein Lieblingsbruder – und so ein Monster? Immer wieder versucht er, Hortense mit ähnlichen Durchhalteparolen zu besänftigen, wie er sie auch immer brieflich an Joséphine verschickt: Sei stark! Zeige Würde! Hör auf zu weinen und zu klagen, das ist verächtlich!

Aber dann dankt Louis ab. Der holländische Thron ist ihm viel zu anstrengend. Er flieht aus „seinem" Land – und ausgerechnet zum Erzfeind nach Österreich. Und nun endlich sieht sein Bruder ein, wie gründlich er sich in Louis getäuscht hat. „Konnte ich eine solche Kränkung von einem Mann erwarten, dem ich wie ein Vater gewesen bin?", schreit er wütend. Endlich willigt er ein, dass Hortense ihre Freiheit wiedererlangt. Mit einer hübschen Rente und einem kleinen Herzogtum kann sie sich nun ihrer geheimen Passion widmen – ihrer Liebe zu dem Rittmeister Monsieur de Flahaut. Man nimmt Quartier in einem schönen Schlösschen in der Schweiz, am Ufer des Bodensees.

Für den Sommer mietet sich Joséphine inkognito in Aix in Südfrankreich ein und besorgt ebenfalls Quartier für Hortense. Ungestört können sich Mutter und Tochter mit ihren Liebhabern vergnügen. Was für ein Aufatmen! Keine Protokolle, keine offiziellen Anlässe, keine steife Etikette.

Der Kaiser? Der hat es auch weiterhin nicht einfach mit seiner „Neuen".

Zuerst glaubt er doch tatsächlich, er könne die beiden Frauen, die alte und die neue, zusammenbringen und eine Art Burgfrieden erreichen, auch, damit das Gerede über eine Feindschaft der beiden im Volk endlich aufhört – und Joséphine, trotz allem gutmütig und neugierig, wie sie ist, war damit durchaus einverstanden. Sie traut sich immer noch zu, dies kleine Mädchen aus der Wiener Klosterschule durch ihre Eleganz und ihre Umgangsformen aus dem Feld zu schlagen, und hofft auf einen Triumph.

Marie-Louise, die „amtierende" Kaiserin, hingegen gerät bei dem bloßen Gedanken an ein Treffen in Panik und kriegt rote Flecken im Gesicht. Bevor sie nach Frankreich kam, war sie der Meinung gewesen, ihre Vorgängerin wäre achtzig Jahre alt. Nun zeigt man ihr die Porträts einer verführerischen Person ... Sie ist außer sich vor Eifersucht.

Dies nun bringt Joséphine dazu, auf dem Treffen zu beharren. Und so muss der Kaiser Joséphine schließlich geschickt von ihrem hartnäckigen Wunsche ablenken. Er schreibt ihr: „Du würdest einen entscheidenden Fehler begehen. Sie glaubt, du seiest eine alte Frau. Wenn sie sehen würde, wie reizvoll du bist, könnte sie sich Sorgen machen und von mir verlangen, dass ich dich verbanne. Jetzt hast du das schönste Leben. Gib also Ruhe!"

Das leuchtet ein, zumal Seine Majestät immer noch hin und wieder heimlich seine ausrangierte Ehefrau besucht – die Macht der Gewohnheit!

Bei einem dieser Besuche bittet sie darum, wenigstens den kleinen Sohn des Kaisers einmal sehen zu können. Napoleon äußert sich nicht, steckt den Kopf in den Sand – und lässt zu, dass die Amme mit dem Kind eines Tages einen Abstecher nach Malmaison macht.

Joséphine schmilzt dahin und zerfließt mal wieder in Tränen, als sie das Kind sehen, anfassen, küssen darf. Die ganze Bitterkeit ihres Lebens wird ihr noch einmal vor Augen geführt. Ach, hätte das doch ihr Sohn sein können!

Als sie sich nach einer Stunde wieder von dem kleinen Prinzen trennt – leutselig und liebenswürdig wie immer zu allen und jedem –, sagt die Amme des Kindes: „*Mon Dieu*, ist die aber nett! In einer Viertelstunde hat sie mit mir mehr geredet als die andere in einem Vierteljahr!"

So ein Ausspruch wird ihr natürlich hinterbracht – Balsam für die Seele der „guten Kaiserin".

Inzwischen hat ihr Exgemahl Sorgen, und nicht zu knapp.

Verbrannte Erde

Also zurück zum Weltgeschehen. Wie wir wissen, steht der Krieg zwischen Frankreich und Russland kurz bevor. Napoleon rechnet sich gute Chancen für einen schnellen Sieg aus. Das europäische Umfeld betreffend, glaubt er, sicher zu sein; die Staaten ringsum ducken vor ihm, und England verhält sich still.

Dieser letzte Krieg noch – so muss er gedacht haben –, und dann herrscht endgültig Frieden in einem von Frankreich dominierten Europa.

Am 4. Mai 1812 fährt Napoleons Kutsche in Malmaison vor. Der Kaiser steigt nicht aus. Joséphine erscheint auf der Schwelle.

„Ich bin gekommen, mich zu verabschieden", sagt er ernst.

Sie fröstelt in der Morgenfrische. Das Herz ist ihr schwer. „Es ist lange her, dass du zu einem Feldzug aufgebrochen bist!", sagt sie mit dem Versuch eines Lächelns.

„Ja. Aber ich werde siegreich sein. Wie immer." Es klingt hart und kompromisslos. „Ich weiß, Russland ist ein harter Brocken. Aber die Grande Armée wird damit fertig."

Sie tritt auf ihn zu, will ihn berühren. Aber der Wagenschlag wird geschlossen. Keine Umarmung. Kein Kuss. Der Segen seines „Talismans", seiner lieben Frau vom Siege – der bleibt aus. Joséphine wagt nicht einmal, ihm nachzuwinken. Blass sah er aus. Blass und ernst.

Wieder fröstelt sie, zieht ihr Tuch fester um die Schulter, wendet sich zum Haus.

Dies dunkle Gefühl in ihr, es soll sich bewahrheiten. –

Das ist eine alte Geschichte: Je größer und umfangreicher das Imperium wird, das man zu verteidigen hat, umso ausgedehnter sind seine Grenzen und umso schwieriger ist es, die einzelnen Nationalitäten, die zu diesem Imperium gehören, bei der Stange zu halten. Österreich und Preußen durch Einschüchterung, der Rheinbund durch Versprechungen in Schach gehalten – gut. Noch geht das. Die Regierungen kuschen. Aber ihre Völker werden immer aufmüpfiger. Die Franzosen sind für sie nicht mehr die Befreier vom alten feudalen System – sie sind immer mehr die verhassten Besatzer, deren Joch drückend auf den eroberten Ländern liegt. Napoleon wird es sich in diesem Moment nicht eingestehen – aber der Rückhalt, den er in Europa hat, gleicht einer Balance auf dünnem Eis.

Und der Zar? Wir haben es eben schon gehört, er hält sich bedeckt, einige Zeit. Dann aber handelt er einen Frieden aus, „nach rechts“ und „nach links“, im geografischen Sinne: Schweden wird im Kriegsfalle neutral bleiben, und die stets bedrohliche Türkei gibt Frieden. Russland kann sich auf den Angriff Frankreichs konzentrieren. Das Riesenreich bereitet sich gelassen auf die Invasion vor.

Und diese Invasion wird von ungeheurem Ausmaß sein.

Über eine halbe Million Männer werden von Frankreich an den Grenzen Russlands aufgestellt. So eine Streitmacht hat Europa noch nie gesehen. La Grande Armée, größer und gewaltiger denn je, ist bereit zu marschieren.

La Grande Armée? Größer und gewaltiger denn je? So scheint es zunächst. Doch mindestens die Hälfte der Rekrutierten besteht aus Hilfstruppen der besiegten Länder. Wie gut es um deren Kampfeswillen noch bestellt ist, das ist die Frage. Verhängnisvollerweise eine, die den Kaiser nicht kümmert.

Und noch etwas übersieht er total: Wie immer bemüht sich Napoleon um jedes noch so kleine Detail des Feldzugs, um die Verpflegungsdepots und die Munitionsvorräte – aber er macht einen entscheidenden Fehler. Er nimmt an, dieser Krieg würde nur wenige Wochen dauern. Die geografischen und klimatischen Bedingungen im Land seines Gegners beachtet er nicht zur Genüge.

Er war nicht der erste (und wird, wie wir wissen, nicht der letzte „Stratege“ sein), der sich in Hinsicht auf einen „Blitzkrieg“ gegen Russland gründlich irrte ...

Dabei – Warnungen gibt es genug. Der französische Gesandte weist ihn hin auf die Gefahren eines Feldzugs gegen das gewaltige Land. Man wird ihn hineinlocken, jede Feldschlacht vermeiden, ihn vom Nachschub abschneiden, prophezeit er. Napoleon schlägt das alles in den Wind.

„Ich habe meine Bestimmung noch nicht erfüllt“, sagt er (ausgerechnet zu Fouché – warum nur vertraut er ihm seine Gefühle an?), „aus allen Völkern Europas muss ich ein Volk und aus Paris die Hauptstadt der Welt machen.“ Nichts gegen solche Träume, aber wenn man sie auf der Spitze der Bajonette verwirklichen will, muss man damit rechnen, dass nicht alle davon begeistert sind.

Die Grande Armée zieht erneut aus, nicht um eine Bedrohung abzuwehren und dabei gleichzeitig die Völker vom Druck einer alten Fremdherrschaft oder aus feudaler Knechtschaft zu befreien. Sie ist auf Eroberungskurs. Schon in Spanien ist das nicht gut gegangen. Napoleons Erwachen aus dem Traum von der „zu erfüllenden Bestimmung“ wird bitter sein.

Und es kommt genau so, wie man es ihm vorhergesagt hat!

Kein Gegner, der sich ihm stellt. Immer weiter und weiter dringen die Truppen des Kaisers in das unermesslich große Land vor – und stoßen auf das Nichts. Die Russen haben vorgesorgt: leere Dörfer, vernichtete Ernten, vergiftete Brunnen. Verbrannte Erde! Die Taktik des großen Generals, sich aus den Ressourcen des besiegten Landes zu bedienen, versagt hier. Die Armee hungert, und an Nachschub aus den weit zurückliegenden Landstrichen Polens oder gar Preußens ist nicht zu denken.

Schon jetzt verenden viele Pferde und säumen als stinkende Kadaver den Weg der Franzosen – wenn ihr Fleisch nicht verzehrt wird.

Dann, endlich, im September, stellt sich die russische Armee unter Fürst Kutusow bei dem Dörfchen Borodino zur Schlacht, nicht weit von Moskau. Zwar siegen die Franzosen, aber die Verluste sind entsetzlich. Und tausende Verwundete sterben einen qualvollen Tod auf dem Schlachtfeld, weil die medizinische Versorgung so unzureichend ist – auch eine Frage des nicht funktionierenden Nachschubs.

Die Russen blasen zum Rückzug. Und Napoleon, aufs Äußerste gereizt durch den „unplanmäßigen" Verlauf dieses Krieges, rast hinterher, als wäre er ein Anfänger auf dem Schlachtfeld.

Schon steht er vor der Hauptstadt! Triumph – er glaubt, den Sieg schon in der Tasche zu haben. Die Stadt scheint verlassen, der Kaiser zieht im Kreml ein und wartet auf die Friedensverhandlungen. Irgendwann muss sich Alexander, der Freund-Feind, doch melden!

Doch weit gefehlt!

„Immer noch keine Nachricht vom Zaren?"

„Nein, Majestät. Tut mir Leid, Majestät."

„Schon gut, Duroc. Ich kann ja verstehen, dass es bitter ist, den Feind in der eigenen Hauptstadt zu haben." Er tritt ans Fenster des Kreml. „Was ist das dahinten für ein Qualm?"

„Ich weiß nicht, Sire. Ich werde es unverzüglich herausbekommen."

„Ich habe strengstens befohlen, weder zu plündern noch zu brandschatzen. Die Schuldigen sollen strengstens zur

Rechenschaft gezogen werden! Duroc, bringen Sie meine Adjutanten her! Das muss unterbunden werden!"

Noch während des Gesprächs entdeckt der Imperator am Horizont zwei neue Brände! Auf einmal ist ihm sehr merkwürdig zu Mute. Die Meldung, die eine Ordonnanz dann bringt, veranlasst ihn nur zum Kopfschütteln. „Sire, die Brände gehen nicht auf unser Schuldkonto. Sie sind in rein russischen Quartieren ausgebrochen!"

„Wieso?" Der Kaiser runzelt die Brauen. „Sind diese Hinterwäldler nicht in der Lage, ihre eigenen Herdfeuer unter Kontrolle zu halten?", schnauzt er raubeinig. „Mich wundert, dass überhaupt noch wer von denen in der Stadt ist." Aber irgendwie weiß er, dass da etwas nicht stimmt ... Wenn er auch keine Ahnung hat, was.

In den nächsten Tagen nehmen die Brände zu. Die Franzosen versuchen zu löschen, aber der Nordwind facht die Flammen an. Inzwischen sind nur noch wenige Bezirke von den Flammen verschont, darunter der Kreml, der aus Stein errichtet ist.

Irgendwann begreifen die Franzosen mit Entsetzen, dass da keine Zufallsfeuer wüten, sondern dass man die Stadt systematisch in Schutt und Asche legt.

Und auch während Moskau schon fast gänzlich niedergebrannt ist, wartet Napoleon immer noch darauf, dass jemand kommt und ihm ein Friedensangebot macht. Er, der geniale Stratege, versteht nicht, was da geschieht.

Aber es geschieht einfach gar nichts. Ruhe und Feuer.

Endlich, Mitte Oktober, gibt er den Befehl zum Rückzug. Es ist viel zu spät im Jahr. Der Winter hat schon begonnen.

Ursprünglich plant der Kaiser, einen anderen Weg zu nehmen als auf dem Marsch hierher, eine südwestliche Route über Kaluga, um Smolensk zu erreichen. Das aber verhindern die Truppen Kutusows. Und so ist die Grande Armée gezwungen, auf dem gleichen Weg zurückzumarschieren, auf dem sie gekommen ist – durch von ihr selbst oder von den Russen bewusst geplündertes, verwüstetes, aller Ressourcen beraubtes Gebiet.

Anfang November setzen die Schneefälle ein – der gefürchtete russische Winter. Und mit dem Schnee zusammen kommen die Kosaken auf ihren schnellen ausgeruhten Pferden und attackieren den Heereszug, so wie ein Hornissenschwarm eine Herde Pferde verrückt macht. Und auch während der Ruhepausen ist die Armee nicht vor Angriffen aus dem Hinterhalt sicher. Die Männer werden im Schlaf ermordet. Panik bricht aus.

„Niemand befahl mehr, und niemand gehorchte", beschreibt ein Offizier aus Württemberg, Angehöriger einer der Hilfstruppen des Napoleon, die Lage. Hungernd und halb erfroren, schleppen sich die Männer vorwärts, die Russen immer auf ihren Fersen.

Am 9. November erreicht der Heerwurm endlich die Stadt Smolensk. Die Temperaturen fallen auf minus zwanzig Grad.

Das Pferdefutter geht aus – auf dem Hinmarsch konnte man die Tiere ja noch mit Grünfutter ernähren. Die Tiere fressen Fichtenrinde. Sie können vor Schwäche die Kanonen nicht mehr ziehen und sterben. Oft weiden die frierenden Soldaten bei der abendlichen Rast die noch dampfenden Kadaver aus und kriechen hinein, um sich warm zu halten.

Die Leichen der zu tausenden erfrorenen Männer lässt man ausgeplündert am Straßenrand liegen, den Wölfen zum Fraß.

Inmitten seiner Garde, zwischen den Treuesten der Treuen, marschiert der Kaiser, verhüllt im Pelz, auf einen Knotenstock aus Birkenholz gestützt. Er weiß, es ist aus. Der Feldzug ist verloren.

Aber noch immer ist der brüderliche Geist der Grande Armée nicht ganz gebrochen. Als ein Regiment den Wagen mit seiner Kriegskasse aufgeben muss, verteilen die Soldaten das Gold – 180 000 Francs – unter sich, um es zu bewahren, und jeder muss bei seiner Ehre schwören, seinen Schatz an einen Kameraden weiterzugeben, falls er schwer verwundet wird. (Nicht ein Franc geht verloren!) Die Regimentsfahne, sozusagen das Heiligtum jeden Truppenteils, wickelt sich jeweils der Kräftigste um den Leib. Fällt er, wird das Tuch vom Arzt an den nächsten weitergegeben ...

So zieht dieser elende, geschlagene Heereswurm gen Westen, ein Bild der Auflösung und des Jammers. Doch ist die Talsohle der Schrecken noch nicht erreicht, es soll noch schlimmer kommen.

Man steht vor der Beresina, einem Dnjepr-Zufluss in Weißrussland. Der Fluss müsste bei diesen Temperaturen eigentlich zugefroren sein. Aber eine missgünstige Gottheit hat zwischenzeitlich eine Tauwetter-Periode ins Land geschickt.

Der Beresina-Fluss wird zum Auslöser des größten Desasters dieses Feldzugs für die Grande Armée.

In heroischem Einsatz bauen die französischen Pioniere zwei Pontonbrücken; die meisten der vierhundert Männer sterben nach dem Einsatz im eiskalten Wasser. Aber durch ihr Opfer kann Napoleon sich nun anschicken, mit den Resten der kampffähigen Truppen den Fluss zu überqueren. Soweit, wie es scheint, Glück im Unglück – aber plötzlich nähert sich in ihrem Rücken der Feind. General Kutusow besitzt taktisches Geschick, er passt den „richtigen" Moment für seinen Angriff ab.

Panisch vor Todesangst, rasen die demoralisierten Männer der Grande Armée auf die Brücken zu, werden von den Russen abgedrängt, ertrinken im eiskalten Wasser, fallen unterm Donner der russischen Kanonen. Das ist das Ende der Armee der 500 000!

Die Schreckensbilanz dieses Feldzugs: 400 000 Tote, 100 000 Gefangene. Napoleon war ausgezogen mit Glanz und Gloria und dem Nimbus des Unbesiegbaren. Mit 18 000 Mann erreicht er die russische Grenze nach Westen.

Am Tag vor dem grausigen Geschehen an der Beresina hat der Kaiser noch zusätzlich beunruhigende Nachrichten aus Paris erhalten. Es hat einen Putschversuch gegeben, der zwar schnell niedergeschlagen wurde, aber doch Grund zur Besorgnis bietet. (Natürlich weiß man nichts Genaues.) Seine Generäle überreden ihn, so schnell als möglich in die Hauptstadt voranzureisen, um durch seine Gegenwart dort alles wieder ins Lot zu bringen. Auch sollte er möglichst vor Ort sein, wenn die Nachrichten von der Niederlage gegen das russische Heer in Paris einträfen, um den „psychologischen" Schaden zu begrenzen. Schließlich willigt der Kaiser ein und übergibt das Oberkommando über die Reste der Armee auf dem Rückzug an seinen Schwager Murat. Die Nachhut steht unterm Befehl seines wackeren Stiefsohns, Eugène Beauharnais, Vizekönig von Italien. –

In einer rasenden Schlittenfahrt, später in der Kutsche, durcheilt Napoleon mit seinen engsten Vertrauten das eisige Polen und Deutschland, eingehüllt in Bärenfelle, zitternd vor Kälte – es sind nicht selten 25 Minusgrade und mehr. Während der ganzen Reise redet er auf seine Begleiter ein, versucht sich zu rechtfertigen, zu erklären, wie es zu dem Zusammenbruch kommen konnte, analysiert seine Fehler – und spricht von den großen Plänen, die er für die Zukunft hat. Dass dies der Anfang von seinem Ende ist – kein Gedanke. Aufgeben? Doch nicht er!

Nach vierzehn Tagen trifft er in Paris ein und ist am 18. Dezember tief in der Nacht in den Tuilerien.

Bleiches Entsetzen

Und Joséphine? Was macht sie in diesem schicksalhaften Jahr 1812, in dem das Imperium ihres geschiedenen Mannes beginnt, dem unaufhaltsamen Untergang entgegenzutreiben? Ihre bange Vorahnung bei seiner Abreise hat sie längst verdrängt. Der Kaiser war bisher immer siegreich – wieso also diesmal nicht? Anders lautende Nachrichten sind nicht durchgesickert.

Joséphine amüsiert sich.

Monate sind vergangen, in denen sie zwischen Malmaison und Navarra hin und her pendelte. Aus dem versifften „Kochtopf“ Navarra, dieser „Strafkolonie“, hat sie inzwischen – natürlich ohne Kosten zu scheuen! – ein elegant eingerichtetes Schloss gemacht, aus der sumpfigen Umgebung einen Park mit Teichen und Wasserfällen. Und natürlich hat man nach dem Vorbild von Malmaison auch hier Gewächshäuser angelegt.

In Navarra lebt man – wie auch in Malmaison – fern von allen Zwängen des Protokolls. Der freizügige Umgang zwischen Madame und ihrem Lancelot ist Signal für die Hofhaltung, sich ebenfalls keinen Zwang anzutun, und so wimmelt es alsbald von Liebespaaren. Die Hausherrin ist geradezu versessen darauf, sich als Kupplerin aufzuführen, sie stiftet gern zarte Bande und ist auch nicht knauserig, wenn es darum geht, „ernsteren“ Beziehungen eine großzügige Mitgift zu versprechen. Freigebig wie immer …

Ausfahrten und Spaziergänge, lange Partien am Spieltisch. Der liebe Lancelot hat für die Kaiserin eigenhändig ein Kartenspiel gemalt, auf dem er die prominentesten Bewohner des Schlosses von Navarra abgebildet hat. Und – wie sollte es anders sein! – Joséphine ist die Herzdame und er selbst der Karobube.

Manchmal fährt man ins nahe gelegene Städtchen Evreux zum Abendessen oder lädt sich einen Künstler zu einer Abendmusik ein.

Dann wieder ist sie in Malmaison, und bald darauf erneut im Süden, mit ihren Enkeln. Eugène ist sehr glücklich, die hübsche Auguste, Tochter des Königs von Bayern, erwartet bereits das vierte Kind – diesmal in Abwesenheit ihres Mannes, der ja auf dem Feldzug ist. Joséphine spielt mit Begeisterung die Großmama.

Auf der Rückreise nach Paris macht sie Station in einigen Schweizer Bädern und erreicht sorglos ihr Malmaison. Kaum trifft sie dort ein, erfährt sie von dem merkwürdigen Umsturzversuch dreier ehemaliger Generäle, die die Nachricht verbreitet hatten, Napoleon sei gefallen. (Fouché hatte die Situation übrigens Stunden später wieder im Griff.) Joséphine schreibt an ihren Sohn: „Der Wagemut oder Wahnsinn dieser Ungeheuer ist unfassbar. Tröstlich ist einzig, dass Paris sich keineswegs daran beteiligte."

Was ihr bei dieser Sache überhaupt nicht in den Sinn kommt: Wieso eigentlich hat keiner der Beamten und Offiziere, denen verkündet wurde, Napoleon sei gefallen, den berühmten Ruf ausgestoßen: „Der Kaiser ist tot – es lebe der Kaiser!"? Niemand ist auf die Idee gekommen, nach dem angeblichen Tod Napoleons seinen Sohn zu inthronisieren, wie es der Sinn einer erblichen Monarchie ja sein sollte! In ihrer Arglosigkeit ist ihr nicht eingefallen, dass sich in diesen Stunden gezeigt hat: Ihr Opfer, erbracht wegen des Makels, keine Kinder bekommen zu können – es war umsonst. Niemand denkt auch nur daran, den Erbfolger Bonapartes, gezeugt mit der jungen Kaiserin, in seine Rechte zu verhelfen. Das ganze Theater, das Leiden Joséphines all die letzten Jahre ... für nichts.

Und dann erreichen die Nachrichten von den furchtbaren Katastrophen in Russland auch Malmaison und verbreiten bleiches Entsetzen.

Mehr als um Napoleon sorgt sich Joséphine verständlicherweise um Eugène. Erst am 19. Dezember – da ist Napoleon schon in Paris! – erhält sie einen mindestens drei Wochen alten Brief von ihm. Sie ist in der Lage, sich trotzdem zu freuen! „Mein Sohn lebt!"

Und sehr schnell erfährt sie es dann aus erster Hand: Ja, Eugène ist wohlauf. Ja, die Katastrophe ist vollkommen. Napoleon selbst sagt es ihr.

Er trifft in Malmaison ein. Zwar sind seine Frau und sein Kind – vor allem das Kind! – wohlauf. Aber den eigentlichen Trost sucht er bei Joséphine.

Ich bin außer Stande, mir vorzustellen, worüber die beiden gesprochen haben. –

Hortense hat die Kutsche gesehen. Sie weiß, wer da bei ihrer Mutter ist. Erst will sie ebenfalls hineilen, will den Stiefvater begrüßen – aber dann hält ihr angeborenes Taktgefühl sie davon zurück. Was die beiden jetzt auch immer miteinander besprechen werden – es sollte nur ihnen beiden gehören.

Sie wartet ab, bis sie die Wagenräder wieder über den Kies der Einfahrt von Malmaison knirschen hört, lässt der Mutter Zeit. Dann geht sie hinüber in den Salon.

Joséphine sitzt am Fenster und starrt vor sich hin. Nein, in ihren Augen sind diesmal keine Tränen. Es ist, als würde sie das Eintreten der Tochter gar nicht bemerken.

Hortense legt ihr sanft die Hand auf die Schulter. *„Maman,* ER war das eben, nicht wahr?"

Joséphine nickt, sieht sie nicht an.

„Was hat er gesagt?"

„Was wohl! Dass er geschlagen ist – und dass er weiter kämpfen wird – immer das Gleiche ..."

Sie bleibt unbeweglich.

„Und du? Was hast du gesagt?“

Sie zuckt kaum merklich die Achseln. „Was wohl? Ich darf ihn trösten, ich darf ihm Mut zusprechen – warum geht er damit zu mir? Er hat eine Frau. Aber die kann wohl nicht zuhören. Mich hat er verlassen. Aber mich braucht er.“

Sie lächelt. Es ist ein freudloses Lächeln, ohne Genugtuung. Jetzt sieht sie zu der Tochter auf, mit einer tiefen Traurigkeit. „Wie blass er war! Und seine Augen – wie erloschen. Wie soll man mit solchen Augen seine Soldaten zum Sieg führen?“

Sie erhebt sich. „Läute bitte der Kammerfrau. Mir ist nicht wohl. Ich will zu Bett gehen.“

Hortense würde sie so gern in die Arme nehmen. Aber irgendetwas hält sie davon ab. Wenn sie doch wenigstens weinen würde, wie sonst immer! Aber dies Schweigen ... Es ist ein Schweigen des Untergangs.

Der geschlagene General, der keineswegs bereit ist zu kapitulieren, und die verlassene Frau, bei der die Kränkung immer noch tief sitzt, die (bei allen amourösen Spielereien) in sich eine unbedingte Hingabe zu ihrem „Bonaparte“ herausgebildet hat ... Es hat etwas Tröstliches. Napoleons Misstrauen allen und jedem gegenüber ist verständlich. Aber auf die Treue und den Beistand von Joséphine und ihren Kindern kann er sich verlassen.

Umso mehr fällt das ins Gewicht, als sein Schwager Murat gerade den Schwanz eingezogen hat! Dieser Rückzug überfordert ihn! „Eine beginnende Gelbsucht“ (stellt er selbst bei sich fest!), und zieht sich von der ihm aufgetragenen Arbeit, die geschlagenen Truppen nach Haus zu führen, lieber zurück.

Das Oberkommando kommt an Eugène! Einmal mehr möchte ich meine Achtung und Sympathie für diesen jungen Mann kundtun. Sein Mut, seine Ehrlichkeit und sein gewissenhaftes Bemühen, alle Aufgaben optimal zu meistern, sind vorbildlich. Eigentlich hätten sie ihn zum Thronfolger prädestiniert. Aber es kommt ja ohnehin alles anders ... Jedenfalls meistert er die Aufgabe, die verbliebenen Männer nach Haus zu bringen, meisterhaft. Joséphine ist sehr stolz auf ihn.

Und Napoleon: „Alle haben Fehler gemacht. Eugène als Einziger hat nie einen begangen“, sagt er später. In seinem Exil.

Wir schreiben das Jahr 1813. Die Widersacher sehen den Geschwächten und wittern Morgenluft. Das Imperium bricht auseinander.

In Spanien sind die Engländer eingefallen und jagen die Franzosen mit König Joseph an der Spitze nach Haus. Preußen, sein zaghafter König, ermannt sich und traut sich raus zu einem neuen Bündnis mit Russland.

In Windeseile rekrutiert Napoleon eine neue Armee – aber angesichts der entsetzlichen Verluste des Russlandfeldzugs ist die Kriegsbegeisterung in Frankreich sehr abgekühlt. Trotzdem gelingt es ihm, neue Truppen auf die Beine zu stellen und – genialer Stratege, der er ist – zweimal zu siegen. Allerdings sind die vorhandenen Kräfte nicht stark genug, dem Gegner nachzusetzen, ihn tatsächlich vernichtend zu schlagen. Bonaparte fehlt die Kavallerie! Notgedrungen vereinbart er mit den Feinden einen Waffenstillstand – „der größte Fehler meines Lebens“, urteilt er später im Exil.

Mit Selbstverständlichkeit geht er davon aus, dass sein Schwiegervater Franz von Österreich ihn mit Soldaten unterstützen wird.

Aber der denkt gar nicht daran. Er sieht, wie geschwächt die Position Napoleons bereits ist – soll sich Österreich mit einem Loser einlassen? Er lässt ihn geschickt hinhalten durch seinen Außenminister Fürst von Metternich (der geriebenste Diplomat seiner Zeit, an Wendigkeit, Verlogenheit und Finesse nur noch mit Talleyrand zu vergleichen) – und erklärt am 12. August 1813 Frankreich den Krieg. Nun ist es klar: Zum ersten Mal muss Napoleon gegen drei mächtige Gegner zugleich kämpfen. Preußen im Verein mit Russland, England sowieso und eben Österreich. Das Kräfteverhältnis hat sich dramatisch zu seinen Ungunsten verlagert.

Das Kaiserreich des Napoleon Bonaparte sieht sich provoziert zu einem Kampf, bei dem es um alles oder nichts geht. Die neue Ordnung, die die Menschenrechte verkörpert, wird noch einmal herausgefordert von den Mächten des Alten.

Napoleon sieht in Westeuropa sein legitimes Terrain, er hat diesen Völkern ein ausgezeichnetes Gesetzbuch gegeben, soziale Rechte, wie sie so nie zuvor möglich waren, er hat sie von ungeliebter Fremdherrschaft und von der feudalen Knute befreit. (Dass er für viele jetzt selbst der verhasste Usurpator ist, will er nicht wissen.) Dieses *empire* ist das Werk französischer Ideen und französischen Schweißes und Blutes, er kann es nicht aufgeben, ohne sich selbst zu verraten. Er muss diesen Krieg gewinnen ... Aber er ist nicht mehr der, der das Gesetz des Handelns bestimmt, wie sonst immer. Der Feind diktiert ihm seine Operationen.

Machen wir es kurz: In der so genannten „Völkerschlacht" bei Leipzig steckt der Kaiser im Oktober 1813 eine schwere Niederlage ein. Die Franzosen ziehen sich zurück. Und nun stürzt das gesamte Gebäude in rapidem Tempo ein. Holland, die Schweiz, die Rheinbundstaaten fallen von Frankreich ab, Spanien ist schon verloren. Und selbst engste Verbündete, Leute aus dem eigenen „Stall" wie Murat, seines Zeichens König von Neapel, halten es auch für besser, sich auf die Seite der Sieger zu stellen.

Die drei alliierten Mächte drängen Eugène, sich ihnen anzuschließen. Schließlich ist sogar sein Schwiegervater, der König von Bayern, zur Gegenseite übergelaufen. Man will den jungen fähigen Eugène gewinnen, und man bietet ihm die Königskrone eines „Landes nach Vereinbarung“ an! Aber nicht mit ihm!

Eugène informiert sofort seinen Stiefvater von dem Ansinnen.

„Bis zum letzten Atemzug werde ich den Eid halten, den ich geleistet habe und den ich hiermit erneuere, nämlich, Ihnen treu zu dienen.“ Er wolle lieber als „Bürger und Ehrenmann“ denn als „König und Verräter“ leben. Wie gesagt: Hut ab vor diesem jungen Mann!

Das Ende eines Traums

Des Fürsten Metternichs für eine Million Francs gekaufter Komplize Talleyrand erklärt auf die Nachricht von Napoleons Niederlage bei Leipzig hämisch: „Er ist erledigt! Womit soll er noch weiterkämpfen! Er wird sich unterm Bett verkriechen.“

Er hätte ihn besser kennen sollen.

Am 10. November kehrt Napoleon aus dem sächsischen Kriegsgebiet nach Paris zurück und verlangt von der gesetzgebenden Versammlung, dem Senat, die Lizenz zur Aushebung von 300 000 Mann.

Er stößt auf Widerstand. Er setzt sich durch.

Und noch einmal bietet er den Alliierten die Stirn.

In einer Serie von Schlachten zwischen dem 10. und dem 14. Februar 1814 siegt und siegt er – so brillant, so schnell, so taktisch überlegen, wie es seinerzeit der junge General in Oberitalien getan hat. Aber nie zuvor war er so todesverachtend, setzte er so alles auf eine Karte, einschließlich seiner Person. So reitet er auf eine Zeitzündergranate geradewegs zu, während alle anderen fliehen. Die Granate explodiert, tötet sein Pferd und wirft ihn zu Boden. Er verlangt nach einem neuen Pferd und reitet mit stoischer Miene die Linien ab. „Die Kugel, die mich töten soll, ist noch nicht gegossen worden“, erklärt er lakonisch. –

Es gibt erneute Friedensverhandlungen. Und wieder ist er uneinsichtig. So unwahrscheinlich es klingt – noch immer glaubt er daran, seine Gegner gänzlich in die Knie zwingen zu können wie zuvor, dass sein Schlachtenglück zurückgekehrt ist, dass es nur gilt, weiter tausende Männer in den Tod zu schicken, um wieder unumschränkt zu sein, der Erste in Europa ...

In mehreren blutigen Schlachten gelingt es ihm, kleinere Siege zu erringen. Aber während er sich noch weigert zu verhandeln, marschiert das Gros der alliierten Armee bereits auf seine Hauptstadt los. Und während er versucht, die Verbündeten vom Nachschub abzuschneiden und von hinten zu umfassen, ziehen die Russen und Österreicher bereits in Paris ein.

Zar Alexander kommt als Sieger in die Hauptstadt des Mannes, dessentwegen seine eigene Metropole in Schutt und Asche liegt.

Es ist aus und vorbei mit Napoleon, aus und vorbei mit seinem Frankreich. Aber trotz alledem: Unzerstörbar ist letztlich der Mythos Bonaparte, unzerstörbar die Faszination, die er auf den einfachen Mann aus dem Volk, vor allem auf seine Soldaten, ausgeübt hat.

Mir fällt an dieser Stelle die heroisch-traurige Ballade des deutschen Dichters Heinrich Heine ein, eines Poeten, der aus seiner Verehrung für Napoleon nie ein Hehl gemacht hat. Das Gedicht beginnt mit den Worten: „Nach Frankreich zogen zwei Grenadier/ die waren in Russland gefangen." An der Haltung dieser beiden „Spätheimkehrer" macht Heine die Heldenverehrung, die schwärmerische Liebe seiner Soldaten fest – und auch die ganze Trauer der gescheiterten Hoffnung, die man in ihn gesetzt hat.

Als die Grenadiere erfahren, dass Napoleon geschlagen und gefangen genommen ist, dass „das Lied aus" ist, beschließt der eine von ihnen zu sterben. Und: „So will ich liegen und horchen still/ Wie eine Schildwach im Grabe/ Bis einst ich höre Kanonengebrüll/ Und wiehernder Rosse Getrabe." Er will hier im Grab darauf warten, dass der Kaiser zurückkommt – denn dass er zurückkommt, steht für ihn außer Frage. Denn dann – „Dann reitet mein Kaiser wohl über mein Grab/ Viel Schwerter klirren und blitzen/ Dann steig ich gewaffnet hervor aus dem Grab / Den Kaiser, den Kaiser zu schützen!"

In der kongenialen Vertonung des Gedichts durch Robert Schumann geht die Klavierbegleitung in der letzten Strophe in die Klänge der Marseillaise über – ein Kunstmittel, bei dem sich einem das Herz zusammenzieht. Die Revolution hatte einen Kaiser ... Beide waren für die Menschen Frankreichs für lange Zeit eine Einheit.

Am 29. März flieht Kaiserin Marie-Louise mit ihrem kleinen Sohn Richtung Süden, unter Mitnahme der kaisertreuen Minister und des Kronschatzes.

In Panik tut es Joséphine ihr nach. Es heißt, diese russischen Kosaken würden plündern, rauben, vergewaltigen, brandschatzen! Ihr ist Himmelangst um ihr schönes Malmaison mit seinen Kunstwerken und exquisiten Möbeln, seinem Park, seiner Menagerie und den Gewächshäusern. Aber es gilt, das nackte Leben zu retten! (Natürlich mit den Hunden, den Pferden, den im Unterrock eingenähten Juwelen.) Auf nach Navarra!

Sie weiß nicht, wo jetzt der Kaiser ist, sie weiß nichts von ihrem Sohn.

Wenigstens Hortense mit ihren Kindern kommt nach. –

„Abgesetzt?" Joséphine starrt vor sich hin. „Ich verstehe das nicht. Dieser Senat ... der hat doch immer nur gemacht, was der Kaiser befohlen hat! Der ist doch ... der ist doch sozusagen von ihm abhängig. Wie können sie ihn absetzen?"

Hortense schweigt. Sie sitzen gemeinsam in einem der kalten Salons von Navarra; den ganzen Winter hat man nicht eingeheizt, nun bekommen sie die hohen kalten Räume selbst mit ungezählten Fudern Holz und Kohle nicht warm.

„Und nun?" Ihre Mutter zieht die gestickte Wolldecke, in die sie sich hüllt, ans Kinn. „Dann ist der Kleine dran, ja?"

Hortense schluckt. „Das hat er gewollt. Abdankung zu Gunsten des Sohns. Des Königs von Rom. Der Zar hat abgelehnt. *Maman*, es wird keine Dynastie Bonaparte geben."

„Stattdessen?" Es klingt wie ein Hauch. „Was wird aus IHM?"

„Verbannung auf die Insel Elba, heißt es. Er darf auch den Kaisertitel behalten."

„Und hier? In Frankreich?"

„Talleyrand bereitet schon alles vor. Ein Bourbone wird Frankreich wieder beherrschen. Louis XVIII. Als wenn es – als wenn es gar keine Revolution gegeben hätte."

Aufschluchzend lässt sich Joséphine in die Arme ihrer Tochter fallen. Und während die sie streichelt, selbst trostlos, weiß sie sehr genau: Nicht das Schicksal Frankreichs beweint Joséphine. Sie beweint ihr eigenes. Ihr Opfer war umsonst. –

Joséphine sieht, dass alles aus ist, dass sie den Mann, den sie schließlich doch noch lieben gelernt hat, niemals wiedersehen wird. Ihre ganze Sorge gilt jetzt ihren Kindern, vor allem dem allzu getreuen Eugène, dessen Loyalität, wie sie fürchtet, ihm zum Verhängnis werden könnte. Ihm schreibt sie am 9. April: „Alles ist zu Ende; er dankt ab. Du bist frei und jeglichen Treueids entbunden; was immer du weiter in seiner Sache tun würdest, ist zwecklos. Denk an deine Familie! Ich lebe in tausend Ängsten."

Inzwischen versichern die alten Mitstreiter, die Generäle Napoleons genauso wie seine Beamten dem Grafen von Artois, jetzt Louis XVIII., ihre Treue ...

Um drei Uhr morgens in der Nacht zum 13. April steht Napoleon in Fontainebleau vor dem Spiegel seines Badezimmers und betrachtet sich selbst. Er kann nicht schlafen. Nicht in dieser Nacht. Am Tag davor hat er erfahren, dass man Marie-Louise mit dem Kind nach Österreich zurückgebracht hat und dass ihm verweigert wird, seinen Sohn mit nach Elba zu nehmen.

Er starrt sein Spiegelbild an. Wer ist das – dieser unrasierte Mann mit den tief liegenden Augen und dem verzweifelten Zug um den Mund, dieses bleiche Gespenst, dem das wirre Haar in die Stirn hängt? Der Kaiser der Franzosen? Der Beherrscher Europas? Der königliche Vollender der Revolution? Nichts mehr. Ein Mann ohne Ehre, ohne Würde. Gedemütigt, am Ende. Ohne Macht.

Er entnimmt seinem Reisenecessaire einen Beutel, den er schon während des Russlandfeldzugs bei sich getragen hat. Das tödliche Pulver – es ist eine Mischung aus Opium, Belladonna und weißer Nieswurz – sollte ihn damals davor bewahren, lebendig in Gefangenschaft zu geraten. Nun kommt es gerade recht.

Er gießt sich Wasser ein, verrührt die Substanz. Trinkt sie aus und legt sich zu Bett. Das Nachtlicht wirft gespenstische Schatten über die grünen Samtportieren seines Bettes.

Damals hatte er dem Arzt befohlen, eine doppelte Menge herzustellen, mehr jedenfalls, als für den Tod notwendig ist. Nun aber hat er die ganze Dosis geschluckt.

Als einer seiner Vertrauten noch einmal den Raum betritt, bemerkt er, dass der Kaiser nicht schläft, sondern sich in Krämpfen windet.

„Keinen Arzt!", stöhnt Bonaparte und hält den anderen eisern fest. Aber ein Arzt wird nicht vonnöten sein. Er erbricht unter abscheulichen Schmerzen die doppelte Dosierung seines Todesgiftes – und die herbeigeeilten Freunde halten ihn davon ab, sich weiterhin etwas anzutun.

Er hat fürchterlichen Durst. Gegen Morgen schläft er ermattet ein. Wie eingeschrumpft sei sein Gesicht gewesen, berichten die Gefährten.

Wollte er wirklich sterben? Wollte er nur ein Zeichen setzen – eine letzte korsisch-pathetische Geste? Wir wissen es nicht ... so wenig, wie wir wissen, wie Joséphine auf die Nachricht von dieser Tat reagiert hat. Sie und Napoleon sehen sich nicht wieder.

Einen Abschiedsbrief hat die „Unvergleichliche“ erhalten; nicht mit vertraulichem Du, sondern im steifem Sie redet er sie an. „... Adieu, meine liebe Joséphine, resignieren Sie so wie ich, und verlieren Sie niemals die Erinnerung an jenen, der Sie nie vergessen hat und Sie niemals vergessen wird. Napoleon“

Wir kennen die pathetische Szene, in der der Kaiser, sieben Tage nach seinem Suizidversuch, von seiner Garde im Hof des Schlosses Fontainebleau Abschied nimmt.

Es ist ein kalter Tag, der Tag seiner Abreise in den Süden. Die Garde ist in Doppelreihen angetreten, in ihren Bärenfellmützen und den dunkelblauen Uniformen, die Trikolore, die dreifarbige Fahne der Republik, weht auf halbmast.

Der Kaiser betritt den Hof in seinem schlichten dunklen Soldatenmantel, den Zweispitz auf dem Kopf, so wie er mit diesen Männern unzählige Male in die Schlacht geritten ist; bei seinem Erscheinen rührt der Tambourmajor die Trommel, und die Männer stehen stramm.

Napoleon geht stumm die Reihen ab, nickt hier einem zu, berührt einen anderen an der Schulter. Er sieht, dass viele Gardisten Tränen in den Augen haben.

Dann tritt er in die Mitte des Karrees. Zweimal muss er ansetzen, bis er seine Stimme in der Gewalt hat.

„Bedauert mich nicht, meine Freunde. Ich habe beschlossen weiterzuleben, nur deshalb, damit ich eurem Ruhm noch weiter dienen kann. Ich will die großen Dinge aufzeichnen, die wir gemeinsam vollbracht haben. Lebt wohl, meine Kinder! Ich möchte euch alle ans Herz drücken ... wenigstens will ich eure Fahne küssen.“

Die hartgesottenen alten Krieger schnäuzen sich und schniefen, als er das ruhmreiche Tuch an die Lippen drückt.

Was sie nicht wissen können: Noch ist nicht alles vorbei. Noch einmal wird er sie unter dieser Fahne anführen. In Waterloo, in der letzten Schlacht. In den Tod.

Die Garde präsentiert das Gewehr, der Tambour schlägt einen Wirbel.

Der kleine Mann wendet sich ab und besteigt den Wagen. Er verlässt Paris.

Er wollte Europa unter dem Banner von Freiheit und Gleichheit vereinen. Dies Europa – er hatte es zu seinem Eigentum gemacht.

Noch einmal weißer Musselin

Zu dieser Zeit sitzt Joséphine bereits wieder in Malmaison. Sie weiß, dass Napoleon Fontainebleau verlassen hat. – Und ganz und gar verlassen fühlt auch sie sich. Was für ein Schicksal werden die Sieger ihr wohl bereiten? Verbannung? Enteignung, wird sie Malmaison aufgeben müssen? Armut!? Vielleicht nimmt man ihr alles, bis auf eine kleine Rente! Vielleicht schickt man sie zurück nach Martinique! Und was wird aus ihren Kindern, die ja dem gestürzten Kaiser so nahe standen? Bange harrt sie der Dinge, die die Zukunft bringen wird. Zudem meidet man sie, für die einstigen Freunde und Hofschranzen ist sie gleichermaßen Luft, aber auch die Sieger haben sich bisher nicht um sie gekümmert. Was hat das zu bedeuten? Sie fürchtet das Schlimmste.

In diesen Tagen der Ungewissheit weiß sie nicht, dass sich ein Mann in Paris aufhält, der geradezu darauf brennt, sie kennen zu lernen – Zar Alexander.

Am 16. April hatte eine Pariser Zeitung gemeldet: „Die Mutter des Prinzen Eugène ist nach Paris zurückgekehrt." Wie man sieht – die Journalisten winden sich vor Verlegenheit. Wie in aller Welt soll man von dieser Frau sprechen?

Nun, Zar Alexander hat das Problem nicht. Für ihn, den Freund Napoleons von einst, ist sie die Kaiserliche Majestät! –

Bedrückt sitzt sie in ihrem Boudoir, als ihre Kammerzofe mit vor Aufregung roten Wangen in der Tür erscheint.

„Madame", stammelt sie, „da ist ein ausländischer Lakai. Der spricht ganz schlecht Französisch. Er behauptet, er hätte eine Nachricht von ... von diesem Zaren ..."

Joséphine fühlt, dass ihr alles Blut zum Herzen steigt.

„Bring mir bitte die Nachricht", sagt sie, so ruhig es geht.

Was wird diese Botschaft wohl beinhalten? Hastig reißt sie das Kuvert auf und traut ihren Augen kaum! Zar Alexander bittet um die Ehre, von ihr empfangen zu werden! Noch heute!

Einen Augenblick ist Joséphine wie betäubt. Der Zar will sie besuchen? Sie atmet auf. Licht am Ende des Tunnels! Daraus muss sich etwas machen lassen. Sofort erwachen in ihr ihre alte Energie und ihr Lebenswille. Die Chance lässt sie sich nicht entgehen.

„Die Ehre ist ganz meinerseits", lässt Joséphine durch den Lakaien mitteilen – und eilt sofort zu ihrer Tochter. „Stell dir vor, *chérie*, der Zar kommt nach Malmaison! *Mon Dieu*, wie sehe ich aus! Sicher kennt er mich von meinen Porträts! Wie viel Zeit bleibt mir denn noch, mich herrichten zu lassen – und ich habe keinen Friseur!"

Hortense sieht die Mutter starr an. „Du willst dich dem Sieger über Napoleon an den Hals werfen, *Maman*?"

„Wer redet denn von ‚an den Hals werfen', Hortense! Du bist manchmal wirklich geschmacklos. Ich kann ja schlecht erklären, sein Besuch wäre mir unlieb. Außerdem – ich tue es nur für euch, für meine Kinder! Begreifst du denn nicht, wie wichtig das ist? Wir sitzen hier, als wenn wir Luft wären, und keiner weiß, wie es weitergehen soll. Und da meldet sich dieser Mann bei mir an! Ich müsste ja töricht sein, wenn ich diese Gelegenheit nicht nutzen würde!"

„Ich verstehe dich nicht."

Joséphine kramt in ihren Schmuckschatullen. „Was meinst du – nehme ich die großen Saphire? Ich habe sie seit der Krönung nicht mehr getragen."

„*Maman*, das ist unwürdig."

„Unwürdig?" Sie reißt erstaunt die Augen auf. „Aber Liebes, so ist das doch nun einmal bei gekrönten Häuptern! Bonaparte hat den Zaren in Tilsit sogar umarmt, als er ihn besiegt hatte, und ihn ‚lieber Bruder' genannt. Und von Franz von Österreich hat er sogar die Tochter genommen!"

„*Maman!* Er hat mit den anderen zusammen den Kaiser *entthront*!"

Joséphines Wangen haben sich gerötet. „Ja. Aber ich bin vor vier Jahren verstoßen worden! Ich bin nicht seine Frau. Punktum. Hortense, wir müssen lavieren! Übrigens bestehe ich darauf, dass du und deine Kinder dem Besuch beiwohnen." –

Joséphine geht dem Zaren bis zum Gartentor entgegen. Sie hat vor Aufregung rote Wangen, und ihre sorgfältig geschminkten Augen glänzen so schön wie eh und je. Sie weiß, noch immer kann sie Menschen beeindrucken. (Groß ist er, blond und blauäugig, und eine interessante Uniform trägt er auch – das macht es leichter.) Sie streckt ihm die Hand entgegen, und er küsst sie wohl erzogen. Was für ein charmanter Mann! Sie lächelt ihr berühmtes Lächeln mit geschlossenem Mund.

„*Enchantée, madame,* es ist mir eine Ehre, Kaiserliche Hoheit kennen zu lernen." (Kaiserliche Hoheit! Er redet sie mit ihrem Titel an.)

Es ist ein schöner Tag, helles Sonnenlicht flirrt in der Luft und liegt warm auf dem ersten Grün des Frühlings. Bunte Krokusblüten säumen die Wege. Joséphine zögert einen Moment. „Die Ehre ist ganz meinerseits", erwidert sie und dann: „Darf ich Majestät zu einem Rundgang durch mein bescheidenes Anwesen einladen?"

„Ich wüsste nichts, was mir lieber wäre." Er reicht ihr den Arm.

Und dann lustwandeln Zar und Kaiserin im Park, und die Herrin von Malmaison zeigt dem Gast ihre berühmten Blumenrabatten und Gewächshäuser mit fremdländischen Pflanzen, ihren kleinen Zoo und ihre Landwirtschaft.

Der Zar zeigt sich beeindruckt. „Der Ruhm dieses kleinen Juwels hat sich weit über Frankreich hinaus verbreitet!", schwärmt er. „Wie ich gehört habe, ist dies alles das Werk Eurer Kaiserlichen Majestät?"

(Von wem mag er es wohl gehört haben?, fragt sich Joséphine. Von seinem „Freund" Napoleon, damals in Tilsit oder in Erfurt? Auf keinen Fall darf der Name Napoleon in diesem Gespräch fallen, das würde alles verderben.) Sie neigt bescheiden den Kopf.

„Wie Majestät vielleicht wissen, komme ich aus Martinique. Es war mir immer ein Anliegen, etwas von der heiteren Farbigkeit meiner karibischen Heimat hierher in mein geliebtes Frankreich zu bringen!"

„Und das ist Ihnen hinreißend gelungen, Madame! Zwar blühen diese Pflanzen noch nicht zu dieser Jahreszeit ..."

„Oh, weit gefehlt, Majestät! Darf ich bitten einzutreten? In meinen Gewächshäusern blüht gerade die Bougainvillea!"

Sie öffnet einladend die Tür zum Glaspavillon. (Gewiss gibt es so eine Orangerie, so ein gläsernes Haus, in Moskau oder Petersburg auch. Aber er ist höflich genug, sich erstaunt zu zeigen. Ein wahrer Kavalier.)

Zar Alexanders Begeisterung ist wirklich schon ein bisschen übertrieben. „Dieser Duft! Es ist berauschend!"

Joséphine nutzt die Stimmung. „Ja, dies alles hier – es ist schließlich so etwas wie mein Lebenswerk." Sie seufzt melancholisch. „Es wäre ein Jammer, wenn ich das alles fremden Händen überlassen müsste."

„Aber Madame! Wer redet denn von so etwas!"

Das hört sich gut an, findet Joséphine, zögert einen Augenblick und fasst sich ein Herz. „Es würde mir schwer fallen, ins Exil zu gehen!", sagt sie leise (und denkt, langsam könnte Hortense auftauchen und ihr zur Seite stehen).

Der Zar tritt an die Vogelvoliere heran, in der exotisch bunte Tiere aufgeregt durcheinander zwitschern. „Solche Tiere habe ich noch nie gesehen!", ruft er vergnügt, jetzt gelöst fast wie ein kleiner Junge. „Ist es wahr – manche davon lernen sogar zu sprechen?"

Wie um das unter Beweis zu stellen, sperrt ein großer Graupapagei in einem gesonderten Käfig seinen Schnabel auf und krächzt: „Bonaparte! Bonaparte!"

Joséphine packt ein eisiger Schreck. Ihren Schal über das Bauer mit dem vorlauten Vieh werfen und den Zaren am Arm packen, ist eins. Sie lacht laut und zieht den Monarchen weg, in eine andere Ecke des Gewächshauses: „Sie müssen unbedingt noch die Victoria Regia sehen, die Seerose, die nur einmal im Jahr blüht!"

Gott sei Dank, Alexander tut ihr den Gefallen, als habe er nichts gehört ... Und endlich betritt „zufällig" Hortense mit ihren beiden Jungen den Pavillon.

Ihr Auftritt ist ein großer Erfolg. Während Alexander den verblühenden Reizen der kleinen Kreolin zwar alle Höflichkeit bezeugt, ist er von Hortense geradezu hingerissen. Mit Vergnügen sieht Joséphine, dass er „angebissen" hat. Er legt ein ziemliches Tempo vor, küsst Hortense hingebungsvoll Hand und Handgelenk, drechselt ein Kompliment nach dem anderen, spielt mit den Kindern und sagt bereits nach einer halben Stunde: „Was wünschen Sie, dass ich für Sie tue, Madame. Gestatten Sie mir, Ihr Bevollmächtigter zu sein."

Hortense antwortet kühl: „Ich danke Eurer Majestät. Ich wünsche nichts für mich und meine Kinder." – Aber sie lächelt dabei ... Zum Glück ...

Joséphine stellt mit Befriedigung fest, dass Alexander nicht nur von ihr, auch von ihrer Tochter und den Kindern sehr angetan ist. Das könnte für die junge Frau hilfreich werden. Hoffentlich! Sie schickt ein Stoßgebet zum Himmel.

Schließlich verabschiedet sich der hohe Gast. „*Mesdames* – darf ich wiederkommen?", fragt er lächelnd.

„Sie sind uns jederzeit hoch willkommen, Majestät – nicht wahr, Hortense?"

„Aber gewiss doch, *Maman!*“ Joséphine sieht: Auch wenn sie es nicht zeigen will, ihre Tochter ist, wie sie selbst, beeindruckt von dem charmanten Mann.

Das ermutigt sie, noch einmal auf ihre Sache zu kommen: „Genießen wir diese Stätte, solange wir es noch können!“

Alexander sieht sie ernst an. „Soweit es in meiner Macht steht, *madame*, wird sie niemand von hier vertreiben!“, versichert er.

Joséphine atmet auf. Denn in seiner Macht steht ja doch wohl so einiges ...

Natürlich spricht sich in ganz Paris herum, dass die Kaiserin den Zaren empfängt. Das Vorbild macht Schule. Ein bunt gemischtes Völkchen besucht nun Malmaison im Schlepptau des großen Souveräns von Russland; Fürsten und Könige, Generale und Diplomaten finden sich ein „bei Napoleons Frau“. Und sie ist in ihrem Element, lacht und bezirzt, spielt und flirtet wie in alten Zeiten – nur, dass es jetzt die andere Seite ist, mit der sie sich abgibt.

Und es wäre nicht Joséphine, wenn sie nicht die Gelegenheit ergreifen würde und Kleider bestellen, weiß bestickte Musseline im Wert von über sechstausend Francs. Man lebt wieder, man hält wieder – wenn auch bescheiden – Hof. Aber es geht letztlich um mehr: ums Überleben ...

Die Sterne sind noch einmal freundlich zu Joséphine. Denn der Zar hält Wort und setzt denn auch eine großzügige Regelung für ihren Lebensunterhalt durch.

„Die Jahresbezüge der Kaiserin Joséphine werden auf eine Million in Liegenschaften oder eine dauernde Rente aus der Staatskasse Frankreichs festgesetzt“, heißt es im amtlichen Dokument. „Sie genießt weiterhin das Nutzrecht aus ihrem gesamten privaten und beweglichen Besitz und kann über diesen ... verfügen.“ Also mehr als das Überleben ist gesichert!

Wieder einmal hat sie auf das richtige Pferd gesetzt. –

Am 14. Mai hat Joséphine eine Ausfahrt in offener Kalesche unternommen. Sie kommt fröstelnd in Malmaison an, trinkt einen Orangenblütentee und ruht sich vor dem Diner aus, aber in der Nacht hat sie Halsschmerzen. Am nächsten Morgen jedoch scheint alles wieder im Lot.

In den Tagen darauf empfängt sie einen merkwürdigen Besuch: Madame de Staël. Wir erinnern uns an die schriftstellernde Dame, deren Napoleon-Verehrung damals durch den Ersten Konsul Bonaparte eine so herbe Abfuhr erteilt bekam und seitdem in allen Salons des alten Europa Propaganda gegen „den Korsen" machte. Nun triumphiert sie. Der Tyrann ist verjagt! Und sie stattet der „armen verlassenen Gattin" einen Besuch ab, bei dem sie in alle Fettnäpfchen tritt.

„Geht es Ihnen jetzt besser, Madame – nachdem Sie gerächt sind?", fragt sie die fassungslose Joséphine. Und, da sie die entsetzte Miene ihres Gegenübers sieht, setzt sie eins drauf: „Sie werden doch nicht etwa dies Ungeheuer noch weiterhin lieben?" Die Exkaiserin, sonst verbindlich und höflich zu allen, lässt die zudringliche Dame hinauswerfen.

„Stellen Sie sich vor", vertraut sie einer ihrer Hofdamen an, „diese Person wollte meinen Seelenzustand ergründen! – In seinem Glück habe ich den Kaiser geliebt, warum sollten meine Gefühle für ihn erkalten, wenn er im Unglück ist?" –

Am 23. Mai fühlt sich Joséphine wieder schlechter.

Eugène, der auch aus Mailand angereist ist, äußert sich Hortense gegenüber besorgt über die Erschöpfung der Mutter. Sie hat Halsschmerzen und hustet, aber da das Fieber fehlt, hält ihr Arzt es für eine simple Erkältung. „Majestät haben keinen Grund, sich zu beunruhigen."

Doch dann kommt das Fieber. Die hilflosen Mediziner (man kuriert damals die Patienten häufiger zu Tode, als dass man ihnen helfen kann) verordnen „Zugpflaster" am Hals.

Joséphines Fieber steigt, der Husten kommt keuchend, der Puls flackert. Ihr Bewusstsein trübt sich.

Aufs Höchste alarmiert, ziehen ihre Kinder endlich andere Ärzte hinzu: Den Leibarzt des Zaren, drei der besten Mediziner von ganz Paris. Die Herren umstehen das Bett: eitrige Angina ... Senfpflaster, Zugpflaster ...

Es geht zu Ende. Sie hat entsetzliche Schmerzen in der Brust, ringt verzweifelt nach Luft, kann nicht mehr sprechen.

Am Mittag des 29. Mai stirbt Rose Tascher de la Pagerie, die Witwe Beauharnais, die Bürgerin Bonaparte, Erste Konsulin und für immer Kaiserin Joséphine von Frankreich, an einer brandig vereiterten Kehlkopfentzündung und zugeschwollenen Luftröhre einen qualvollen Tod. Ihre Lungen sind voll Blut.

Joséphine ist einundfünfzig Jahre alt.

Genauso alt wird Napoleon bei seinem Tod sein.

Blumen vor dem Tor von Malmaison

In kleidsamem rosa Satin wird sie aufgebahrt, ein zartes weißes Häubchen trägt sie auf dem Haar, und irgendwie haben sie es hinbekommen, dass ein Lächeln auf dem Gesicht der Toten liegt, obwohl ihr in den letzten Tagen danach gewiss nicht zu Mute war.

Der Beamte in der Bürgermeisterei zu Rueil (der Ort, zu dem Malmaison gehört) bricht sich beim Totenschein fast eine Verzierung ab. Wie soll man diese Person denn nur benennen? Schließlich entscheidet er sich für folgende kuriose Formulierung: „Kaiserin Joséphine, Ehefrau von Napoleon Bonaparte, Oberbefehlshaber über die Italienarmee". Verdrehter geht's nimmer.

Die Nachricht vom Tod der „guten Kaiserin Joséphine" mobilisiert die Nation. Jeden Morgen liegen so viele Blumensträuße vor dem Tor von Malmaison, dass der Pförtner Mühe hat zu öffnen.

Am 2. Juni wird der Sarg Joséphines von ihrem Schloss auf den kleinen Dorffriedhof von Rueil überführt. Der Katafalk wird von acht Rappen gezogen und ist über und über mit Rosen bedeckt, jenen Blumen, die sie so geliebt hat, die Blumen, deren Namen sie ursprünglich trug.

Es ist ein schöner Tag, alles atmet Leben und Verheißung. Die Trauergesellschaft folgt dem Katafalk zu Fuß, um die Verstorbene zu ehren, die Karossen dahinter fahren leer im Schritt.

Zar Alexander hat ein Peloton seiner Garde abkommandiert, eine Abteilung, die den Zug mit florverhangenen Trommeln anführt. Generäle und Offiziere, Marschälle und Großherzöge sind im Trauergefolge. Es wird eine Kaiserin zu Grabe getragen. Ein Trupp der Nationalgarde steht Spalier am Eingang zum Friedhof.

Es sind 20 000, die zu ihrer Beisetzung erschienen sind – einfache Menschen, Bauern, Bürger von Paris und natürlich die Aristokraten, die ihren Salon frequentiert haben. Sie alle drängen sich zwischen den Grabsteinen des Gottesackers. Die kleine Kapelle ist zum Brechen gefüllt. Der Madrigalchor der Kirche St. Madeleine singt das De Profundis.

Der Erzbischof von Tours hat den heiklen Auftrag, die Grabrede auf die Verstorbene zu halten. Er findet die Worte, die jetzt gesprochen werden müssen, in der Zeit nach Napoleon. Er stilisiert die gute Madame Beauharnais hoch zu einer Heldin der Königstreuen.

„Wie viele Unglückliche, deren Treue zum hehren Blut der Bourbonen sie dazu verdammte, fern der Heimat zu leben, verdanken es ihrer unermüdlichen Hilfsbereitschaft, ihren Familien wiedergeschenkt zu sein“, tönt er. „Wie vielen öffnete sie die Gefängnispforten! Wie viele rettete sie vor dem Richtschwert, da es schon über ihnen schwebte!“

Der neue König darf zufrieden sein. Man hat die Tote „aristokratisch“ frisiert.

Und es ist ja nicht einmal ganz verkehrt. Sie hat sich ja in ihrer Gutmütigkeit wirklich immer wieder für die Emigranten und Gefangenen eingesetzt und war entsetzt über blutige politische Lösungen. Es ist bloß schon ein bisschen her – und eine Heroin war sie bestimmt nicht.

Die Versammlung der aristokratischen Begräbnisteilnehmer ist selbstverständlich gerührt von diesen Worten. Die draußen hören sie nicht – und das ist auch gut so, vielleicht hätten sie sonst die Marseillaise zu singen begonnen, aus Protest. –

Die Bistros und Restaurants, die sich auf der Straße von

Rueil nach Paris befinden, machen nach diesem erhebenden Ereignis guten Umsatz. Man „versäuft die Leiche“. Die Trivialität des Alltags verdrängt das erhabene Geschehen.

Und es dauert keine zwei Tage, da ist die gute Kaiserin Joséphine wieder präsent – allerdings auf einer ganz anderen Ebene. Die Gazetten (heute würden wir sie die Regenbogenpresse nennen) bemächtigen sich ihres Andenkens. Es wird nichts ausgelassen; die Sensationsgier des Publikums muss befriedigt werden. Und nach den Zeitungen überschwemmen druckfrische Broschüren den Markt und werden den fliegenden Händlern förmlich aus den Händen gerissen.

Man verdient nun an ihrem Tod. Die Skala reicht von der rührseligen Lebensbeschreibung („Leben und Tod der seligen Kaiserin Joséphine, Napoleon Bonapartes erster Frau“), über pikante Details („Die kuriosen Anekdoten aus dem Leben der Kaiserin Joséphine, erstmals im Druck“) bis hin zu tränenreichen Schmonzetten („Prinz Eugène am Grabe seiner Mutter“) und rasanten Enthüllungen („Das frisch entdeckte Testament der Kaiserin Joséphine“). Auch ein Stich, der den trauernden Sohn stimmungsvoll an eine Urne gelehnt zeigt, geschmückt mit dem Buchstaben „J“, findet reißenden Absatz und nährt seinen Erzeuger.

Fast ein Jahrzehnt vergeht, bis die Kinder das Grabmal der Mutter für teures Geld mit einer Statue ihrer selbst schmücken. Sie hat die Hände gefaltet und den Kopf gesenkt.

So, wie sie es getan hat, als Napoleon sie zur Kaiserin krönte.

Epilog

Noch ist nicht alles vorbei. Es dauert gerade ein Jahr, bis das Energiebündel Napoleon unter Glockengeläut wieder in Paris einzieht. Ihm ist die Flucht von der Mittelmeerinsel Elba geglückt. Auf dem Weg durch Frankreich sind ihm immer mehr Menschen zugeströmt, und die Soldaten, die man ihm entgegenschickte, liefen zu ihrem alten Imperator über.

Das von der neuerlichen Bourbonenherrschaft enttäuschte Volk empfängt ihn wie einen Befreier. Arbeitslosigkeit und Massenentlassungen aus der Armee haben schlagartig die Verhältnisse verändert ... Und mit der Rückkehr des Königtums halten auch die alten Feudalstrukturen ihren freudigen Einzug. Dazu gehört, dass die früheren Besitzer der Ländereien „ihren" Boden wieder beanspruchen können, die jetzigen Nutzer werden vertrieben ... All dies hat die Franzosen aufgerüttelt.

„Im Triumphzug kehrt der Kaiser zurück", schreibt Napoleon am 19. März bereits an Marie-Louise, daheim in Wien. „Ich bin wieder Herr von ganz Frankreich. Ich erwarte dich hier im April mit meinem Sohn."

Ein Wagen hält vor der Pforte von Malmaison, und der einsame Insasse wehrt die herbeieilenden Lakaien und Bediensteten ab. Er will allein sein.

Auf der Terrasse erscheint Hortense, will zu ihm. Er wehrt sie mit erhobener Hand ab, und sie versteht, dass er allein sein will.

Sie sieht ihm nach, wie er sich auf den Park zubewegt; ein kleiner Mann mit gebeugten Schultern, die Hände auf dem Rücken verschränkt. Hortense weiß, dass er ein aufgeschwemmtes Gesicht und einen Bauch hat, aber seine dünnen Beine in den großen Reitstiefeln erinnern sie noch immer an den „gestiefelten Kater" von einst ...

Sie geht ins Haus.

Auf der Moosbank unter den kahlen Bäumen nimmt er einen Augenblick Platz, lässt seinen Blick über Rasen und Teich schweifen, zu den Gewächshäusern und Stallungen ... Was das alles gekostet hat! Und wie wütend er war über ihre Schulden ... Er lächelt. Aber dann: Was für glückliche Tage hier in Malmaison, mit ihren Kindern, mit ihr ...

Die Vogelvoliere. Der Papagei, der immer noch „Bonaparte! Bonaparte!" ruft ...

Dabei hatte er ihr doch untersagt, dem Vogel das beizubringen ...

Er kneift die Augen schmal. Ihm ist, als würde er dahinten den Schatten eines weißen Musselinkleides zwischen den Bäumen sehen – Musselin, den sie immer trug, auch als er es verboten hatte. Musselin, der so durchsichtig war, dass er ihre Formen mehr zeigte als verhüllte ... diesen zierlichen und zugleich üppigen Körper ... Er fährt sich mit der Hand über die Stirn.

Er dreht sich zurück zum Haus. Ihre Gesellschaften. Wie sie lachte, gurrend, den Kopf zurückgelegt, man sah, wie ihre Kehle pulsierte ... Und ihre Tränen – *mon Dieu,* was konnte sie weinen und einem damit zusetzen! Weinen und lügen. Ja. Aber sie war die Unvergleichliche.

Heute weiß er – sich von ihr zu trennen, das war der Anfang vom Ende. Seine Glücksgöttin. Er hätte sie nie und nimmer verstoßen dürfen.

Er stapft durch die Tür. Im Vestibül wartet Hortense auf ihn, aber noch einmal wehrt er sie ab. „Gleich, Töchterchen. Ich will nur noch einmal in ihr Schlafzimmer. Allein."

Die weiße, goldverzierte Tür schließt sich hinter ihm. – Hundert Tage lang sieht es so aus, als würde das Kaiserreich

Napoleons von der Bahre auferstehen. Hundert Tage – dann besiegen in der Schlacht bei Waterloo die vereinigten Heere der reaktionären Staaten die Franzosen endgültig.

Den Brocken Frankreich lässt sich das wiedererstandene alte Europa nicht so ohne weiteres wieder aus den Zähnen ziehen. Das Rollback hat funktioniert.

In seinem elenden zweiten Exil auf St. Helena, weit im Atlantik, lebt Napoleon noch sechs Jahre. Von Einsamkeit und Krankheit gezeichnet. Er redet oft und viel von Joséphine. Und am Tag vor seinem Tode hört einer seiner letzten Vertrauten, wie er ihren Namen murmelt.

Zeittafel

1763	23. Juni: Rose Tascher de la Pagerie auf Martinique geboren
1769	15. August: Napoleon Buonaparte in Ajaccio, Korsika, geboren
1777	Rose kommt nach Frankreich und heiratet Alexandre Beauharnais.
1781	Eugène Beauharnais geboren
1782	Hortense Beauharnais geboren
1789	Sturm auf die Bastille. Beginn der Französischen Revolution
1791	König Louis XVI. versucht, mit seiner Familie zu fliehen, und wird zurückgebracht. Er schwört den Treueid auf die neue Verfassung.
1792	Erster Koalitionskrieg: Österreich und Preußen gegen Frankreich
	Der Nationalkonvent schafft das Königtum ab. Prozesseröffnung gegen den König
1793	Robespierre wird Vorsitzender des Wohlfahrtsausschusses. Beginn der „Schreckensherrschaft". Massenhinrichtungen. König und Königin werden enthauptet.
	Napoleon wird zum Brigadegeneral befördert.
1794	Alexandre Beauharnais wird verhaftet und enthauptet. Rose kommt ins Gefängnis und wird im August wieder entlassen.
	27. Juli: Sturz Robespierres. Ende des Terrors in Frankreich
1795	Die Regierung des Direktoriums beginnt.
	Im Auftrag des Direktoriums schlägt Napoleon einen Royalistenaufstand nieder.

	Ernennung zum Divisionsgeneral und Bekanntschaft mit Rose
	Hungersnot in Frankreich
1796	Napoleon erhält den Oberbefehl über die Italienarmee.
	9. März: Heirat zwischen Napoleon und Rose (Joséphine) Beauharnais
	Beginn des Italienfeldzugs: Allein im April sechs Siege
	Joséphine reist ihrem Mann nach Mailand nach.
1797	Napoleon und die Österreicher unterzeichnen einen Friedensvertrag.
	Die Cisalpinische und die Ligurische Italienrepublik entstehen.
	Napoleon ändert seinen Namen von Buonaparte in Bonaparte.
	Talleyrand wird Außenminister Frankreichs.
1798	Napoleons Ägyptenexpedition. Siegreicher Einzug in Kairo
	Die französische Flotte wird bei Abukir von den Briten aufgerieben.
	Napoleon erfährt von Joséphines Affäre mit Hippolyte Charles.
1799	Napoleon verlässt die Ägyptenarmee, kehrt nach Frankreich zurück.
	Versöhnung von Napoleon und Joséphine
	9./10. November: „Staatsstreich vom 18. Brumaire"; Napoleon stürzt das Direktorium und wird Erster Konsul auf zehn Jahre.
	Napoleon und Joséphine ziehen um ins Palais du Luxembourg.
1800	Reorganisation der Verwaltung und der Finanzen; Gründung der Bank von Frankreich. Umzug in die Tuilerien, das ehemalige Königsschloss

	Zweiter Italienfeldzug; Sieg über die Österreicher
	24. Dezember: Napoleon entgeht knapp einem Attentat.
1801	Der Frieden von Lunéville sichert Frankreich den Besitz der linksrheinischen Gebiete zu.
	Joséphine fährt zum ersten Mal ins Bad Plombières, um endlich Kinder mit Bonaparte zu bekommen.
1802	Hortense Beauharnais wird mit Louis Bonaparte verheiratet. Im Herbst wird ihr erster Sohn geboren.
	Friedensvertrag mit England
	2. August: Durch Volksentscheid wird Napoleon Konsul auf Lebenszeit.
1803	Wiederaufnahme des Kriegs mit England
1804	Widerrechtliche Verhaftung und Hinrichtung des bourbonischen Herzogs von Enghien
	Der Code Civil wird veröffentlicht.
	Napoleon und Joséphine fragen Louis, ob sie seinen Sohn adoptieren können – abgelehnt.
18. Mai:	Der Senat trägt Napoleon die Kaiserwürde an.
	Fouché wird Polizeiminister.
	2. Dezember: Napoleon und Joséphine werden in Notre-Dame gekrönt.
1805	Dritter Koalitionskrieg: England, Österreich, Russland gegen Frankreich
	Eugène wird Vizekönig von Italien.
	Die französische Flotte wird bei Trafalgar von Nelson geschlagen.
	Napoleon erringt einen entscheidenden Sieg bei Austerlitz. Frieden von Pressburg
1806	Unterzeichnung der Rheinbundakte; Napoleon wird Protektor.

	Louis und Hortense werden als Herrscher in Holland eingesetzt.
	Eugène heiratet die Tochter des Königs von Bayern.
	Ende des „Heiligen Römischen Reichs Deutscher Nation“
	Vierter Koalitionskrieg; Sieg bei Jena und Auerstädt; Napoleon zieht in Berlin ein.
	Napoleon verfügt die „Kontinentalsperre“, die England vom Handel mit dem Festland abriegelt (Handelsblockade).
1807	Hortenses ältester Sohn stirbt.
	Die französischen Truppen schlagen Russland.
	Begegnung von Napoleon und Zar Alexander; Friede von Tilsit
	Nach zehnmonatiger Abwesenheit kehrt Napoleon nach Paris zurück.
1808	Eroberung des Kirchenstaats und Beginn der Okkupation von Spanien
	Fürstentreffen zu Erfurt: Das Bündnis zwischen Napoleon und dem Zaren wird erneuert
	Hortenses dritter Sohn, der spätere Napoleon III., wird geboren.
1809	Napoleon kehrt aus Spanien zurück und erfährt von einem Komplott zu seiner „Ersetzung“ durch Murat, falls er fällt. Er bricht mit Talleyrand.
	Erneuter Krieg mit Österreich
	Napoleons polnische Geliebte Maria Walewska ist schwanger.
	15. November: Napoleon lässt sich von Joséphine scheiden.
1810	2. April: Napoleon heiratet Marie-Louise, die

Tochter Franz' I. von Österreich. Joséphine wird nach Navarra verbannt.
König Louis von Holland wird von seinem Bruder abgesetzt.

1811 20. März: Napoleons und Marie-Louises Sohn wird geboren.

1812 Beginn des Russlandfeldzugs
7. September: Schlacht bei Borodino
14. September: Einzug in Moskau; nach dem Brand der Stadt Rückzug
27. November: Übergang über die Beresina
Napoleon verlässt das geschlagene Heer und kehrt nach Paris zurück.

1813 Beginn der deutschen „Befreiungskriege"
Die Verhandlungen Napoleons mit Außenminister Metternich scheitern.
Nach anfänglichen Erfolgen gegen die Verbündeten wird Napoleon in der „Völkerschlacht bei Leipzig" vernichtend geschlagen.

1814 Nach Anfangserfolgen Napoleons marschieren die Alliierten auf Paris.
Marie-Louise mit ihrem Sohn und auch Joséphine fliehen.
30. März / 1. April: Die Alliierten ziehen in Paris ein. Sturz Napoleons
4. April: Der Kaiser dankt ab. Er erhält die Insel Elba als souveräne Provinz. Talleyrand bereitet die Rückkehr der Bourbonen vor.
13. April: Missglückter Selbstmordversuch Napoleons
Joséphine empfängt mehrfach die Besuche des Zaren und anderer europäischer Potentaten.
29. Mai: Joséphine stirbt.

1815 Napoleon flieht von Elba und kehrt nach Frank-

reich zurück. Die „Herrschaft der hundert Tage“ endet mit der Schlacht von Waterloo.
22. Juni: Zweite Abdankung; Verbannung nach St. Helena

1821 5. Mai: Napoleon stirbt.

Personenregister

Alexander I. Pawlowitsch, Zar von Russland (1777–1825)
Spielte eine Schlüsselrolle innerhalb der europäischen Mächtekonstellation. Seine Freundschaft und sein Bündnis mit Napoleon waren von kurzer Dauer. Der unheilvolle Feldzug nach Russland war der Anfang vom Ende der Herrschaft Napoleons. Als Sieger zeigte der Zar Joséphine und ihrer Tochter gegenüber Großmut und Sympathie.

Auguste Amalia von Bayern, Königin von Rom (1788–1851)
Die Tochter des Königs von Bayern wurde die Frau von Eugène Beauharnais und hielt mit großer Anhänglichkeit zu ihrem Mann und dessen Mutter Joséphine.

Barras, Paul François Jean Nicolas, Graf von (1755–1829)
Revolutionsmann, der bei Robespierres Sturz eine Hauptrolle spielte. Als Mitglied des Fünferdirektoriums einer der einflussreichsten und zwielichtigsten Männer der Republik, Geliebter von Rose (Joséphine) vor deren Ehe mit Napoleon

Beauharnais, Alexandre, Graf von (1760–1794)
Roses (Joséphines) erster Ehemann. Als Militär und Politiker bis zu seiner Hinrichtung durch die Guillotine eifriger Parteigänger der Revolution

Beauharnais, Eugène, Vizekönig von Italien (1783–1826)
Napoleons Stiefsohn (Kind von Rose und Alexandre Beauharnais), der sich durch seine umsichtige und rechtschaffene Amtsführung im Feld und als Politiker sowie durch seine Loyalität Napoleon gegenüber auszeichnete. Aus seiner Ehe mit Auguste von Bayern gingen sechs Kinder hervor.

Beauharnais, Hortense, Königin von Holland (1781–1835)
Napoleons Stieftochter; Schwester von Eugène; von Napoleon mit seinem Bruder Louis verheiratet. Die Ehe war unglücklich. Von den drei Kindern des Paares überlebten zwei. Der Jüngste bestieg als Napoleon III. im Jahre 1848 den französischen Thron.

Bonaparte, Caroline (Maria Annunziata), Königin von Neapel (1782–1839)
Verheiratet mit Napoleons Reitergeneral Joachim Murat. Berühmt für ihre Intrigen und ihre Affären

Bonaparte, Elisa (Maria Anna), Gräfin de Campignano (1777 –1830)
Die älteste und gleichzeitig uninteressanteste von Napoleons Schwestern

Bonaparte, Jérôme (Girolamo), König von Westfalen (1784–1860)
Napoleons jüngster und leichtsinniger Bruder („König Lustik“). Nach dem Sturz des Empire zunächst im Asyl, später wieder in Frankreich und sogar als Nachfolger auf den Thron seines Neffen Napoleon III. gehandelt. Jérômes Nachfahren führen noch heute den Namen Bonaparte fort.

Bonaparte, Joseph (Giuseppe), König von Spanien (1768–1839)
Von seinem Bruder zunächst kurz als König von Neapel, dann als König von Spanien eingesetzt, war er nicht in der Lage, mit dem von England unterstützten Volksaufstand im Lande fertig zu werden. Nach Napoleons Sturz emigrierte er in die Vereinigten Staaten, wo er es als Geschäftsmann zu beträchtlichem Vermögen brachte.

Bonaparte, Letizia (Madame Mère) (1750–1836)
Napoleons dominante Mutter, geschworene Feindin Joséphines

Bonaparte, Louis (Luigi), König von Holland (1778–1834)
Verheiratet mit Hortense, der er durch pathologische Eifersucht das Leben zur Hölle machte. Als Regent ein Flop, zwang ihn Napoleon 1810 zur Abdankung. Louis lebte danach als Privatmann in Italien und schrieb Romane.

Bonaparte, Lucien (Lucciano) (1775–1840)
Unterstützte seinen Bruder beim Staatsstreich des 18. Brumaire, machte sich aber missliebig durch eine von Napoleon nicht gebilligte Heirat und ging zunächst ins Ausland. Später näherten sich die Brüder wieder an. Lucien lebte bis zu seinem Tod mit elf Kindern von zwei Frauen in Italien.

Bonaparte, Paola (Maria Carlotta), Herzogin von Guastalla (1780–1825)
„La paganetta" – die kleine Heidin: Napoleons kapriziöse Lieblingsschwester; heiratete zunächst einen seiner Generäle, später einen italienischen Adligen. Als Einzige hielt sie ihrem Bruder auch im Exil die Treue und besuchte ihn auf Elba.

Bourienne, Louis Antoine Fauvelet (1769–1834)
Napoleons Kamerad auf der Kadettenschule, später sein Adjutant und Erster Sekretär. Auch er ließ sich (wie Joséphine) darauf ein, Napoleon im Auftrag Fouchés zu bespitzeln, und fiel später in Ungnade.

Charles, Hippolyte, Hauptmann (1773–1837)
Joséphines langjähriger heimlicher Liebhaber

Enghien, Louis Antoine Henri de Bourbon, Herzog (1772–1804)
Emigrierter Spross des französischen Königsgeschlechts der Bourbonen, wurde auf Bonapartes Befehl widerrechtlich festgenommen, einer Verschwörung bezichtigt und zur Abschreckung der Royalisten unschuldig hingerichtet.

Fesch, Joseph, Erzbischof und Kardinal von Lyon (1763–1839)
Stiefbruder von Letizia Bonaparte. Er führte die später für nichtig erklärte kirchliche Trauung von Joséphine und Napoleon durch.

Fouché, Joseph, Herzog von Otranto (1759–1820)
Einer der skrupellosesten Poltiker der Ära der Französischen Revolution. Übte als Jakobiner in Lyon eine Schreckensherrschaft aus. Beteiligte sich dann am Sturz Robespierres und unterstützte den Staatsstreich des 18. Brumaire.

Als Polizeichef hatte er ein engmaschiges Spitzelsystem im In- und Ausland aufgebaut, zu dem ihm selbst Personen wie Joséphine Zuträgerdienste leisteten. Napoleon entließ ihn mehrere Male und holte ihn immer wieder zurück, da er ihn brauchte.

Franz II., Kaiser von Österreich (1768–1835)
Gegner Napoleons, Vater der zweiten Frau Bonapartes, Marie-Louise, die er als Besiegter seinem überlegenen Feind nicht verwehren konnte. Er holte nach der Verbannung Napoleons seine Tochter „heim ins Reich".

Gohier, Louis Jérôme (1746–1830)
Präsident des Direktoriums. Er widersetzte sich den Bestrebungen Napoleons, die Verfassung und damit die Regierungsform zu verändern.

Hoche, Lazare (1768–1797)
General der Revolutionsarmee, mit Joséphine (Rose) zusammen eingekerkert, ihr Liebhaber

Kutusow, Michail Illarionowitsch, Fürst Smolenski (1745–1813)
Russischer General, der wesentlich zur Niederlage der Grande Armée in Russland beitrug.

Louis XVI., König von Frankreich (1754–1793)
Belangloser französischer König, der auf dem Schafott landete, weil er zufällig zur Zeit der Revolution herrschte. Am 14. Juli, dem Tag der Erstürmung der Bastille, notierte er in seinem Tagebuch: „Nichts".

Louis XVIII., König von Frankreich (1755–1824)
Der Bruder des enthaupteten Louis XVI. wurde im Exil als Kronprätendent ausgerufen. Nach dem Sturz Napoleons bereiteten Talleyrand und Metternich die Rückkehr des Bourbonen auf den französischen Thron vor, den er 1815 bestieg.

Marie Antoinette, Königin von Frankreich (1755–1793)
Als Gattin von Louis XVI., Tochter des Kaisers von Österreich, zog sich die Habsburgerin durch ihre Verschwendungssucht und Verantwortungslosigkeit den Hass des Volkes zu. Sie starb wie ihr Mann unter der Guillotine.

Marie-Louise, Kaiserin von Frankreich (1791–1847)
Die Tochter von Franz II. von Österreich wurde an Napoleon als dessen zweite Gattin verkuppelt, in der Absicht, endlich den Thronfolger für das Kaiserreich zu „produzieren" und gleichzeitig die Verbindung zum europäischen Hochadel herzustellen. Ersteres gelang ihr – dies hinderte aber die Potentaten Europas nicht daran, den Emporkömmling Bonaparte zu stürzen. Marie-Louise kehrte nach Österreich zurück, vernachlässigte ihren Sohn und gab sich einer ausschweifenden Liebschaft mit ihrem Kammerherren hin.

Metternich, Klemens Wenzel Nepomuk Lothar, Fürst (1773–1859)
Stammte aus altem Adelsgeschlecht. Ab 1809 Außenminister Österreichs. Durch seine Politik des Ausgleichs und des geschickten Lavierens gelang es ihm, der Restauration in Europa (Ära nach Napoleon) und der Erneuerung konservativer

Staatsmodelle zum Durchbruch zu verhelfen. Berüchtigt wurde er durch die so genannten „Demagogengesetze“, die rücksichtslose Verfolgung von Liberalen und Andersdenkenden zuließen und eine strenge Zensur etablierten.

Murat, Joachim, König von Neapel (1771–1819)
Tollkühner Reitergeneral Napoleons, verheiratet mit dessen Schwester Caroline. Gegen Ende des napoleonischen Imperiums bröckelte seine Loyalität zu seinem Schwager, und er wechselte auf die Seite der Alliierten über.

Napoleon II., König von Rom (1811–1834)
Sohn des Kaisers mit Marie-Louise; wurde von seiner Mutter nach der Trennung von Napoleon links liegen gelassen. Er erlangte keinerlei politische Bedeutung und starb (ohne Nachkommen) an Tuberkulose.

Pius VII., Papst (1740–1823)
Vollzog die Krönung Napoleons und Joséphines in Notre-Dame. Später von Napoleon aus dem Kirchenstaat vertrieben und gefangen gehalten

Rémusat, Claire (1780–1824)
Hofdame und Vertraute Joséphines. Die schöne und gebildete Frau hatte viele Verehrer und publizierte literarische und didaktische Schriften.

Robespierre, Maximilien de (1758–1794)
Anwalt, Wortführer und Ideologe der Französischen Revolution. Seine radikalen Vorstellungen von der Durchsetzung der neuen Werte und der „Tugend“ führten zum „Terreur“, der Schreckensherrschaft, der tausende Unschuldige zum Opfer fielen. Nach seinem Sturz durch die Männer um Tallien endete er auf der Guillotine.

Sieyès, Emmanuel Joseph, Graf (1748–1836)
Seine Schrift „Was ist der Dritte Stand?“ war eine Initialzündung der Französischen Revolution. Als die Schreckensherrschaft begann, zog er sich als Anhänger der Gemäßigten ins Ausland zurück. Gemeinsam mit Napoleon organisierte er den 18. Brumaire, wurde aber bald kaltgestellt. Die von ihm vorbereitete neue Verfassung verschwand in der Versenkung.

Staël, Germaine de (1766–1817)
Schriftstellerin mit bedeutendem Einfluss auf das literarische Leben ihrer Zeit, gern gesehener geistreicher Gast der Salons. Ihre Napoleon-Verehrung wandelte sich nach einer Abfuhr durch den General in Gegnerschaft. Sie war eifrig tätig, Napoleons „Tyrannei“ in Wort und Schrift anzuprangern.

Talleyrand, Charles-Maurice de (1754–1838)
Exbischof, Diplomat, Außenminister des Direktoriums und ebenfalls unter Napoleon. Der wendige Intrigant verstand es stets, seine Kontrahenten gegeneinander auszuspielen. Als geheimer Parteigänger der Royalisten paktierte er mit Metternich und bereitete schon während der napoleonischen Herrschaft die Rückkehr der Bourbonen vor.

Tallien, Jean Lambert (1767–1820)
Revolutionär, der sich einen Namen machte, weil er Robespierre öffentlich anprangerte, was zu dessen Sturz führte (9. Thermidor). Initialzündung seines wagemutigen Vorstoßes war nach der allgemeinen Meinung die Tatsache, dass seine Freundin im Gefängnis war.

Tallien, Theresia, geb. Cabarrus (1773–1835)
Als „Notre Dame de Thermidor“ ging sie in die Herzen des Volkes ein, da man ihr den Sturz Robespierres durch ihren

Geliebten Tallien zuschrieb. Theresia war gemeinsam mit Joséphine die modische „Trendsetterin" der nachrevolutionären Epoche und zeichnete sich durch ihre großzügig enthüllende „Mode des Nichts" und die Freizügigkeit in der Wahl ihrer Liebhaber aus.

Turpin de Crissé, Lancelot (1782–1859)
Kammerherr Joséphines im Exil und ihr Geliebter, begabter Maler und Zeichner

Walewska, Maria, Gräfin (1789–1817)
Napoleons „polnische Frau". Die blutjunge Gattin eines steinalten polnischen Adligen begrüßte Napoleon als Befreier ihres Landes von russischer Knechtschaft und erregte Napoleons Leidenschaft. Als sie 1809 von ihm schwanger wurde, war damit der Beweis angetreten, dass Bonaparte nicht schuld an der Kinderlosigkeit Joséphines war. Die Walewska hielt Napoleon auch im Unglück die Treue und besuchte ihn im Exil.

Waldtraut Lewin, Jahrgang 1937, studierte in Berlin Germanistik, Theaterwissenschaft und Latein, bevor sie für einige Jahre als Dramaturgin und Regisseurin am Landestheater in Halle arbeitete. 1973 wurde sie Chefdramaturgin des Musiktheaters und Opernregisseurin am Volkstheater in Rostock. Seit 1978 ist sie freischaffende Autorin und hat bereits zahlreiche Bücher für Jugendliche und Erwachsene geschrieben, für die sie mehrfach ausgezeichnet wurde. Waldtraut Lewin lebt und arbeitet in Berlin.

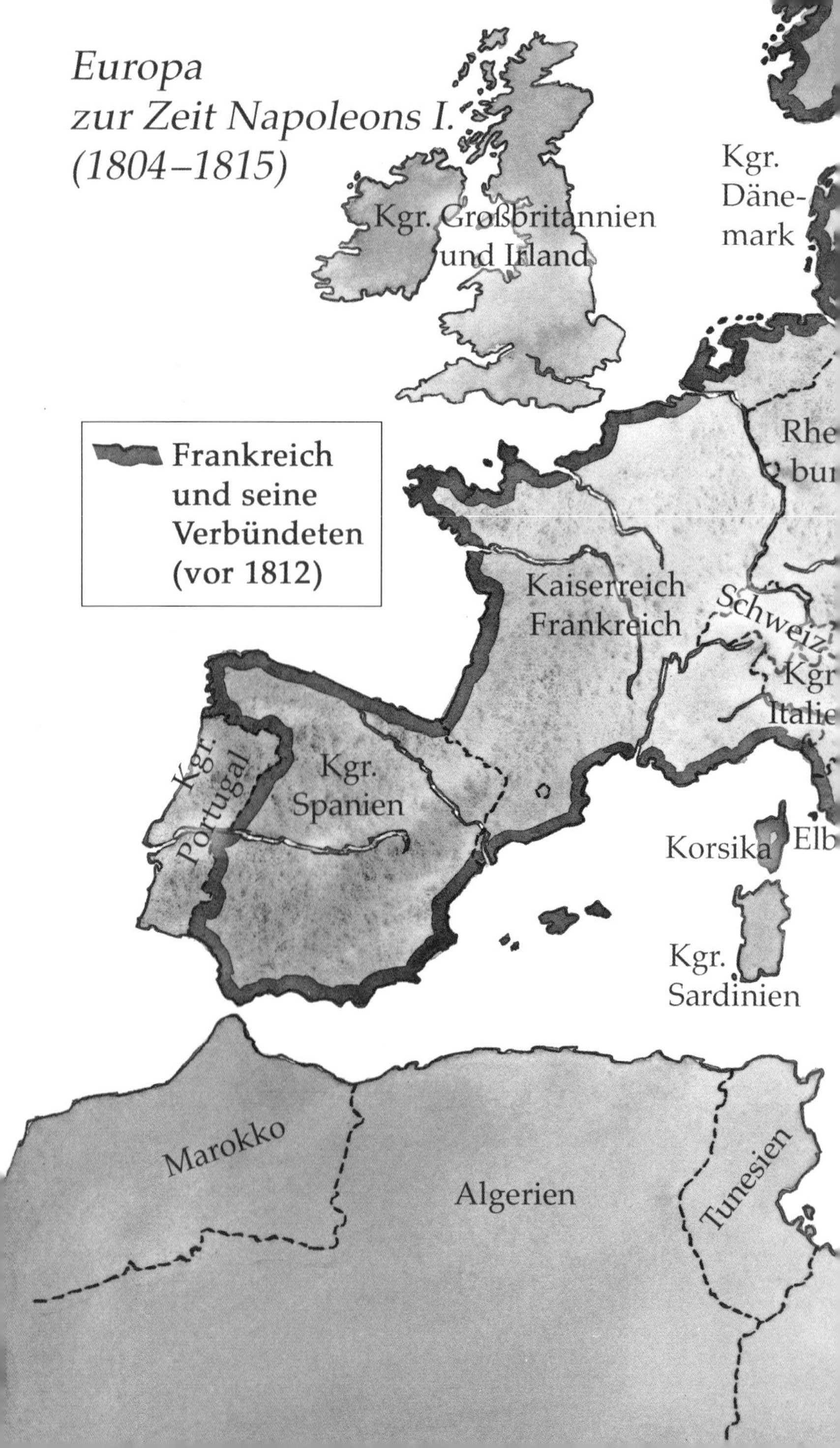
Europa
zur Zeit Napoleons I.
(1804–1815)
Frankreich
und seine
Verbündeten
(vor 1812)
Kgr. Großbritannien
und Irland
Kgr.
Däne-
mark
Kaiserreich
Frankreich
Schweiz
Kgr.
Portugal
Kgr.
Spanien
Korsika
Kgr.
Sardinien
Marokko
Algerien
Tunesien